语文悬念教学法

何泗忠◎著

东北师范大学出版社

长　春

图书在版编目（CIP）数据

语文悬念教学法 / 何泗忠著. — 长春：东北师范
大学出版社，2020.12
ISBN 978-7-5681-7393-3

Ⅰ.①语… Ⅱ.①何… Ⅲ.①中学语文课—教学法
Ⅳ.①G633.302

中国版本图书馆CIP数据核字（2020）第259963号

□责任编辑：邓江英　　　　　　□封面设计：言之凿
□责任校对：刘彦妮　张小娅　　□责任印制：许　冰

东北师范大学出版社出版发行
长春净月经济开发区金宝街 118 号（邮政编码：130117）
电话：0431-84568115
网址：http：∥www.nenup.com
北京言之凿文化发展有限公司设计部制版
北京政采印刷服务有限公司印装
北京市中关村科技园区通州园金桥科技产业基地环科中路 17 号（邮编：101102）
2020年12月第1版　　2021年5月第1次印刷
幅面尺寸：170mm×240mm　印张：18.25　字数：346千

定价：45.00元

拈出一悬念，开创一片天

李剑林

"学生喜欢你的课吗？""不是喜欢，而是——很喜欢！"

这是何泗忠老师来深圳应聘时的一个回答。何老师说，面对每一届学生，他都会对自己上课的效果进行调查。他的干劲儿、他的激情、他变幻不拘的课堂、他细致入微的作风、他公平民主的做派，这一切都是他被学生"很喜欢"的重要原因。作为语文特级教师，他从来不会躺在自己的功劳簿上享受成果，而是像年轻人一样饱含着蓬勃的朝气和学生一道在语文学习的道路上向前冲。

语文教学的天空笼罩着一些"雾霾"，这是一个不争的事实。然而，何老师的课堂云雾缭绕、风景如画。何老师持之以恒地进行着自己教学艺术的探索和学术思想的建构，其建树于语文界"已亭亭如盖矣"。

一位有追求的教师，他的课堂必定充满温情的关爱；一位有理想的教师，他的职业道路上必定洒满创造性的光辉；一位有格局的教师，他的事业必定有理论的建构。从2006年开始，何老师提出悬念教学法概念，并通过一系列课题研究带动悬念教学法的系统研究，从《学科教学中的审美改造与设计》到《省示范性高中学生心理健康教育目标体系的构建》，再到《中国语文教学美学新体系与新实践之探索》，一步一个脚印的课题研究，使语文悬念教学法体系的构建得以初步完成。2012年，何泗忠老师主持的课题《基于现代教育技术装备的新型教学环境下语文'不完满'课堂教学模式的设计研究》的成果被广东教育学会评为"广东基础教育首届优秀教学理念一等奖"。但是何老师并不满足，他又把"不完满"发展为"待完满"，继续推进课堂教学艺术的探索。而今，何老师的"待完满"课堂教学模式又进一步完善成为专著《语文悬念教学法》，这标志着何老师的个人教学艺术又更上了一层楼。《语文悬念教学法》与何老师之前的专著《赢在师生关系》相比，虽切入点不同，但精神一脉相承。《语文悬念教学法》和《赢在师生关系》两部专著标志着何老师已经完成了教育教学思想的建构。

任何一项工作，如果想要获得突出的成绩，就必须明确"理念、目标、机制、内容、方法"五个要素，否则便会"行之不远"。"有所为，有所不为"是我所认识的一些卓有成效的语文人的共同特点。何泗忠老师来到深圳，放下了曾经的行政职务，安然地做一位普通的教师。何老师在自己的岗位上心境安然，但工作上并不安闲。我看到，何老师在日常教学中不断地研究和试验；我看到，何老师为新单位第一届高考创造性地奉献自己的智慧；我看到，何老师不辞劳苦地推动年轻教师的成长；我看到，何老师为学校的理念、校风、评估、前景马不停蹄地奔忙。同时，我们也看到，何老师成为深圳市优秀教师、深圳市名师、深圳市名师工作室主持人、深圳市学生最喜爱的老师、深圳市教师继续教育课程建设专家，以及广东省教育学会专业委员会副理事长和广东省正高级教师。何老师正以走向教育专家的节奏为年轻教师树立着榜样。

何老师的悬念教学法已经形成了完整的教学体系，并且易于理解、便于操作。这是名师对年轻人的关照，对后学者的体贴。专著自身也清晰地勾勒了研究推进的过程，这也为年轻教师从事研究提供了范例。在何老师那里，"与民同乐"是一种自觉的追求。

语文不远人，语文是一个温暖的学科，它为每一位从业者提供了广阔的舞台。从民国的课程标准，到新中国的教学大纲，再到新时期的课程标准，语文的学科建设一直都在推进。一批又一批语文名家不断走进公众的视野，一种又一种教学方法被提出和实践，语文的课堂教学处于"百家争鸣"的状态。何老师高举悬念教学法的大旗加入到教学探索这一"百花齐放"的大军中，为语文教学增添了一抹亮丽的色彩。

　　语文有疾，它常常成为众矢之的。个中原因：一是用汉字呈现的语文是每一个国人都自以为"懂得"的，二是用汉语传达的语文是每一个国人都自以为"明白"的。在"明白、懂得"心理的强烈关怀下，在语文人之间的批评与自我批评之中，语文成了一门大而杂的学科。这一切都向我们昭示着语文学科自身的"不完满"，也预设着语文演进中的"悬念"。语文学科形象的改变不仅需要敢于横刀立马的"彭大将军"，更需要能够横刀立马的万马千军。

　　向何老师学习，同语文人共勉。

2017年2月9日

　　（作者系深圳市骨干教师，深圳市教师继续教育课程建设专家，广东省教育考试院高考评卷教师专家库成员，华南师范大学《语文月刊》特约作者，2016年被评为深圳市高层次专业人才。）

我为何要构建悬念教学法

何泗忠

记得小时候，我们村里有一个爱讲故事的老人，他常常坐在村中河边的一棵大树下，给我们讲杨门女将，讲薛仁贵征东，讲薛丁山征西，讲三国，讲水浒，讲聊斋，讲牛郎织女，讲孟姜女哭长城，讲梁山伯与祝英台，讲白蛇传。老人十分会讲故事，不仅绘声绘色，而且十分善于设置悬念，每当故事情节发展到紧张激烈的高潮或矛盾冲突到剑拔弩张的关键时刻，他都会突然来一句"欲知后事如何，且听下回分解"，吊得我们这些小孩晚上都睡不好觉，设想故事情节发展的种种可能，担忧人物命运的变化。于是第二天就又会跑到那棵树下，乖乖围在老人身边，听他讲一个又一个的故事。这就是悬念的魅力。悬念在小说中更是经常被运用。它是小说的表现手法之一，是小说家在叙述情节和描写人物时为吸引读者而设置的"关子"，悬念的安排可以使小说情节显得跌宕起伏、引人入胜，增强作品的艺术感染力。"地球上最后一个人独自坐在房间里，这时忽然响起了敲门声……"这二十几个字能成为小说中的热点，引无数读者去追寻，去幻想，就是因为它留给了读者无尽的悬念，进而引发读者产生无尽的想象。

讲故事需要设置悬念，写小说需要设置悬念，拍电影更需要设置悬念。有悬念的电影，往往能吸引观众，让人印象深刻。小时候，我看过战争片《渡江侦察记》，里面追车的镜头至今难忘。"追逐"往往被认为是电影中最扣人心弦的场面之一，也是悬念体现得较为充分的部分。在影片《渡江侦察记》中，共产党侦察兵为了去侦察敌人的炮兵阵地，缴获了敌人的一辆军用卡车。他们穿上敌人的军服，开着卡车，将敌人的炮兵阵地侦察清楚了，不料在回来的路上，却遇到了敌人狡猾的情报科科长。眼看就要被识破，侦察兵连长一拳将敌人的情报科科长打翻在地，然后驾着大卡车飞奔而去。这时，敌人则开着十多辆摩托车紧随其后，双方多次交火。在这一镜头中，观众的心时刻都是悬着的：侦察兵能够摆脱敌人的追杀吗？当敌人的摩托车眼看快要追上来时，观众期待侦察兵快点跑，千万别被追上……正当观众的心快要提到嗓子眼时，前面又有几辆满载敌人的大卡车向侦察兵的车迎面而来，前有堵截，后有追兵，镜头交替出现，再加上紧张的音响效果，使影片产生了强烈的悬念。

现在的电视节目，更是越来越注重设置悬念。中华人民共和国成立以来的电视语态大体经历了三个阶段：第一阶段是"新华语态"，这是一种上传下达、传播者高高在上的支配性语态。第二阶段是"平民语态"，大约从1993年的《东方时空》开始出现，这种语态力求平实、亲切，贴近百姓生活，注重传播者和受众平等交流。第三阶段则是"悬疑语态"，这种语态通过设置层层悬念的方法，成功吊起观众的胃口，引起观众的好奇心，是一种对受众进行心理诱惑的语态。悬疑语态在中国电视界的风行源于2001年中央电视台科教频道的《走近科学》栏目。随后，"讲故事""设悬念"之风横扫全国各家电视台的各类节目，"悬疑语态"让电视收视率大幅提升。

悬念被认为是艺术的魔杖，它能激发读者或者观众紧张期待的心情，是艺术处理上采取的一种积极的手段。西方戏剧理论家一致认为："悬念是戏剧中抓住观众的最大魔力。"悬念既然可以构筑一篇文章、一部作品、一部影视，激发观众的激情，赢得观众的青睐，那么，我们为何不可以用悬念来构筑我们的语文课堂呢？语文味教学流派创始人程少堂先生说过：做人要老实，上课要狡猾。按部就班地讲课，固然不失其自然与本色，而运用悬念讲课则会使课堂更精神、更具情趣。在语文教学过程中，我们教师若也能故布疑阵，适时设置悬念，将学生带入特定情境，借此引发学生学习的兴趣，触发学生的好奇心，激活学生的思维活动，我们的语文课堂教学定会更有趣、更高效。

毋庸置疑，当前，我们的语文课堂并不怎么有趣、高效。2006年，我曾对任教的高一年级10个班级的学生进行问卷调查，调查学生学习语文的情况和教师讲授语文的过程，并力求客观公正。该问卷共发出510份，回收有效问卷500份。在回答"你喜欢上语文课吗"这一问题时，有360个学生选了"没兴趣"这个选项，占调查人数的72%；在回答"你认为当前的语文教学存在哪些问题？"这一问题时，有355个学生选了"A. 以讲代读，单调枯燥"，占调查人数的71%；在回答"教师测评语文学习的途径有哪些？"这一问题时，有303个学生选了"B. 作业"，占调查人数的60.6%；有182个学生选了"C. 考试"，占调查人数的36.4%。从以上调查可以看出，我们的语文教学主要是以课堂讲授为主，我们对学生语文能力的检测主要是以作业和考试为主。学生不喜欢我们的语文课堂。

我们的语文课太过程式化，缺少奔放，缺少酣畅，缺少飞动，缺少悬念，缺少波澜。多年来，主导和控制我国中小学语文课堂的传统教学模式大致可以描述为：以教师为中心，以言语、板书或PPT为手段，向学生灌输式地传授语文知识；学生则只能统一地、单向地、被动地接受教师灌输的语文知识。传播的路径是单向的，传播的内容是同一的。

这种传统的语文课堂教学模式给我们的语文教学带来了不少缺失，这种缺失，主要表现在三个方面。

缺失一：语文教师以过于严谨的科学态度抑制了人文精神

著名语文特级教师于漪说，当下的语文，存在一种令人担忧的现象，就是不少教师以科学的名义违背教学的规律，搞形式主义，片面强调语文工具，用"解剖刀"对文章进行肢解，以至于留在学生脑海中的只是鸡零狗碎的符号而已。

科学主义总试图寻找一套纯逻辑的语文教学秩序，而我们的语文教师也似乎在寻找这样一种秩序。这种秩序主要表现为：过度追求教材体系的逻辑化、教学点的细密化；将教学过程程式化、序列化；教学方法上对语言和内容透析化、易于准确理解化；将语文知识完全量化；将语文能力的训练层次化；将语文的考核测试标准化；等等。可是我们仔细审视这些"秩序"就会发现，当这些"秩序"越精密、越清晰时，我们就会越觉得这不像教语文，而更像是教数学、物理。我们的语文教学在"唯理性""纯工具"的单行道上越走越窄，导致学生联想力、想象力干瘪枯萎，同时学生对生活的美感和人生的诗性也逐渐衰竭。语文课程标准将语文课程的性质定义为："语文是最重要的交际工具，是人类文化的重要组成部分。工具性与人文性的统一，是语文课程的基本特点。"这一定义在确定语文学科的工具性的同时强调了语文的人文性。因此，我们的语文课绝不能只重视工具性而忽视人文性。程少堂老师认为："语文课堂不仅是学生获得知识的场所，也是学生体验人生的地方。好的语文课，应该有人的体温，有灵魂的冒险，有对语言独特的敏感，它既是对文本世界的阐释和发现，也是对自我、对存在的反复追问和深刻印证。"如果语文课上没有思想的碰撞、心灵的触动、情感的陶冶、审美的熏陶，这样的语文课不能称之为真正的语文课。

缺失二：语文教师滔滔不绝的讲解压抑了学生学习的主动性

教师讲，学生听；教师示范讲解，学生亦步亦趋，紧随其后。这是当今语文课堂教学的普遍现象。

我校曾对学生做了一项"我最喜爱的教师"的调查，其中有这样一题："你希望或期待××老师在哪些方面加以改进？"部分学生写道："希望××老师在上课时不要喋喋不休讲个没完，期待××老师在上课时能设置一些悬念，让我们去思考……"

在学校开展的随堂听课活动中，我们发现许多教师"真会讲"，虽然不是"满堂灌"，但是教师讲授大概占据了70%左右的时间，以至于学生在课堂中学习积极性不高。

在校内某公开课上，一位语文教师执教《游褒禅山记》一课时，采用串讲法，平铺直叙，按照"作者介绍、时代背景、生字生词、段落大意、中心思想、写作特点"的模式一路讲下去，40分钟的课，教师和学生讲话的比例是：教师讲了35分钟，学生只讲了5分钟。许多本来应该由学生做的工作，却由教师自己做了；许多应该由学生思考与回答的问题都由教师代替他们说出来了。

德国教育家布列钦卡指出：教育不只是一种"产品概念"，更是一种"过程概念"，是反映活动过程属性的概念，教育"是一种影响，是一种传递人类文化财富的过程，是一种引导的经过或过程，是一种形成的过程"。课堂上没有学生的自我的张扬、自主探索和自由言说，学生的思维被强制性地拉上教师规划的轨道，不允许旁逸斜出，否则就会被修枝剪叶。于是，课堂不再出现意外和惊奇，一切尽在教师掌控之中，一切都按照教师预设的计划呈现，一切都按部就班地进行着。结果课堂达成一些所谓的目标，学生题做得熟练了，考试成绩提高了，但是他们的独立精神和自由思想却丢失了。在我们的教室里培养了一批又一批听话、本分的孩子，但这些孩子却失去了童年的好奇、少年的幻梦，还有对不可知的空间漫无边际的想象力……

缺失三：教师以一元阐释取代多元解读，扼杀了学生的生命体验

每一个文本都是一件玲珑剔透的艺术品，无论从哪个角度欣赏都能发现它的美，所谓"横看成岭侧成峰，远近高低各不同""有一千个读者就有一千个哈姆雷特"，每个读者都有着独特的阅历和情感，对作品自然也会各有感触。学生完全可以从自己的经历、经验出发，展开纵横驰骋的想象，创造性地理解作品。高中语文课程标准中关于"阅读与鉴赏"就明确提出课程目标为："……对文本能做出自己的分析判断，努力从不同的角度和层面进行阐发、评价和质疑"，"注重个性化的阅读，充分调动自己的生活经验和知识积累，在主动积极的思维和情感活动中，获得独特的感受和体验"。

反观我们的语文课堂教学，个别教师往往以参考书为依据，向学生灌输标准答案式的结论，以教师的独断专行代替了学生的多元理解。学生按着教师的要求理解了作品，掌握了知识，却错过了一次创造性的审美经历。这种呆板、僵硬的教学模式严重扼杀了学生的生命体验，让最富空灵性、最能培养学生创造性的语文教学失去了它的特有魅力，这不能不说是我们教学的失败。记得在一所普通高中听一位教师给学生讲李商隐的《锦瑟》，在学生通读一遍之后，教师提出一个问题："你认为作者在这首诗中表达了什么？"学生可能课前预习比较充分，于是一个个踊跃发言：有的学生认为这首诗表达了一种爱情，说李商隐曾经像庄周梦蝴蝶一样沉迷在美好的爱情中，最终只能像望帝那样，把自己的爱恋托付给杜鹃；有的学生认为这首诗是感叹人生，"庄生晓梦"句说人生如梦（美），"望帝春心"句说人生如寄（短），"沧海月明"句说人生如泪（悲），"蓝田日暖"句说人生如烟（幻）；有的学生认为这首诗是隐喻仕途，"庄生晓梦"句是说作者在牛李党争中无所适从，"望帝春心"句是说自己在仕途上也曾努力，但没有人帮助自己，用"沧海遗珠"比喻怀才不遇并为之哭泣，用"美玉生烟"暗喻自己不得志但文采声名闻于世。教师在听取学生的回答之后，只肯定了"爱情说"，接下去的半节课，教师就大谈李商隐晚年与一位宋姓宫女隐秘的爱情。教师忽视了学生对此诗的多元理解，忽视了学

生作为阅读主体的感受，也忽视了对语言精美的诗歌文本的品读。历史上对这首诗歌的解读是说法不一，众说纷纭的。一首《锦瑟》诗，一道千古谜。作家王蒙认为，像《锦瑟》这类诗"没有定解也就是可以有多种解"，他认为："情种从《锦瑟》中痛感情爱，诗家从《锦瑟》中深得诗心，不平者从《锦瑟》中共鸣牢骚，久旅不归者吟《锦瑟》而思乡垂泪。"优秀的诗词本来就是一块多棱多角的水晶石，在不同的光线下，在不同人的眼中闪耀着不同的光芒。教师在教学中应引导学生设身处地地去感受、体验，引导学生重视对作品中形象和情感的整体感知与把握，引导学生注意作品内涵的多义性和模糊性。同时，教师还应鼓励学生积极地、富有创意地构建文本意义。但是，现实情况是，我们的某些教师往往以一元阐释取代多元解读，这样的语文课堂教学严重扼杀了学生的生命个性、生命体验。

华东师范大学叶澜教授在《时代精神与新教育理想的构建》一文中指出："从教育对象观的角度看，最重要的是确认生命的整体性和人的发展能动性。所谓'生命整体性'是指人的生命是多层次、多方面的合体；生命有各方面的需要：生理的、心理的、社会的，物质的、精神的、行为的，认知的、价值的、信仰的；任何一种活动，人都是以一个完整的生命体的方式参与和投入，而不是局部的、孤立的、某一方面的参与和投入。"因此，从一定意义上说，教育是直面人的生命、通过人的生命、为了人的生命质量的提高而进行的社会活动，是以人为本的社会中最体现生命关怀的一种事业。作为教育重要组成部分的语文教学，应该是学生、文本、教师乃至编者之间真诚、自由、民主、平等的对话交往活动。这种对话是动态生成的，是确定性和不确定性、一致性和不一致性、线性和非线性的统一。

像上面这种有严重"缺失"的语文课堂教学，学生不喜欢。"语文课真无趣，枯燥无味，老师比《大话西游》里的唐僧还烦。"这是一些学生对语文课的评价。

卢梭说过，教学的艺术是使学生喜欢你所教的东西。

有没有办法让学生喜欢上我们的语文？有！办法就是改革，就是改变传统的教学方法。我们认为，悬念教学法能让我们的语文课堂生动起来，让学生学习语文更主动。悬念教学法能够唤起学生的求知欲望，点燃学生的智慧火花，让学生手舞足蹈地（身体自由）、浮想联翩地（精神自由）、兴趣盎然地（生命自由）参与到教学中来，能最大限度地让学生在"活动"中学习，在"主动"中发展，在"合作"中进步，在"探究"中创新。为此，从2006年开始，我致力于教与学方式的转变，致力于悬念课堂教学模式的研究，通过近10年的实践探索，终于构建了悬念教学法体系。

目录

语文悬念
教学法

第六章　何泗忠悬念教学法实录 …………………………………………… 77

第七章　何泗忠悬念教学法反思 …………………………………………… 243

参考文献 ……………………………………………………………………… 276

第一章

悬念教学法的内涵解读

君子引而不发，跃如也。中道而立，能者从之。

——《孟子·尽心上》

悬念是兴趣不断地向前延伸和欲知后事如何的迫切心理。它既是对读者智力的测验，也是吸引读者对人物命运、情节的发展、事件的结果牵肠挂肚的一种手段。

——［美］乔治·贝克《戏剧技巧》

我们知道，世界上任何一种艺术流派都有各自独特的艺术语言，即所谓征象或标志。例如，每一个舞蹈流派都有自己独特的舞蹈语言，每一个建筑学派都有自己独特的建筑语言，每一个绘画流派也都有自己独特的绘画语言等，这些独特的语言，就是其区别于他事物的独特的征象或标志。同样，语文悬念教学法也有着与其他教学法不同的特定的内涵、特征及标志。

一、悬念教学法核心概念

悬念，本是叙事性文学作品范畴中的一个特定概念。苏州大学教授范培松在《悬念的技巧》一书中指出，悬念包含两层含义：对于观众而言，是作为一种心理活动，指欣赏戏剧、电影或其他文艺作品时，观众、读者对故事情节发展和人物命运的关切、期待心情；对于创作者而言，那就是作者在安排情节和描绘人物时，到了某个关头，故意停住，设下卡子，对矛盾不加以解决，让读者对情节、对人物牵肠挂肚，以达到感染读者的目的的一种手段和技巧。悬念教学法就是将这种接受心理特点和创作技巧"移植"到课堂教学中来，在语文教学过程中，教师采用倒叙法、问题诱导法、语言节奏法、开合教材法等手段适时地创设"悬念"，构建一种期待，这种期待使学生在听课过程中产生一种关注、好奇、牵挂的心理状态，使教学过程成为师生不断想象、推理、思考、质疑、批判、发现、求证、享受的过程。

新课程理念背景下的语文课堂教学不是教师单方面的表演，教师必须摒弃从头到尾滔滔不绝的习惯；课堂上的"太实""太满"，只有预设，没有生成，不给学生留下思考与想象的空间，往往造成课堂的沉闷和学生思维的僵化。一堂课只有适时创设悬念，让课堂存在足够的"未定点"和"不确定性"，才会有效地吸引学生的注意力，活跃学生的思维，激发学生的学习动机，把学生逐步带入一个个"引人入胜"的境地。因而，教学艺术高明的教师在教学过程中总是巧妙地设置悬念，让学生去思考、去想象、去发挥，使课堂教学有虚有实、有疏有密，跌宕多姿、妙趣横生。

二、悬念教学法课堂标准

在语文课堂教学中，教师是否运用了悬念教学法，有一个衡量的标准，这个标准包含五个方面的内容。

（一）课堂上给学生充分的空间与时间

关键词：了解、信任、鼓励、民主、平等。

（二）课堂上师生间有情感交融

关键词：安全感、双向、真诚、尊重、欣赏。

（三）课堂上学生参与度高

关键词：开放、探究、会听、会读、会说、会思、会写、会演。

（四）课堂上教师能真诚地关注每一位学生

关键词：体态语、人道、触及心灵。

（五）课堂上语文味浓厚

关键词：语言、文章、文学、文化 、审美、趣味。

2016年4月12日，何泗忠老师给新疆名师班学员传授悬念教学法

三、悬念教学法模式结构

通过10年的悬念教学法实践，我们探索出了一个行之有效的悬念教学程式或模式，就是"三悟"模式：悟"空"——教师或学生在课的起始、中间、结

尾阶段设置悬念，悬念给人以想象的空白，故曰"悟'空'"；悟"净"——
教师或学生潜心感悟、推理、想象、分析、综合"悟空"阶段设置的悬念。此
阶段师生必须剔除杂念，净化心灵，故曰悟"净"。悟"能"——教师循循善
诱，学生跃跃欲试解悬释疑，或倾耳听，或尽情读，或张口说，或用脑思，
或挥笔写，或动身演。此阶段师生以各种方式充分展示自己的能力，故曰悟
"能"。教师通过此三个阶段教学教出悬念感，三个阶段都充满民主性、双向
性、开放性、探究性、情感性、人道性、审美性、趣味性。实践证明，这是一
种（不是唯一）有价值的悬念教学模式，具有推广价值。现展示如下：

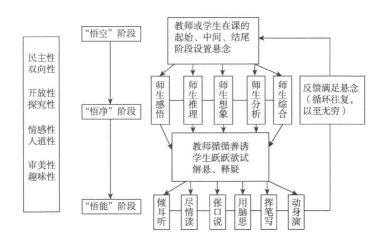

四、悬念教学法的四个特点

　　悬念教学法理念下的语文课堂教学有别于传统的"满堂灌"语文课堂教
学模式的强迫性、单向性、保守性、静止性、唯理性、霸道性、枯燥性、乏
味性，而呈现出民主性、双向性、开放性、探究性、情感性、人道性、审美
性、趣味性等特点。

　　（一）民主性、双向性

　　传统的语文"满堂灌"教学，教师是权威，教师一个人的话语分量远远
大于几十个、几百个学生的话语分量，教学是一种单向传授。课堂教学往往是
教师执行"教案"的过程，教师是"标准答案"的传声筒，学生的反应、学生
的感受考虑较少。这种"强迫性""单向性"的教学，使学生失去了自己的思
维，使学生成为教学过程中的旁观者，不介入、不怀疑、不反思，大部分课堂

只能听到教师的一种声音，是个别教师的独奏。悬念教学法理念认为，教室是师生平等交流、享受身体自由、精神自由与生命自由，进而促进师生共同成长的学习场。悬念教学法理念下的语文课堂教学是一种多声部的对话，课堂上，既有教师的声音，也有学生的声音；既有学生与文本、与作者、与编者之间思维产生的碰撞声，也有学生与学生、学生与教师之间情感交流与思想对话声，师生双方真正进入学习状态，令课堂教学充满民主性和双向性。

（二）开放性、探究性

在传统的语文"满堂灌"课堂教学中，教师教教科书，学生学教科书，教师在规定的时间内教完教科书，用自己的思维代替学生丰富多元的思维，并千方百计地把学生引到自己设定好的标准答案上来，不达目的决不罢休。在这种课堂中，一切顺着事先设计好的路线推进，教学环节被衔接得天衣无缝，知识是预定的，结论也是固定的，教学表现出一种封闭性、静止性的特点。悬念教学法理念下的语文课堂教学，则是一种师生双方主动学习探究的活动，师生可以多侧面、多角度地运用发散思维去分析和认识问题，可以大胆地运用自己的直觉和想象力去体验、去猜测，可以运用多种方法，通过多种途径去寻求任何一个可能的答案。在教育教学过程中，随时会有创造性的火花闪现，课程的展开充斥着不可预期的、模糊的、复杂的、奇异的和不易理解的因素。教师不仅仅是知识的发射器，同时也是知识的接收器；同样，学生也不仅仅是知识的接收器，还是知识的发射器。在教学中，师生双方各自向对方敞开心门，彼此接纳，师生之间，你不限制我，我不控制你；你尊重我，我信任你。面对教师，学生不再小心翼翼的，也不用胆战心惊地看着教师的脸色说话行事，而是在教师的引领下，大胆表达自己的真实想法，发表自己的独立见解。课堂教学不再是教师单方面的表演，而是学生思考、质疑、批判、发现、求证的过程。课堂上，会产生各种各样的悬念，使课堂教学充满开放性和探究性。

2015年11月18日，何泗忠老师（前排左6）与来深圳市第二高级中学开展学术交流的华南师范大学领导及教授合影

（三）情感性、人道性

一位外国教育家指出："儿童每天来到学校，并不是以纯粹的学生的面貌出现的。他们是以形形色色的个性展现在我们面前的，每一个学生来到学校的时候，除了怀有获得知识的愿望外，还带来了他的情感世界。"然而，传统的"满堂灌"语文课堂教学，教师在教学过程中支配、控制着学生，学生则亦步亦趋。师生都不能表现自己的真性情，都不能表现自己的真个性，学生沦为知识的奴隶，课堂没有生命活力，没有情感共鸣。而悬念教学法理念下的语文课堂教学，则千方百计唤起师生的生命个性，使师生双方心态开放，个性张扬，可以手舞足蹈地（身体自由）、浮想联翩地（精神自由）、兴趣盎然地（生命自由）共同演绎课堂教学，使课堂教学呈现出一个人与人相遇、灵魂与灵魂相撞、输出信息与反馈信息相融的美妙境界。悬念教学法理念下的语文教学，教师充满教学激情，学生充满学习激情，师生达到情感共鸣，课堂教学充满情感性和人道性。

（四）审美性、趣味性

传统"满堂灌"语文课堂教学缺乏审美性和趣味性，正如美国教师雷夫·艾斯奎所形容的："大多数教室都被一种东西控制着，那就是'害怕'……教师怕丢脸，怕不受爱戴，怕说话没人听，怕场面失控……学生更害怕，怕挨骂，怕被羞辱，怕在同学面前出丑，怕成绩不好面对父母的盛怒。"

调查表明，学生喜欢幽默和充满趣味的教师，喜欢幽默和充满趣味的课堂。悬念教学法理念下的语文课堂，课堂结构充满审美性和趣味性。充满悬念的课堂，就像一个情节曲折动人的故事，开头先声夺人，过程峰回路转，结尾余音绕梁。充满悬念的课堂能不断激发学生的学习兴趣，提高学生的课堂参与度。

悬念教学法理念下的语文课堂，重视学生的学习兴趣，重视使学生形成内部动机，或把外部动机转化成内部动机，处处注意利用一切机会激发学生的好奇心和求知欲，激发学生的创造热情，激发学生对生活的热爱，让学习不再仅仅是学习性的，而是一种精神生活的历险和追求。在这样的课堂上，师生会有"蓦然回首，那人却在灯火阑珊处"的发现和"山重水复疑无路，柳暗花明又一村"的意外收获，会有"心有灵犀一点通"的和谐共鸣和"栽下梧桐树，引来金凤凰"的抛砖引玉式的独特境地，拥有"此时无声胜有声"的心灵释放和"精骛八极，神游四方"的思想流淌。这样的课堂充满刺激，充满趣味。这样的课堂，将会成为学生今天向往的地方、毕业后十分留恋的地方，同时也是值得终身回味的地方。

悬念教学法理念下的语文课堂充满审美性和趣味性。

第二章
悬念教学法的理论依据

教师在教学过程中应与学生积极互动、共同发展，要处理好传授知识与培养学生能力的关系，注重培养学生的独立性和自主性，引导学生质疑、调查、探究，在实践中学习，促进学生在教师指导下主动地富有个性地学习。

——教育部《基础课程改革纲要（试行）》

在现状下，尤须进行六大解放，把学生学习的基本自由还给学生：一、解放他的头脑，使他能想；二、解放他的双手，使他能干；三、解放他的眼睛，使他能看；四、解放他的嘴，使他能谈；五、解放他的空间，使他能到大自然、大社会里取得丰富的学问；六、解放他的时间，不要把他的功课表填满，不逼迫他赶考，不和家长联合起来在功课上夹攻，要给他一些空闲时间消化所学，并且学一点他自己渴望要学的学问，干一点他自己高兴干的事情。

——陶行知

没有理论指导的教学是盲目的、随意的教学。教育学是科学，那么，悬念教学法的科学性在哪里呢？悬念教学法的理论基础，或者说其理论依据是什么呢？

一、新课程理念依据

21世纪伊始，教育部印发了《基础教育课程改革纲要（试行）》（以下简称《纲要》），《纲要》中提出了课程改革的具体目标，这个具体目标就是六个"改变"。其中有两个"改变"是这样提的：改变课程过于注重知识传授的倾向，强调形成积极主动的学习态度，使获得基础知识与基本技能的过程同时成为学会学习和形成正确价值观的过程。改变课程实施过于强调接受学习、死记硬背、机械训练的现状，倡导学生主动参与、乐于探究、勤于动手，培养学生收集和处理信息的能力、获取新知识的能力、分析和解决问题的能力以及交流与合作的能力。《纲要》在教学过程部分中提到，教师在教学过程中应与学生积极互动、共同发展，要处理好传授知识与培养能力的关系，注重培养学生的独立性和自主性，引导学生质疑、调查、探究，在实践中学习，促进学生在教师指导下主动地、富有个性地学习。这两个"改变"中提到的积极主动的学习态度，主动参与、乐于探究、善于交流与合作等能力，正是悬念教学法理念所倡导。在我们的教学中，教师如能适时设置悬念，就可以让更多的学生参与教学活动，调动学生学习的积极性与主动性，可以充分体现新课程理念"自主、合作、探究"的主体参与思想。悬念教学法既是落实新课程理念的需要，又是提高课堂教学质量的有效途径。悬念教学法能让学生感到对知识的"饥渴"，学生有了一种知识的"饥渴感"，他就会主动去探究。

曾在一本书上看过一则这样的故事：美国天堂动物园里新来了一个喂河马的饲养员。老饲养员告诉他："不要把食物放在离河马过近的地方，不要怕它饿着，以免它长不大。"新饲养员听了这话，十分纳闷。心想：世上怎么会有这种道理？他没有听老饲养员的话，每次喂食时，总是把食物放到河马跟前。两个月后，新饲养员发现，自己饲养的这只河马真的没有长多大，而老饲养员不怎么喂的那只却长得飞快。他不服气，认为是两只河马自身的素质有差别。

老饲养员什么也没说，只是跟新饲养员换着喂河马。不久，老饲养员喂的这只"不怎么长"的河马，成长速度又超过了新饲养员喂的河马。新饲养员大惑不解。老饲养员说，你喂的那只河马，食物太多了，而且太容易吃到，反而拿食物不当回事，根本不好好吃食，自然长不大。我的这只，食物总是在它够不到的地方，需要做一番努力才能吃到食物，因此它十分懂得珍惜，每天拼命地去够着吃，反而长得快。让河马每天够着吃，自己去获取食物，从而激起食欲和寻求食物的本能，激活其生存与成长的潜质，这就是老饲养员的经验之谈。这番经验与道理很值得玩味，也颇具哲理。其实，对学生的教育又何尝不是如此呢？

从某方面来说，教师就是饲养员，学生就如河马。高效的课堂教学，"不在于全盘授予，而在于相机诱导"，不是教师将知识嚼得烂、嚼得细，拼命地将知识硬灌给学生、硬塞进学生的头脑，而是教会学生学习，激活学生学习的欲望，让学生通过教师教给的学习方法，自我主动地去发现、去探索、去认知、去创造。学生只有经历了自主学习的过程，头脑中的知识才是鲜活的、生动的、印象深刻的、具有生命力的。教师要善于给学生营造探究的氛围，让学生主动去想，主动去思考，竭尽全力去想明白、弄清楚，教师在关键时刻才给予学生必要的点拨与指导。如此，方能让学生恍然大悟，学生得来的学习体验与知识经验才真正属于他自己，学习才可能持久与深入。

实施悬念教学法，教师要做老饲养员，让学生每天够着吃，自己去获取知识的食物，从而激起学生的求知欲和探究欲，这样的课堂才是高效的课堂。

二、接受美学理论依据

"接受美学"这一概念是由德国康茨坦茨大学文艺学教授姚斯在1967年提出的。接受美学的核心是从受众出发，从接受出发。姚斯认为，一个作品即使印成书，在读者没有阅读之前也只是半成品。接受美学认为，文学作品不是由作家独创的，而是由作者和读者共同创作的。伟大的艺术作品都有一种"召唤结构"，它原则上都是未完成的，它含有许多"意义不确定性"和"意义空白"，有待于欣赏者通过创造性想象去填充、丰富甚至重建。作为一门艺术的课堂教学活动，也应该是一种"未完成"的形态，它需要学生的主动参与，而不是教师一个人在唱独角戏。教师如果在教学中能科学地留下一些"空白"和"未定点"，给学生设置种种悬念，又热烈地"召唤"接受者即学生能动参与，课堂教学就会呈现一个人与人相遇、灵魂与灵魂相撞、输出信息与反馈信息相融的美妙境界。接受美学认为，文学作品必须被读者接受，才能实现它的美学价值和社会功能。艺术作品的生命开始于它被读者接受，因为它已在读者的心灵中唤起审美的感应。同样，教师的教案、一堂课、设计的练习必须被学生接受、消化，必须与学生的兴趣、爱好相吻合，才能实现它出色的教学功能。悬念教学法就是要求教师在讲课中给学生留下"空白"和"未定点"，留下"悬念"，让学生去填补、去探究。悬念教学法课堂教学理念与接受美学理论可谓异曲同工。

三、人本主义心理学依据

人本主义心理学兴起于20世纪五六十年代的美国，由马斯洛创立，以罗杰斯为代表，被称为除行为学派和精神分析以外，心理学上的"第三势力"。人本主义和其他学派最大的不同是它特别强调人的正面本质和价值，而并非集中研究人的行为问题，并强调人的成长和发展，称其为自我实现。人本主义心理学之父罗杰斯提出了"以人为中心"的教育主张，他反对任何把学生放在次要地位的教育方式，如以知识为中心、以管理为中心、以教师为中心、以意识形态为中心，等等。所谓"以人为中心"，就是以学生的自由发展、自主发展为中心，尊重学生的成长权利，相信学生的成长潜能。成长是学生自己的事情，教师不能替代学生学习，教师只是学生学习的促进者，是方便学生学习的人。教师的职能是为学生的成长提供促进与保障的条件。按照罗杰斯的"以人为中心"的教育主张，教师的职责主要体现在以下几个方面。

（一）帮助学生确定探究课题，并形成探究方案

教师的职业水平更多体现在对学生潜能的认识和对学生探究过程中的倾向性行为的把握上。这种把握一定不能局限于教材的内容，或局限于教材中章节的编排。

（二）帮助学生制定合理的探究程序和活动程序

未来学校中程序的意义类似于今天学校中课程的意义。程序的特色、丰富性、可行性体现着一个学校的办学水平。

（三）帮助学生完成探究活动

在帮助学生完成探究活动的过程中，教师的职业水平表现为恰到好处地帮助与指点学生。在专业知识、专业技能方面，不一定所有教师或者说教师在所有方面都能超越学生，学生超越教师是极其正常的事情。这种现象既不影响学生的学习，也不影响教师的形象，因为教师的任务是指导学生获取知识，而不是向学生传授知识。

悬念教学法课堂理念正是将"以教师为中心"的注入式"满堂灌"教学模式转变到"以学生为中心"的启发式、探究式教学模式上来。在悬念教学法理念下的课堂教学中，教师的角色也"只是学生学习的促进者，是方便学生学习的人"。悬念教学法课堂教学理念正与罗杰斯的"以人为中心"的教育主张相符。

四、建构主义理论依据

　　建构主义是一种关于知识和学习的理论，强调学习者的主动性，认为学习是学习者基于原有的知识经验生成意义、建构理解的过程，而这一过程常常是在社会文化互动中完成的。建构主义的最早提出者可追溯至瑞士的皮亚杰。他是认知发展领域最有影响力的一位心理学家，他所创立的关于儿童认知发展的学派被人们称为日内瓦学派。皮亚杰的理论充满唯物辩证法，坚持从内因和外因相互作用的观点来研究儿童的认知发展。他认为，儿童是在与周围环境相互作用的过程中，逐步建构起关于外部世界的知识，从而使自身认知结构得到发展。儿童与环境的相互作用涉及两个基本过程：同化与顺应。同化是指把外部环境中的有关信息吸收进来并结合到儿童已有的认知结构（也称图式）中，即个体把外界刺激所提供的信息整合到自己原有认知结构内的过程；顺应是指外部环境发生变化，而原有认知结构无法同化新环境提供的信息时所引起的儿童认知结构发生重组与改造的过程，即个体的认知结构因外部刺激而发生改变的过程。可见，同化是认知结构数量的扩充（图式扩充），而顺应则是认知结构性质的改变（图式改变）。认知个体（儿童）就是通过同化与顺应这两种形式来达到与周围环境的平衡的：当儿童能用现有图式去同化新信息时，他处于一种平衡的认知状态；而当现有图式不能同化新信息时，平衡即被破坏，修改或创造新图式（顺应）的过程就是寻找新的平衡的过程。儿童的认知结构就是通过同化与顺应过程逐步建构起来并在"平衡—不平衡—新的平衡"的循环中得到不断的丰富、提高和发展。这就是皮亚杰关于建构主义的基本观点。

　　在皮亚杰的上述理论的基础上，柯尔伯格在认知结构的性质与认知结构的发展条件等方面做了进一步的研究；斯滕伯格和卡茨等人则强调了个体的主动性在建构认知结构过程中的关键作用，并对认知过程中如何发挥个体的主动性做了认真的探索；维果茨基创立的"文化历史发展理论"则强调认知过程中学习者所处的社会文化历史背景的作用，在此基础上以维果茨基为首的维列鲁学派深入地研究了活动和社会交往在人的高级心理机能发展中的重要作用。所有这些研究都使建构主义理论得到了进一步的丰富和完善，为实际运用于教学过程创造了条件。

2015年10月31日，何泗忠老师在深圳大学向学员传授悬念教学法

建构主义学习理论认为，知识不是通过教师传授得到的，而是学习者在一定的情境即社会文化背景下，借助他人（包括教师和学习伙伴）的帮助，利用必要的学习资料，通过意义建构的方式获得的。与建构主义学习理论相适应的教学模式为："以学生为中心，利用情境、协作、会话等学习环境要素组织教学，充分发挥学生的主动性、积极性和创新精神，最终达到使学生有效地实现对当前所学知识的意义建构的目的。"在这种模式中，学生是知识意义的主动建构者，教师是教学过程的组织者、指导者和意义建构的帮助者、促进者。教材所提供的知识不再是教师传授的内容，而是学生主动建构意义的对象；媒体也不再是帮助教师传授知识的手段，而是用来创设情境，供师生进行协作学习和会话交流的认知工具。

悬念教学法课堂理念正符合建构主义学习理论。悬念教学法理念是对重个体轻合作、重接受轻探究、重结果轻过程、重认识轻体验的"满堂灌"教学法的否定和扬弃，它以"立人"为中心，强化教学活动，优化教学环境，沟通课堂教学与课外活动、学习与生活的联系，变封闭的课堂教学为开放的课堂教学，让学生通过学习去认识社会，感悟人生，塑造自己。

五、格式塔心理学依据

格式塔心理学或译为完形心理学是德文"Gestalt"一词的音译，诞生于1912年，是西方现代心理学的主要流派之一。"格式塔"一词最早是奥地利心理学家埃伦菲尔斯提出来的，后来由德国人韦特墨、考夫卡和柯勒继承并发展形成完形心理学。鲁道夫·阿恩海姆是柯勒的追随者，同时也是将格式塔心理学的相关理论真正具体地运用到艺术领域的一位研究者。格式塔心理学在研究过程中将视角集中在"形"上，格式塔心理学可以说是形的心理学。这里所说的"形"并不是客体本身就有的，而是一个相对独立的整体。人们在知觉的作用下，本能地会对某些"完美"的格式塔进行自我填补，这也就是某些格式塔心理学家所提到的"完形压强"。这个极其生动的类比形象地展示出当人们在看到一个不甚完美的图形时自我填补的心理过程。而这一过程恰恰就是艺术家在艺术创造过程中进行悬念营造的入手点。

艺术领域中的"空白""不完整""不对称""失衡"等形式可以说是悬念的一种具体表现形式。观众在心理作用的驱使下自发地"完形"，同时在欣赏的过程中获得审美快感。换句话说，"不规则、不完美的图形"就是制造悬念的手法，每当这种"不规则、不完美的图形"出现时就会破坏内在平衡，给观众带来猜测未知的冲动，悬念也就此而产生。艺术如此，教学活动亦该如此。在教学活动中，若教师能有意识地为学生开拓出一些空白，给学生留下一些"不完整"和"不对称"，必将给学生带来猜测未知的冲动力，悬念也就此而产生。

因此，语文教学中以格式塔心理学的完形理论为依据，正确而巧妙地运用"悬念艺术"是很有必要也是很重要的。

第三章

悬念教学法的悬念类型

　　课堂应是向未知方向挺进的旅程，随时都有可能发现意外的通道和美丽的图景，而不是一切都必须遵循固定线路而没有激情的行程。

——华东师范大学教授叶澜

　　在这个戏剧性动作的单元内，即第一幕，剧作家需要建置故事、人物、戏剧性前提……作为一个作家，你必须在10分钟内创建这些。

——［美］悉德·菲尔德《电影剧本写作基础》

悬念从不同的研究角度可以分出不同的类型。这里采纳苏州大学王家伦教授指导的教育硕士研究生袁月华的划分法。袁月华在其硕士学位论文《初中语文读、写教学中悬念艺术运用研究》一文中指出：从施教者的角度来看，悬念可分为预设性悬念和生成性悬念；从教学环节的角度来看，可分为导入型悬念、过渡型悬念和拓展型悬念；从课堂教学的重点、难点的角度来看，可分为主题性悬念和非主题性悬念。

一、从施教者的角度悬念可分为预设性悬念和生成性悬念

教学是一个有目标、有计划的活动，教师必须在课前对自己的教学任务有一个清晰、理性的思考与安排。因此，课前必然需要教师认真研读教材，根据特定的教学条件和需要，设计与教学环节相关的悬念，制定出向学生提供教学信息，引导其活动的最佳方式、方法和步骤。然而，课堂没有彩排，永远是现场直播。叶澜教授说过："课堂应是向未知方向挺进的旅程，随时都有可能发现意外的通道和美丽的图景，而不是一切都必须遵循固定线路而没有激情的行程。"因此，在课堂教学中，教师的预设不可能面面俱到，在整个教学过程中，随时都可能出现教师预料不到的情况，学生会提出各种各样教师预想不到的问题，使课堂教学"险象环生"，产生不少生成性悬念。所以从施教者的角度可以把教学悬念分为预设性悬念和生成性悬念。

（一）预设性悬念

所谓预设性悬念是施教者在备课时根据学情预先设定的用以激活学生学习兴趣，实现教学目标的一种悬念。在杭州的一次公开课上，我讲授李白的《梦游天姥吟留别》。课前，我先让学生准备一张白纸，然后阅读课文，根据作者的描述把天姥山画出来。虽然还没能搞清楚老师让他们画画的目的，但正是这份神秘和新奇，让学生十二分地用心读课文，寻找天姥山的特点并把它画下来。这个预设性的悬念激发了学生的好奇心，调动了学生的学习积极性，学生很快投入到文本阅读中，用心体味诗歌，很多学生根据自己的理解画出了天姥山。接着我让学生相互评价，学生在与文本的相互对照中，不仅准确地理解了诗歌中的关键字词（如"天姥连天向天横，势拔五岳掩赤城"中的"拔"是"超出"），同时还在自主合作探究中把握了天姥山雄伟、高大、神奇、美丽的特点。这一预设性悬念很好地消除了师生间的陌生感，顺利达到预设的教学目的，使学生兴致盎然地投入到后面的学习中。

（二）生成性悬念

悬念教学法理念下的课堂教学不再是教师一厢情愿地"独白"，而是学生、教材、教师之间进行的一次次真情"对话"。"对话"意义上的课堂教学会有许多不确定性，会临时产生许多生成性悬念。学生带着富有自己个性色彩的知识、经验、思考、灵感和兴致参与课堂教学，从而使课堂呈现出丰富性、复杂性和多变性。面对这些出乎意料的生成性悬念，教师要有随机应变的能力。

如著名语文特级教师窦桂梅在讲《我的战友邱少云》一文时，就出现了意想不到的生成性悬念。当她讲到"邱少云像千斤巨石一般，趴在火堆里一动不动。烈火在他身上烧了半个多钟头才渐渐地熄灭。这位伟大的战士，直到最后一息，也没动一寸地方，没发出一声呻吟"这些话时，突然有一位学生大声说："不对！我觉得有问题，火势这么大，作为一位战场上的战士，他身上肯定带了不少子弹、手榴弹，火烧了那么长时间，这些一点就着的易燃物怎么没有爆炸呢？"问题一提出，窦老师惊呆了，她也不知道怎么回答这个问题。面对这个生成性悬念，窦老师因势利导地启发说，这个问题问得好，请大家就这个问题讨论讨论。于是，学生七嘴八舌地议论开来了。有的说，邱少云可能早就把手榴弹、子弹扔了；有的说，枪支弹药一爆炸，整个形势就会发生变化，就会影响战斗的胜利，导致战士的伤亡，邱少云会想，光身体一动不动可不行，他肯定会把一只手深深往泥土里抠，奋力把子弹或手榴弹埋在泥土下面，用身子死死压住泥土，同时还要忍受大火对他无情的燃烧，直到生命最后一息也没挪动一寸地方，没发出一声呻吟；有的学生建议给邱少云当年所在的部队写封信，了解了解当时的真实情况。整个这堂课，学生情绪高涨，气氛十分活跃，学生的思维得到了充分的释放，师生沉浸在思考与交流之中。

用悬念教学法理念分析这个教学案例，就可以发现，窦老师高明的教学艺术不仅在于引导学生自己解开了一个想知道的"谜"，更重要的是通过解谜培养了学生的探索精神。探索精神包括探索的欲望、动机、热情、勇气、毅力等。

生成性悬念在于教师能智慧地调配学生的思维，学生一些奇妙的解答和错误的理解都可以成为调配的范围。教师不可能预设到课堂教学的所有，而适时地利用这些新资源，才能让人在课堂上感觉到生命力的涌动、思维的绽放。课堂是向未知的领域进发的，生成性悬念可以带领师生在意外中收获，收获意外的惊喜。

二、从教学环节的角度可分为导入型悬念、过渡型悬念、拓展型悬念

中国古代戏曲创作讲究"凤头、猪肚、豹尾"。所谓"凤头"是指开端部分要光彩夺目，使人耳目一新；所谓"猪肚"是指情节主体部分要内容丰富充实；所谓"豹尾"是指结尾部分既要工丽巧致，又要富于情趣、感染力，让人感到余韵悠长。戏曲如此，课堂教学亦如此。课堂开头要有吸引力；中间部分要有驱动力，不断迈向高潮；结尾部分要余味无穷，留下想象空间。根据这一特点，亦可把悬念分为导入型悬念、过渡型悬念和拓展型悬念。

（一）导入型悬念

导入型悬念就是在课堂的起始阶段，使学生迅速集中注意力，饶有兴趣地进入课堂教学情境的悬念。常言道：好的开端是成功的一半。导入型悬念十分重要，就好像我们去电影院欣赏电影，电影的开头十分重要一样。在好莱坞电影中，大多数成功的电影都在其前10分钟表现出色。悉德·菲尔德在其书《电影剧本写作基础》中这样写道："在这个戏剧性动作的单元内，即第一幕，剧作家需要建置故事、人物、戏剧性前提……作为一个作家，你必须在10分钟内创建这些。"为吸引观众，好莱坞的许多电影的开头都会设置悬念。如2012年第85届奥斯卡最佳原创剧本奖获奖影片《被解救的姜戈》就使用了十分明显的悬念式开头模式，从而吸引了大批观众。由于电视本身的随意性和可选择性，这一原则在电视剧创作中体现得更为明显。与电影相比，电视剧必须在最短的时间内全力呈现出震撼心灵或者是冲击眼球的场面，只有如此，观众才会暂时放下手中的遥控器，给予你更多表达的机会。

一堂课，要吸引学生，开头设置悬念，同样十分重要。在《名师最激发潜能的课堂提问艺术》一书中，记载了著名特级教师袁卫星设置导入型悬念的一个经典案例。袁老师在讲鲁迅先生的《祝福》一课时，首先在黑板上写了"祥林嫂死了！"一行字，感叹号写得很夸张，上面如一把匕首，下面似滴着鲜血。然后他转身说："我们从鲁迅先生的笔下获知，沦为乞丐的祥林嫂在一片祝福声中寂然地死了。一个人死无非有这么几种情况：一是自然死亡，二是意外死亡，三是自杀，四是他杀。那么，你们认为祥林嫂属于哪一种死亡呢？"袁老师一开始就设下悬念，这一导入型悬念使学生感到十分新奇，学生于是交头接耳，开始互相讨论。

袁老师没有打断学生的思维，而是给了他们足够的思考时间。大概过了十来分钟，袁老师说："有结论的同学站起来说一说。"这一导入型悬念的设置

果然取得了很好的教学效果，学生纷纷发言，说出自己的看法。

学生1说："这还用说，肯定是他杀。"

袁老师接着他的话提出质疑："是他杀？那么，谁是凶手呢？"然后他在黑板上写下"谁是凶手"四个字。

学生2说："鲁四老爷呗！"

学生3说："还有四婶。"

学生4说："柳妈也是。"

学生5说："卫老婆子多少也沾点儿边。"

学生6说："还有祥林嫂的婆家人。"

学生7说："我看'我'也脱不了干系。"

同学们大笑，学生7解释道："我这个'我'可是带引号的，你们别瞎笑。"大家再次大笑。

学生8总结道："总之，鲁镇的一群人都是凶手！"

袁老师也笑了："鲁镇人统统是凶手？我看你们得说说理由。"

学生9说："鲁四老爷肯定是凶手。祥林嫂初到鲁镇的时候，他皱了皱眉，讨厌她是一个寡妇，祥林嫂被婆家抢回，他一句'可恶！然而……'多少带了点支持的味道。祥林嫂再到鲁镇，他说她'败坏风俗''不干不净'，祝福时不让她沾手；就是祥林嫂死了，他还骂她是个'谬种'。他在精神上把祥林嫂一步步逼上了死路。"

学生10说："鲁四老爷还有一个帮凶，那就是四婶。"

学生11说："我赞成。'你放着吧，祥林嫂！'四婶一声喝令，把祥林嫂在死亡边缘挣扎的勇气和希望都给粉碎了。"

袁老师插嘴道："我打断同学们一下。'你放着吧，祥林嫂'是个怎样的句式？"

学生12说："感叹句。"

袁老师点了点头："好，这是从语气上说。那么，从语序上说呢？"

学生13说："倒装句。"

袁老师再次点了点头："对了，这一倒装，就突出了四婶要祥林嫂赶快放手的迫切心情。这里要注意，感叹号要放到句子的最后，而不是中间。请大家继续发表高见。"

学生14说："祥林嫂的婆家人也是杀人犯。他们强迫祥林嫂改嫁，改变了她的命运。"

学生15说："柳妈讲阴司故事给祥林嫂听，让她害怕，把她推向了恐怖的深渊。"

袁老师看了看大家，问道："有没有不同意见？"

学生16说："我觉得柳妈不是凶手。因为她自己也和祥林嫂一样，是鲁四老爷家的帮工，阶级出身决定她的阶级意识，她不会残害祥林嫂的。"

学生17反驳道："那她为什么要讲阴司的故事给祥林嫂听，还给祥林嫂出'捐门槛'的馊主意呢？"

学生18解释道："讲故事是因为她自己也相信；出主意则完全出于善意。"

袁老师此时再次插话："我来说吧，从总体描写上看，柳妈还是同情祥林嫂的。而同情祥林嫂的人，也把祥林嫂推向深渊，更显示出悲剧之可悲。就算柳妈是凶手，也是无意识杀人的。你们同意我的说法吗？"

学生都点头。

这时，学生19突然发言道："老师，我认为祥林嫂不是他杀，而是自杀！"此话一出，同学们一片哗然。

袁老师笑道："杀出程咬金来了。好，你说说你的观点。"

学生19振振有词地讲道："如果当初祥林嫂不从婆家逃出来，是不是也就不会改嫁？"

学生20立刻反驳："我认为还是会被迫改嫁。就是不改嫁，也会被虐待而死。"

学生19又抬出自己的理由："那她再到鲁镇之后，鲁四老爷家还是收留她的，不让她沾手祝福，她不沾手就是了，她的心理承受能力太差。"

学生21也反驳："这不是心理承受能力差与不差的问题，这是精神打击，比肉体折磨更痛苦！"

学生19还在强辩："捐门槛也是她自己要去捐的。"

学生22说："不捐门槛她会更痛苦。"

学生19还是不服："那她沦为乞丐，也可以到鲁镇以外的地方去呀，兴许李镇、王镇什么的，还能让她谋到一份帮工呢！"

学生23说："'天下乌鸦一般黑'，李镇会有李四老爷，王镇就会有王四老爷，她到哪里都一样。"

经过一番激烈辩论，学生19开始处于下风。

这时，袁老师做了一个停住的手势，启发性地说道："请你们打住。这其实已经牵涉小说的一个重要问题——当时的社会环境，你们说是不是？"

学生齐声回答："是。"

袁老师继续启发大家的思维："请大家把小说开头的两小节齐读一遍，想一想当时是怎样的一个社会环境。"

学生认真读过后纷纷发表看法。

学生24说："当时是辛亥革命以后。"

学生25说："文中说'年年如此，家家如此''今年自然也如此'，我想是有深意的。"

袁老师抓住机会，问道："什么深意？"

学生25继续说："祝福是'鲁镇年终的大典'，富人们要在这一天'迎接福神，祈求来年一年中的好运气'，而制作'福礼'的却是像祥林嫂一样的女人，她们'臂膊都在水里浸得通红'，没日没夜地劳动。"

袁老师夸奖道："不错，说得很好。女人除了劳动，当时还要受到'三权'的统治，这'三权'就是神权、族权、夫权。女子有'七出'，也就是说七种被丈夫休弃的理由。无子当然是一条，生重病也是一条。你看，这是多么可怕的遭遇！这样看来，祥林嫂之死是被杀是毫无疑问了，不知道刚才那位同学还有没有意见？"他笑着看了看学生19。

学生19害羞地摇摇头。

此时，袁老师话锋一转："可是，元凶——我是说元凶——到底是谁？大家认真地思考一下。"

学生26说："是封建礼教。"

袁老师鼓励性地问道："为什么？"

学生26说："正因为有了封建礼教，鲁四老爷才会那么自私伪善，冷酷无情地逼迫祥林嫂。"

学生27说："也正是因为有了封建礼教，柳妈才会在不知不觉中用迷信思想把祥林嫂往悬崖边推了一把。"

学生28说："还是因为有了封建礼教，祥林嫂才会一直挣脱不了命运的绞索。"

至此，袁老师开始自然而然地讲述《祝福》所要表达的主题——封建礼教杀人！

作为一个才华横溢的特级教师，袁老师在讲授《祝福》一课时，本可以凭着自己已有的对鲁迅这篇文章的理解，把这篇内涵丰富、思想厚重的文章"讲"得很好，但他却并没有如此做，而是把着眼点放在了如何让学生"学"好上。

悬念教学法理念下的课堂教学不是一种静态的呈现和反映过程，而是教师与学生之间形成的一种动态的双向交流过程。这节课学生在袁老师导入型悬念的引导下逐步思考、逻辑推进，到达原来如此、恍然大悟、豁然开朗、始见洞天的彼岸，取得了"众里寻他千百度。蓦然回首，那人却在，灯火阑珊处"的出奇效果。

导入新课是教学过程中的重要起始环节，对理想的教学效果的获得起着奠基作用。有经验的教师非常注意在这一环节上下功夫，以便尽快把学生的注意力吸引到学习中来。导入型悬念教学法常常能造成学生心理上的好奇、焦虑和渴望，是集中学生注意力的一个非常直接、非常有效的办法。

（二）过渡型悬念

美国有一种"钩子理论"，强调故事的叙述过程开始一分钟就要伸出"钩子"挑起观众的兴趣，而整个故事要在适当的间隔里安插"兴奋点"，这些兴奋点要像过山车一样起伏错落，富有刺激性，能够始终调动观众的兴趣。中央电视台《焦点访谈》节目的制片人要求相关记者在制作节目的时候，两三分钟必须有一个兴奋点；《解密大行动》栏目对稿件的写作要求，也是要每隔五分钟设置一个小高潮，从而形成一种环环相扣，有恰当的轻重缓急之分，结构完整而且独具魅力的效果。这些都要求有过渡型悬念。

课堂教学，更需要一种过渡型悬念，因为课堂教学的听众是青少年学生。心理学研究表明，在课堂中，中学生的注意力难以持久，每隔6～7分钟就有所松弛，容易疲劳，心神就会开始游离。因此，仅仅依靠开头的悬念很难撑起课堂的框架，很难维持学生探究的兴趣。为增强学生的探究期待，使其兴奋起来，就必须在课堂教学过程中不断设置悬念，从头到尾始终扣人心弦。故过渡型悬念十分重要。

2015年11月7日，何泗忠老师在深圳大学与学员深入探讨悬念教学法

如我在教学鲁迅的小说《药》时就设置了不少悬念来吸引学生的注意。上课伊始，我先设置一个导入型悬念：文章的标题叫"药"，"药"有中药、西药之分，中药、西药又有许多种，文中到底写的是一种什么药呢？请同学们快速阅读课文第一部分，找出文中写到的是一种什么药。学生带着这个悬念，快速阅读课文第一部分，边阅读边勾画，最后学生发现，小说中的"药"就是一种"人血馒头"。在此基础上，我引导学生开始进入小说情节分析。鲁迅的小说《药》明线是按"买药—吃药—谈药—上坟"的发展过程展开情节的，暗线是按"夏瑜被杀流血—夏瑜的血成了治病良药—夏瑜被杀和其在狱中的斗争

成了茶余谈资—夏瑜之死的影响"来安排结构的。两条线索的交叉点在作为"药"的"人血馒头"上，它连接了华、夏两家的故事，从这一点上挖掘下去就是文章的主题。为了激起学生进一步的探究兴趣，我在讲到"华小栓吃药"的第二部分时，乘机设了一个过渡型悬念："同学们，华老栓、华大妈把自己辛勤劳动的血汗钱拿去买了'人血馒头'为儿子华小栓治病，华小栓吃了夏瑜的血，他的痨病到底能不能治好？"在这里设置过渡型悬念，给学生创造了主动学习的情绪，扣住了学生的心弦，使学生对华小栓"吃药"的效果产生了兴趣。这时候，学生急于想知道的就是华小栓吃了这种"药"后，病到底好了没有。这样，学生又带着一种期待情绪进入学习。在教材中，鲁迅的作品不少，但由于时代的发展和语言的隔膜，学生对鲁迅的作品并不太感兴趣。要把鲁迅先生的作品讲得让学生感兴趣，的确不是一件容易的事。而我通过导入型悬念和过渡型悬念将鲁迅的小说《药》讲得让学生兴致盎然。40分钟的课堂教学，要使学生的注意力始终保持饱满，确实不易。过渡型悬念是不断调动学生学习内驱力的一种好方法。

（三）拓展型悬念

拓展型悬念设置在课堂教学的结尾阶段，是在课堂结束时留下的悬念。如果把一堂课喻为一台精彩纷呈的文艺晚会，那么，结尾就是一出令人拍案称奇的压轴戏。结尾阶段的拓展型悬念如设计精妙，能产生余音绕梁、"课断思不断，语停意不停"的艺术效果。

莫泊桑的小说《项链》言虽尽而意无尽，具有使人"永远也料不到的结尾"。为了激起学生对玛蒂尔德生活命运的回味，我在进行《项链》课堂教学小结时，就以假设的形式给学生设下悬念：

"要是玛蒂尔德没有丢掉那条项链，以夜总会为起点，青云直上，挤进上流社会，过着她梦寐以求的寄生生活，她会比现在更堕落、更可悲吗？要是项链不是假的，她的命运会是悲剧吗？要是她向佛莱思节太太索要一部分冤枉赔款，她的精神创伤能弥补吗？"

在教学小结中我提出这些具体问题，设置一个个悬念，拨动学生的好奇心，激起学生的探究兴趣，悬而未决地使学生带着问题开动脑筋，进行课后思考。这样既扩展了学生课堂思考的时间与空间，又能督促和培养学生养成经常思考问题的习惯。

拓展型悬念并不是为了拓展而拓展，而是要紧扣文本，紧扣教学目标加以设计，要成为课堂教学的有机组成部分。拓展型悬念不仅要做到巩固知识、检查效果、强化兴趣，还要激起学生的求知欲望，活跃思维、开拓思路，使学生从课堂走向生活，从小课堂走向大课堂。

三、从课堂教学的重难点的角度可分为主题性悬念和非主题性悬念

一个作品反映一个主题，同样，一堂课也有一个主题，一个中心，针对这个主题或中心，教师应该设置一个关键悬念，这个关键悬念能统摄整个教学过程。但整个教学过程不可能通过一个关键悬念就能展示出来，它还需要设置其他辅助悬念，一步步推进、引导学生去接近进而解答那个关键悬念，根据这一特点，我们把悬念分为主题性悬念和非主题性悬念。

（一）主题性悬念

主题性悬念就是与文本中心主旨或是教学活动的主要目的密切相关的悬念，可以看成灵魂性悬念、总悬念。艺术作品中往往有主题性悬念，如南斯拉夫的关于第二次世界大战的经典影片《桥》，影片一开始就设置了主题性悬念。1944 年，第二次世界大战接近尾声，纳粹德国由大进攻转入大败退，面临东西夹击的德国已走到了失败的边缘。然而他们仍不死心，为了挽救危局，德军计划从希腊经南斯拉夫撤退回本国。撤退途中，他们必须经过南斯拉夫境内的一座桥，德军派重兵守卫这座桥，并在桥的周边铺设了地雷。南斯拉夫游击队少校"老虎"则接到上级命令：为阻止德军撤退，必须在第七天德军刚刚抵达这座桥时炸毁这座桥。能不能按时把桥炸毁，成为该影片的主题性悬念（总悬念）。

语文课堂教学也有主题性悬念。如《荆轲刺秦王》开篇写道："秦将王翦破赵，虏赵王，尽收其地，进兵北略地，至燕南界。"秦国咄咄逼人，大兵压境。燕国太子丹十分恐惧，于是派荆轲去刺杀秦王。荆轲进入秦国后，能不能成功刺杀秦王成了这篇文章的总悬念。荆轲刺杀秦王，他会成功吗？我向学生抛出这个总悬念，学生顿时兴趣盎然，贪婪地阅读课文，最终，学生自己解开了这个谜团，领悟了荆轲"士为知己者死"的侠士精神。在课堂教学中，尤其在阅读教学中，如能设置好主题性悬念，学生就能很好地把握人物的命运和文本的主题，激发学习兴趣。

（二）非主题性悬念

非主题性悬念是指主题性悬念之外的、有助于学生解答主题性悬念而设置的辅助性悬念。如果是一部作品，它对作品的主题不起决定性作用，但能更好地推动情节的发展，能使作品的情节更丰富、更曲折。南斯拉夫电影《桥》除设置游击队能不能炸毁这座桥的主题性悬念外，还围绕主题性悬念设置了非主题性悬念。由于德军重兵把守，不可能大规模地实施炸桥行为，只能找到桥的

设计者把炸药放在桥的关键部位。能不能找到大桥的设计者、工程师，成了该影片的第一个非主题性悬念。敌我双方都知道工程师的重要，游击队寻找工程师，德国盖世太保也在寻找工程师。经过一番肉搏，游击队打败了盖世太保，接走了工程师，但是工程师坚决反对炸掉自己心爱的作品，为此他在通过沼泽地时逃跑了。工程师逃跑了，能不能把他找回来，成了电影第二个非主题性悬念。游击队少校"老虎"带着他的游击队队员寻找工程师的时候遭遇了大批德军，游击队队员能不能逃出德军的魔掌，成了电影第三个非主题性悬念。为服务主题性悬念，电影后面还设置了一连串非主题性悬念。主题性悬念和非主题性悬念的设置，使得这部影片情节扑朔迷离、跌宕起伏、险象环生、扣人心弦。

文艺作品有非主题性悬念，语文课堂教学也可围绕课堂的主题性悬念设置非主题性悬念。如《荆轲刺秦王》一文，除有"荆轲进入秦国后能不能成功刺杀秦王？"这个主题性悬念之外，还有一些非主题性悬念。如荆轲为了接近秦王，向太子丹提出需要樊於期将军的头颅作为信物，太子丹不同意。荆轲能得到樊於期的头颅吗？这是本文的第一个非主题性悬念。接着，荆轲让樊於期将军自愿献出头颅。荆轲是怎样说服樊於期自愿献头的呢？这是本文的第二个非主题性悬念。在冷兵器时代，没有手枪，刺杀秦王需要匕首，荆轲又是怎样将匕首带入戒备森严的秦国宫廷的呢？这是本文的第三个非主题性悬念。荆轲进入秦国宫廷后，副手秦武阳吓得脸色苍白、浑身发抖，引起秦国群臣的怀疑，荆轲又是怎样化解这个意外的呢？这是本文的第四个非主题性悬念。教学这篇课文时，我充分利用这些非主题性悬念引导学生一步步阅读课文，极大地调动了学生的学习兴趣，学生情绪高涨，课堂气氛十分活跃，学生的思维得到了充分释放，师生一起沉浸在思考与交流之中。

以上结合课堂教学，给教学悬念做了一个分类。这些悬念是为教学服务的。悬念设置得合理恰当，能让学生进入"愤""悱"状态。

第四章

悬念教学呼唤教师素质

我以为好的先生不是教书，不是教学生，乃是教学生学。

——陶行知

教师若要胜任悬念教学法，在知识储备方面，要像孙悟空一样具有非凡的本领；在师生交往方面，要像观音菩萨一样拥有博大的胸怀；在教学理念方面，要像如来佛一样做麦田的守望者；在教学方法方面，要像菩提祖师一样注重启发诱导；在教学仪表方面，要像美丽的白骨精一样眉目传情；在教学生活方面，要像猪八戒一样拥有阳光的心态。

——何泗忠

传统教学法，教师教教科书，学生学教科书，在规定的时间内教完教科书，一切顺着事先设计好的路线推进，教学环节衔接得天衣无缝，知识是预定的，结论是固定的，教学表现出一种封闭性、静止性的特点。悬念教学法与传统教学法不同，它是一种开放的教学法，具有民主性、双向性、开放性、探究性、情感性、人道性、审美性、趣味性等特点。在教学中，教师必须有高度的机智和随机应变的能力。这种教学法对教师的要求更高，它呼唤着高素质的教师。

具有什么素质的教师才能胜任悬念教学法呢？四大名著中的《西游记》给我们以启示。教师若要胜任悬念教学法，在知识储备方面，要像孙悟空一样具有非凡的本领；在师生交往方面，要像观音菩萨一样拥有博大的胸怀；在教学理念方面，要像如来佛一样做麦田的守望者；在教学方法方面，要像菩提祖师一样注重启发诱导；在教学仪表方面，要像美丽的白骨精一样眉目传情；在教学生活方面，要像猪八戒一样拥有阳光的心态。

一、在知识储备方面，要像孙悟空一样具有非凡的本领

悬念教学法理念下的语文课堂教学是一种开放性、流动性的课堂教学，这样的课堂教学，在师生沟通对话中生成新知识，这种生成不可预料，始终充满着悬念，充满着无穷的可能性。这就要求教师在知识储备方面像孙悟空一样有本领，在开放的悬念教学法中，要有七十二变，从多角度回答学生的提问，始终给学生以新奇感；在开放的悬念教学法中，要学会翻"筋斗云"，帮助学生找到解决问题的最佳途径；在开放的悬念教学法中，要有"如意金箍棒"，帮助学生扫除学习道路上的拦路虎；在开放的悬念教学法中，要有"火眼金睛"，识别知识的真伪，把真理传授给学生。

孙悟空的本领不是天生的，是刻苦学来的，作为教师，要有孙悟空一般的本领，要想胜任悬念教学法，也得刻苦学习。

向同事学习，博采众长。参加工作以来，我始终抱着谦虚的态度，诚心诚意地向同事学习。我每听一节课，包括听徒弟的课、听青年教师的课，我都是打开我的感官，运用我的思维器官去学习，因为我信奉博采众长。一个人的智慧是有限的，大家的智慧是无穷的。有时听同事一节课，胜似低头忙一年。我不仅听语文教师的课，还听其他学科教师的课。如果说我现在的教育教学产生波澜起伏、跌宕多姿、引人入胜的效果，说到底，也是向同事们学的，或者说

是"偷"大家的。

　　向书本学习，不间断地读书。教师的阅读量与阅读率决定了课堂上每一句话的分量，决定了一个教师教育智慧的高低。当教师怀着一个被斯蒂芬·霍金、史铁生等形象激励过，被唐诗、宋词、元曲的诗意滋润过，被朱自清、余光中、余秋雨等美文哲理熏陶过，被孔夫子、魏书生、朱永新、苏霍姆林斯基等教育家的教育思想洗礼过，被古今中外的优秀文化精华浇灌过的心灵走进课堂实施悬念教学时，他的课堂就会引经据典、妙语连珠、天马行空、悬念迭出，他的课堂就会深深吸引学生、打动学生，与学生产生心灵的共鸣，他就能用自己渊博的知识为学生答疑、释疑、解疑。

　　32年的教学史，也是我32年的读书史，我阅读了300多部教育理论书籍，写了1000多万字的读书笔记。2001年，我有幸到湖南科技大学参加省级骨干教师培训。在那充满学术气息的高等学府中，我每天除了听教授讲课，就是一头扎进书堆里。周末，其他学员或回家，或跳舞，或打牌，而我却上图书馆看书。一年中，我不能准确地统计出自己究竟看过多少书籍，只是很清楚地感觉到自己最初的许多设想和认识在不断得到印证，自己埋头拉车时的种种疑惑在豁然开朗。整个人活起来了！思想活起来了！血液沸腾了！学习归来，我带回来几十本读书笔记，更带回来新的教学理念，带回来一个智慧的头脑。

　　如今，我和我的课一直深受学生的喜欢，我觉得这与我通过读书所获得的知识储备和知识结构有关。古希腊哲学家说过，"一个人不能两次踏进同一条河流"。其实，一个教师也不能两次踏进同一个课堂。学生是一个个鲜活的生命体，他们带着自己的知识、经验、思考、灵感参与课堂教学活动，使课堂呈现丰富性、多变性和复杂性；同时学生的心态在变化，知识经验的积累状态在变化，乃至课堂的物理空间都在变化。不断变化的课堂充满悬念，它时刻挑战着教师的教学智慧。我曾经教过这样一名学生，他从上第一节课时就昏昏欲睡。我想我应该适时地帮他一把，但又不能伤他的自尊。于是，我寻找机会问他："有不懂的问题吗？"他没有浪费这次机会，问我："人睡觉能学习吗？"他的这个问题出人意料，但我正好能回答："睡觉可以有一定的发明和创造，但必须有足够的知识和思考的能动力。比如凯库勒，他是一名化学家，在研究苯的结构时遇到了困难，百思不得其解。有一次他在睡梦中梦到了苯的结构，从而得到了苯的结构模型，解决了有机化学中长期悬而未决的一个难题。'日有所思，夜有所梦。'如果没有足够的知识作为前导，即使你睡一年也只能做一些荒诞的梦。"那名学生听后没有说话，但从那时起，他就像换了一个人，上课再也没有睡过觉，成绩直线上升。后来我想，如果我没有读过科学家的故事，我也就没有这样的教育智慧来回答学生这个刁钻古怪的问题，这个学生的进步就不会那么大。教师只有拥有广博深厚的文化科学基础知识及扎实系统的专业学科知识，才能在充满悬念的课堂中游刃有余，从容应对学生的挑战。

二、在师生交往方面，要像观音菩萨一样拥有博大的胸怀

观音菩萨流传在民间的形象非常之多，有杨柳观音、卧莲观音、水月观音、白衣观音、千手千眼观音、十八臂观音等，据说有33种之多。观音菩萨从庙堂之上的莲花宝座，走进寻常百姓家，走进人们的心里，成为慈悲博大的同义语。在中国，她的名气和影响几乎超过了所有的神灵。

同样，观音菩萨也走进了《西游记》的世界，而且，在这个世界里，观音菩萨更富有亲和力，更有包容之心，更有博大的胸怀。

《西游记》中写道，观音菩萨奉如来之命去东土大唐选择取经人。她在东土大唐选择了唐僧，唐僧在五行山纳下孙悟空，在云栈洞降服猪悟能，最后在流沙河收下了沙悟净。唐僧懦弱迂腐，人妖不分，动辄颠倒是非；大弟子孙悟空曾大闹天宫，连玉皇大帝都不放在眼里，"顽劣不羁，罪行滔天"；二弟子猪八戒在天上戏耍嫦娥，被贬下凡后仍不知悔改，在高老庄又"强娶"民女，算是"为非作歹，违法乱纪"之徒；三弟子沙悟净受罚被贬流沙河，也曾兴风作浪，伤人无数，严重扰乱过"交通秩序"。然而观音菩萨没有因其有缺点而漠视他们，而是真诚感化、因材施用，观音菩萨的仁慈与博大赢得了唐僧师徒对她的尊重，师徒在取经路上遇到什么困难，受了什么委屈，都乐于向观音菩萨倾诉。

一个高素质的教师，一个能胜任悬念教学法的教师，也应该有观音菩萨的仁慈与胸怀。因为悬念教学法理念下的教学课堂是一种民主的、互动的教学课堂，教师只有像观音菩萨一样亲和，像观音菩萨一样仁慈，学生才会敢于跟教师互动，乐于跟教师交流。在对待学生的态度上，教师要像《西游记》中的观音菩萨一样，有一颗包容之心。教师要有一张观音菩萨式的微笑的脸，笑对学生；要有观音菩萨海纳百川的胸怀，能容得下千姿百态的学生。教师仁慈与博大，才会使学生在课堂上有一种安全感，学生亲其师，才会信其道，才会在课堂上勇于思考、质疑、批判、发现。

仁慈与博大是教师实施悬念教学法的必备素质。

2016年3月19日，何泗忠老师（左2）在广东省惠州市推广
悬念教学法时与惠州名师合影

三、在教学理念方面，要像如来佛一样做麦田的守望者

　　熟读过《西游记》的朋友都知道，为西天取经的唐僧师徒遭遇的危险而提心吊胆是根本没有必要的，危难时刻，他们总能够得到观音甚至如来等一班高人的帮助指点而"化险为夷"。

　　为什么？因为这本身就是一场游戏。游戏就是预先设定好了目标和程序的一种活动，其目的是起到陶冶性情的作用。《西游记》是一场游戏，整个唐僧师徒西天取经的过程都是事先设计、策划和安排好了的，结果也是提前公布了的。就连九九八十一难也是事先安排好的，那些程序化的"灾难"不是要阻止他们取经，而是要磨炼他们的意志，让他们明白佛经的真谛。

　　这场游戏的策划者、总设计师就是如来佛。

　　小说第八回写得明明白白，写到如来佛在讲经时说："'我观四大部洲，众生善恶，各方不一。东胜神洲者，敬天礼地，心爽气平；北巨芦洲者，虽好杀生，只因糊口，性拙情疏，无多作践；我西牛贺洲者，不贪不杀，养气潜灵，虽无上真，人人固寿；但那南赡部洲者，贪淫乐祸，多杀多争，正所谓口舌凶场，是非恶海。我今有三藏真经，可以劝人为善。'诸菩萨闻言，合掌皈依，向佛前问曰：'如来有那三藏真经？'如来曰：'我有《法》一藏，谈天；《论》一藏，说地；《经》一藏，度鬼。三藏共计三十五部，该一万五千一百四十四卷，乃是修真之经，正善之门。我待要送上东土，叵耐那方众生愚蠢，毁谤真言，不识我法门之要旨，怠慢了瑜伽之正宗。怎么得一个有法力的，去东土寻一个善信，教他苦历千山，远经万水，到我处求取真经，永传东土，劝化众生，却乃是个山大的福缘，海深的善庆。'"

这段话其实已经说明了唐僧师徒为何要去西天取经。原来是如来佛要用自己的佛学巨著来普度东土众生，但又唯恐众生轻慢，不当回事，所以要设计一场取经的行动，到东土选定一个人，让他历经千辛万苦取得真经，并知道真经的来之不易，好好珍惜，好好学习。因此，这场取经的伟大历程，其实就是如来佛为实现其把佛学传播到东土的心愿而设计和策划的一个"游戏"。如此看来，所谓"西游记"，不仅有游历的意思，还有游戏的意思。也就是说，《西游记》不过就是由如来佛策划导演的一次关于取经的西行游历、游戏历程。如来佛是西天取经的总设计师。

总设计师如来佛法力无边，凭他的本事，妖魔鬼怪，不是他的对手，他可以亲手将经文送到东土大唐，然而如来佛并没有这样做，而是让唐僧师徒历经千辛万苦去取得真经，并知道真经的来之不易，好好珍惜，好好学习。如来佛的这种不包办代替，让弟子们放手去干，自己只做一个麦田守望者的理念，正是悬念教学法所提倡的教学理念。学习，是学生自己的事，谁也不能包办代替。教师只是学生学习的促进者，是方便学生学习的人。教师的职能是为了学生的成长提供促进与保障的条件。

悬念教学法理念下的课堂教学过程其实就是一个学生自我"发现"的过程。在课堂教学过程中，该学生做的事教师决不插手，努力做到"书"让学生自己读，"问"让学生自己提，"果"让学生自己摘，"情"让学生自己抒，"话"让学生自己说，"文"让学生自己评，最大限度地让学生在活动中学习，在主动中发展，在合作中进步，在探究中创新。

教师要胜任悬念教学法，就要向如来佛学习，做一个麦田守望者。

四、在教学方法方面，要像菩提祖师一样注重启发诱导

《西游记》是启发式教学的先驱，启发式教学的一个显著特点就是不说破，让弟子去"悟"。孙猴子叫孙悟空，猪八戒叫猪悟能，沙和尚叫沙悟净，他们的名字中都是突出一个"悟"字。孙悟空的第一任老师菩提祖师是启发式教学的高手，《西游记》中这样写道，祖师讲课"天花乱坠，地涌金莲。妙演三乘法，精微万法全，慢摇麈尾喷珠玉，响振雷霆动九天"。这是祖师善讲，然而，祖师更多的时候是少讲，甚至不讲。悟空自离开花果山寻仙访道，到学成归来，有二十年，其中有十一年是在菩提祖师门下学艺，但祖师只给他上了六次课，其中第一次，先是授予孙悟空姓名，然后采用提问法来试探孙悟空的悟性："教你个'术'字门中之道如何？""教你'流'字门中之道如

何？""教你'静'字门中之道如何？""教你'动'字门中之道如何？"当悟空回答"不学不学"这些东西时，菩提祖师再也不说话，而是在孙悟空的头上敲了三下，然后倒背着手离开了。孙悟空果然悟性了得，他悟出了菩提祖师的暗示，在他头上敲三下，就是要他在三更时到他那儿去学艺。孙悟空心领神会，在三更众人熟睡之时，悄然来到了菩提祖师的住处，祖师果然在房中等着悟空前来学艺。这是祖师第一次对悟空的启发式教学。另外几次对悟空授课都只是授予口诀而已，从头到尾，祖师教孙悟空本领都是本着不说破的原则，让孙悟空自己去悟。祖师教悟空学道，并没有如我们平时所说的手把手地教，一招一式地传，每一门功课都只是将要害——"口诀"告之，点到为止，留下无限空间，让孙悟空自己去揣摩，自己去参悟，充分调动孙悟空的学习积极性。祖师的启发式教学与悬念式教学法息息相通。要实施悬念教学法，就要像菩提祖师一样，不仅要知道自己该讲什么，更要知道自己不该讲什么；不仅要研究自己如何讲，更要研究自己如何少讲甚至不讲。传统课堂教学中往往存在的突出问题之一是教师总体讲得太多，认为自己"讲"得越多，学生就"学"得越多，课堂上，更多的是关注自己"如何讲"，却很少关注和研究自己"如何不讲"。悬念教学法是一种启发式教学法，教师要相信学生，要敢把时间交给学生，教师要围绕文本或学习内容，凡能让学生自己问的问题一定让学生自己主动问；凡能让学生自己回答的问题一定让学生自己回答；凡能让学生自己阅读的地方一定让学生自己阅读；凡能让学生自己批注的内容一定让学生自己批注；凡能让学生相互讨论解决的问题一定让学生之间合作解决。课堂上，教师要像菩提祖师一样，尽量少讲甚至不讲。

五、在教学仪表方面，要像美丽的白骨精一样引人入胜

唐僧师徒西天取经，一路上遇到了不少女妖精，至少有20个女妖精参与了对唐僧师徒的色诱活动。她们采用各种手段引诱唐僧师徒，八戒是有很多次把持不住，动了凡心，唐僧则基本上没有动心。但有一个例外，就是在白骨精面前心荡神摇。唐僧是一个十分有定力的人，容貌端庄，行为稳重。但唐僧一见白骨精就连忙跳起身来，《西游记》第二十七回中写道：三藏一见，连忙跳起身来，合掌当胸道："女菩萨，你府上在何处住？是甚人家？有甚愿心，来此斋僧？"唐僧见到这个美女时的第一反应是"跳起身来"，唐僧的这个动作是极其罕见的。跳了之后，还一口气连问了人家三个问题。小说接下来是写两个人你一言我一语地攀谈起来，像说相声一样，打得火热。唐僧与白骨精十分健

谈，仅两人的对话，就占了小说几乎一页的篇幅，这是《西游记》中最长的对话，也是唐僧与女性最长的对话。孙悟空见他师父如此异样，对唐僧说："师父，我知道你了，你见她那等容貌，必然动了凡心。" 唐僧听了孙悟空的话后，"羞得个光头彻耳通红"。

唐僧为什么见了白骨精会如此心动神摇呢？原来白骨精十分善于运用体态语言。《西游记》中写道，白骨精远远见到唐僧后，"摇身一变，变做个月貌花容的女儿，说不尽那眉清目秀，齿白唇红……从西向东，径奔唐僧。圣僧歇马在山岩，忽见裙钗女近前。翠袖轻摇笼玉笋，湘裙斜拽显金莲。汗流粉面花含露，尘拂峨眉柳带烟。仔细定睛观看处，看看行至到身边。……冰肌藏玉骨，衫领露酥胸。柳眉积翠黛，杏眼闪银星"。白骨精就是用这样极富特色的眼神、表情和动作征服了唐僧，使唐僧一见她就情不自禁地跳起来。可见，体态语言在表情达意方面具有十分重要的作用。

由此，我想到了我们的教育教学活动。过去，我们教学总是有意无意地忽视体态语言，认为教师是靠嘴皮子吃饭的，一支粉笔一张嘴，就能教书。其实这种看法是完全错误的。我们的课堂教学活动，说到底是一种人与人的交往活动。人际交往都离不开体态语言。美国心理学家艾伯特·梅拉比安曾经提出一个公式：信息的全部表达=7%的言语+38%的声音+55%的表情、动作、举止。也就是说，在人际交往中，55%的信息传递是通过体态语言进行的。作为一种特殊的人际交往活动——教育教学活动，要取得感人的效果，就要学习《西游记》中的白骨精，在课堂教学中，教师要恰当地运用体态语言。

在我读小学时，我的一位语文老师就十分精通运用体态语言——目光和微笑来进行教育教学，使她的教学格外富有魅力，格外吸引学生，格外富有成效。

40年前，我就读于湖南省资兴市青腰镇（现更名为八面山瑶族乡）团桥村小学。我们这个班原先是学校出了名的捣蛋班，班上40个人，只有8名女生，男生太多，经常闹得无法正常上课。先后换了4个班主任，班主任都是男老师，4个男班主任体型一个比一个高大，但我们毫不畏惧，班主任无可奈何。四年级开学前，听说新来的班主任是个女老师，从县城里来的。我们十分高兴，心想："不就是个女老师吗，怎么能管得了我们呢？我们还是该咋玩就咋玩。"

不料，当女老师出现在讲台上时，教室里鸦雀无声，大家都屏住呼吸，我们被女老师那种仪态万千的美和摄人心魄的微笑镇住了。

女老师30岁左右，脸上总是挂着甜甜的笑。她一上讲台，便像一轮明月升起，我们抬头望着她，心中充满温馨。她言语机智，语速平缓，说到动情处，身心融入，激情飞扬。从此，女老师上课，她的身影还只出现在走廊的尽头，我们就凝神静气、鸦雀无声地等候她的到来。

从此，班级出现了奇妙的变化。我也在变。

我的顽皮是出了名的：我爱抽烟，抽过用报纸卷的旱烟，抽过8分钱一包的经济烟，抽过2角2分钱一包的火炬烟，抽过2角5分钱一包的五岭烟。有一次，我偷着抽烟时，被女老师发现了，我慌忙把烟丢在地上，她没有训斥，没有责备，只是用她那美丽的眼睛看着我，但眼中分明有一丝忧郁，然后用她洁白的手把地上的烟捡起来。从此，我再也不抽烟了，我不忍看见那双美丽的眼睛含着忧郁。

我爱打架，为了打架方便，我自己理光头，打架时，我却最喜欢揪别人的头发。有一次，我和比我高半个头的同学打架，我抓住对方的头发，连搧对方几个耳光，把对方打得头破血流，而对方也把我打得头破血流。当我们昂着带血的头颅跨进校门时，女老师温柔的手抚着我们受伤的头，没有训斥，没有责备，只是用她那美丽的眼睛看着我们，但眼中分明有一丝忧郁，然后给我们包扎、擦洗。从此，我再也不打架了，我不忍看见那双美丽的眼睛含着忧郁。

我数学特差，从来不及格，语文考试也是勉强及格，但有一回，女老师拿着我的作文在班上讲评，讲评完后，走下讲台把作文本还给我，然后微笑着摸着我的头，夸我的作文写得不错。我如沐春风。从此，每次作文，我都认真写，作文多次在墙报中被展出。后来，我当了学习委员，当了班长，小学毕业时，是学校成绩最好的，我们这个班也是学校成绩最好的班，尤其是语文成绩，最低分都在78分。可以说，我，还有我们班其他同学是在女老师微笑的目光和温柔的抚摸中成长的。可见，体态语言——那目光，那微笑，那手势，有着巨大的教育功能。

总之，只会用嘴巴教书的教师是不能胜任悬念教学法的。悬念教学法是一种动人心弦的教学法。我们的课堂教学要感染人，要有亲和力，要有吸引力，要与学生互动，要取得最佳的教学效果，就要向《西游记》中的白骨精学习，要恰当运用自己的目光、自己的微笑、自己的身姿、自己的手势等体态语言去从事教育教学活动，做到脉脉含情，眉目传情，使自己的教学从内心打动学生。

六、在教学生活方面，要像猪八戒一样拥有阳光的心态

曾有网站做过一个调查，问："唐僧、孙悟空、猪八戒、沙和尚几个当中你最喜欢谁？"调查结果显示竟然绝大多数白领女性都选择了猪八戒。与唐僧的一本正经、孙悟空的不安分守己、沙和尚的笨嘴拙舌比起来，猪八戒显得

格外讲求实际，他在取经的路上该吃饭的时候吃饭，该睡觉的时候睡觉，该工作的时候工作，劳逸结合，而且还很幽默，始终保持着快乐阳光的心态。如果没有猪八戒，充满了妖魔鬼怪的遥远的取经之途将会多么荒凉无趣。正是猪八戒让取经之途多了一点色彩，多了一些乐趣。我们的教学也应该寓教于乐，要让教学过程多一点色彩，多一些乐趣。悬念教学法正是一种充满探究之乐的有趣、有味、好玩的教学法。这就要求教师要像猪八戒一样拥有快乐阳光的心态。

我们学校每年都会由学生推出十大最喜爱教师，结果获奖的绝大部分是年轻教师。学生为什么喜欢年轻教师，因为这些年轻教师快乐阳光，能够与学生产生心灵的共鸣。教师也是人，要有人的生活。我们何不学学猪八戒，我们也要享受教学，享受生活，做个快乐阳光的教师。

从教32年，也是我享受教学，享受生活，快乐阳光的32年。我不掩饰自己，在课堂教学中，我充分展示自己的个性。每一届学生毕业，我都会请他们每人写一张纸条给我。纸条上写一写他们希望我怎样对待下一届学生，写一写他们最喜欢我的地方。2014年，我同样要学生写纸条。当时，我统计了一下学生写的情况。

有50位学生喜欢我讲课的激情。学生说，我的语文课堂是激情的广场。

有38位学生喜欢我读文章的语调。尽管我普通话不太标准，但感情十分到位。

此外，有45位学生喜欢我的幽默。有63位学生喜欢听我演讲。

然而，更多的学生是喜欢我快乐阳光的性格，在课堂教学中，能够与他们平等交流，设疑、释疑、解疑。

我快乐阳光的性格使我的课堂教学充满民主和谐的氛围，使我的课堂教学悬念迭出、波澜起伏。

悬念教学法是一种开放的教学法，这种教学法在师生沟通对话的过程中生成新知识，这种生成不可预料，始终充满着悬念，充满着无穷的可能性。这种教学法随时会遇到学生的挑战。这种教学法对教师素质要求更高。为了能掌握悬念教学法，我努力使自己在知识储备方面像孙悟空一样具有非凡的本领；在师生交往方面，像观音菩萨一样拥有博大的胸怀；在教学理念方面，像如来佛一样做麦田的守望者；在教学方法方面，像菩提祖师一样注重启发诱导；在教学仪表方面，像美丽的白骨精一样眉目传情；在教学生活方面，像猪八戒一样快乐阳光。因此，我的课堂往往能从内心打动学生。学生对我的课堂评价是：

浮想联翩、旁征博引、幽默风趣、激情四射、悬念迭出、扣人心弦、民主和谐、师生共鸣，课堂语文味浓厚，有趣、有味、好玩。

第五章

悬念教学法的设置艺术

事必有法，然后可成，师舍是则无以教，弟子舍是则无以学。

——孟子

初期研究的障碍，乃在于缺乏研究法。无怪乎人们常说，科学是随着研究法所获得的成就而前进的。研究法每前进一步，我们就更提高一步，随之在我们面前也就开拓了一个充满着种种新鲜事物的、更辽阔的远景。因此，我们头等重要的任务乃是制定研究法。

——［苏联］巴甫洛夫

有些教师虽按大纲授课，但平淡无奇，味同嚼蜡，而有些教师则讲得精彩纷呈，妙趣横生。为什么会有这种差别呢？一个重要的原因是懂不懂得设置课堂悬念。恰当、巧妙、适时地在教学中设置一系列悬念，可收到意想不到的效果。中央电视台《百家讲坛》栏目中的阎崇年教授所讲的《清十二帝疑案》的收视率一直很高，正如阎崇年教授的讲解之所以能够吸引很多观众，撇开阎教授深厚的学术底蕴，有一个重要的因素就是他很善于设置悬念，从而激发观众的兴趣。这一点给我们的启示就是，在平时的课堂教学中要善于设置悬念。教师悬念的设置能够吊起学生的胃口，让学生觉得所学的内容是有趣的，值得学习的，从而把学习的兴趣激发出来。悬念的设置相当于给学生造成了一种认知失调、认知不平衡的状况，所以学生会花时间和精力去学习，解决认知不平衡的问题。悬念设置能激发学生的学习兴趣，激发学生的探究欲，从而使教师高效地完成课堂教学任务。下面谈谈悬念设置的一些方法。

一、在文本空白处设置悬念

　　伟大的作品犹如断臂的维纳斯，其间匿藏着许许多多的"不确定性"和"意义空白"，有待读者去发现、填补和阐发。著名评论家王冶秋先生就曾这样评说《阿Q正传》的欣赏过程：看第一遍，我们会笑得肚子疼；第二遍，才咂出一点不是笑的成分；第三遍，鄙弃阿Q的为人；第四遍，鄙弃化为同情；第五遍，同情化为深思的眼泪；第六遍，阿Q还是阿Q；第七遍，阿Q向自己身上扑来；第八遍，合而为一；第九遍，又一次化为你的亲戚故旧；第十遍，扩大到你的左邻右舍；十一遍，扩大到全国；十二遍，甚至洋人的国土；十三遍，你觉得它是一面镜子；十四遍，也许是警报器……十四遍以后读者欣赏到什么评论家没有说，我想只要继续读下去，新的体会和想法肯定会有。同一个人能读出这么多阿Q，更不用说不同的人能读出更多的阿Q了，正所谓"一千个读者就有一千个哈姆莱特"。为什么会产生这样的效果，因为作者在阿Q身上给我们留下了许多"不确定性"和"意义的空白"。语文教材中的大部分课文都是古今中外名家的名篇，内容含蓄、语言凝练，可以说，绝大部分课文为读者留下了耐人寻味的艺术"空白"。如果我们能充分利用教材提供的这些"空白"制造悬念，引导学生去思考、联想、理解并填补这些"空白"，促成"完形"，将会起到开发学生智力、发展学生思维能力、提高教学效果的积极作用。那么，课文中，哪些地方容易形成"空白"，我们可以利用它来制造悬念呢？

（一）有省略号的地方容易形成"空白"

如在《变色龙》中，当奥楚蔑洛夫听说疯狗的主人是将军时，作者是这样描写奥楚蔑洛夫的语言的："席加洛夫将军？哦！……你，叶尔德林，帮我把大衣脱下来……真要命天这么热，看样子多半要下雨了……"我在教这个地方时，充分利用奥楚蔑洛夫说话过程中的省略号留下的空白设置悬念，指导学生发挥想象，把省略的内容补充出来。通过分析讨论，学生终于明白，这些省略号的"空白"凸显了奥楚蔑洛夫见风使舵、阿谀奉承、惴惴不安和出尔反尔的"变色龙"性格特征。再如鲁迅先生的《为了忘却的记念》一文中有这样的一段话：

"天气愈冷了，我不知道柔石在那里有被褥不？我们是有的。洋铁碗可曾收到了没有？……但忽然得到一个可靠的消息，说柔石和其他二十三人，已于二月七日夜或八日晨，在龙华警备司令部被枪毙了，他的身上中了十弹。

"原来如此！……"

在鲁迅极度怀念时，突然传来他们遇害的消息，心中之情可谓复杂，作者却只写了四个字"原来如此"，然后用了一个省略号，留下一个艺术空白，让读者去想象、去理解作者当时的复杂感情。我在教这篇课文时，充分利用这里的"空白"设置悬念，指导学生把省略的内容补充出来。学生纷纷响应我的"召唤"，说出了自己的答案：原来国民党反动派干了这么一些见不得人的勾当；原来我的牵挂，我的操心，我的担忧都是多余；原来反动派竟然如此卑劣凶残；柔石这样的好青年竟会遭到如此残酷的杀害；等等。就这样，我利用这个"空白"设置悬念，引导学生在想象、推理中对文章的情感和主旨进行深度的理解和把握。

（二）课文的结尾容易形成"空白"

如莫泊桑《项链》的结尾，玛蒂尔德和她的丈夫苦苦奋斗了十年，好不容易偿还了因丢失的一挂钻石项链而欠下的十万法郎。有一天，玛蒂尔德与佛莱思节夫人偶尔相遇，当玛蒂尔德述说完了自己的遭遇，并为自己终于偿还了欠债而"带着天真的神情笑了"的时候，佛莱思节夫人却说出了这样一句话："唉！我可怜的玛蒂尔德，可是我那一挂是假的，至多值五百法郎！……"小说写到这里戛然而止，这样的结尾言有尽而意无穷，给读者留下了广阔的想象空间。在教授《项链》一文时，我抓住这个"空白"设置如下悬念：玛蒂尔德知道自己以青春和美丽为代价换来的项链原来不过只值几百法郎时，会怎么想，怎样做呢？我启发学生根据小说情节发展和人物性格来设计一个尾声，填补这一"空白"。学生纷纷响应我的"召唤"，写出了几十种不一样的结尾：有的设想玛蒂尔德听到真相，顿觉天昏地暗，思想一片空白，无力地倒在公园的草地上，醒来后，她疯了，边哭边笑跌跌撞撞地奔出公园，在公园门口，一辆汽车飞驰而过，玛蒂尔德像一片树叶一样飘零；有的设想玛蒂尔德和好朋友为了争项链的所有权而对簿公堂，最终因败诉郁郁寡欢、贫病交加而死；也有的认为玛蒂尔德得到项链的补偿款以后，故态复萌，毅然与丈夫离婚，去追求享受和虚荣，再次陷入深渊；还有的学生写玛蒂尔德在经历了这样一次惨痛教训以后已经改变了原来的性格，因此在得知项链是假的之后，尽管惊讶万分，泪流满面，但随之又平静下来，她擦干眼泪，对朋友说："假的就假的吧，其实，经历了十年的艰辛与磨难，我倒也觉得，真正的生活不在于享受与挥霍，而在于创造。"然后摸了摸佛莱思节夫人本想还给她的那挂项链，依然递给她的朋友，笑得很灿烂。……这节课，我抓住小说结尾留下的"空白"设置"悬念"，给了学生充分发挥创造性才能的机会，收到了很好的教学效果。

2016年4月12日，何泗忠老师（前排左3）与新疆名师探讨悬念教学法艺术

（三）侧面描写的地方容易形成"空白"

侧面描写的地方容易形成"空白"，如汉乐府诗《陌上桑》中写秦罗敷的美，不像宋玉写东邻之女那样说她"增之一分则太长，减之一分则太短；著粉则太白，施朱则太赤"，而是采用了侧面描写的手法来写罗敷的美："行者见罗敷，下担捋髭须。少年见罗敷，脱帽著帩头。耕者忘其犁，锄者忘其锄。来归相怨怒，但坐观罗敷。"行文没有一字一句直接描写罗敷的美貌，罗敷究竟有多美，是不确定的、模糊的。我在讲授这首诗时，利用作者侧面描写形成的"空白"，设置悬念，让学生根据自己的想象和审美标准来体会、琢磨罗敷的美，然后让学生说出这种美，结果每个学生都说出了自己心目中的罗敷的美。

司空图说"不著一字，尽得风流"。总之，作品中的艺术"空白"和"不确定"不是没有话说，而是有话含蓄不直露。我们应善于利用作品中的"空白"和"不确定"设置悬念，引导学生去挖掘作品中丰富的潜台词，去探索作品的真谛，使我们的课堂教学做到歌德所说的"一只眼睛看到纸面上的话，另一只眼睛看到纸的背面"。

二、用问题诱导法设置悬念

心理学研究表明，问题性是思维的重要特征，思维的火花总是被问题所点燃。因此，教师在教学中，应注意用问题创设悬念，来激发学生思维。在教师引导下，依靠教师和教材所提供的材料，让学习者自己去发现问题、回答问题和解决问题，使他们成为知识的发现者，而不是消极的接收者。在课堂教学中，教师不失时机地用问题诱导法设置悬念，能创造一种引人入胜的学习情境，使学生产生好奇心、新鲜感、求知欲。有教师上《草船借箭》一课时便运用了问题诱导法设置悬念，取得了很好的教学效果。对于成年人来说《草船借箭》的故事并不难，很多人还耳熟能详，但是对于阅读面比较窄的小学生来说，理解起来则并非易事。教师在教学过程中，适时地用问题设置悬念。周瑜说："对，先生和我想的一样，现在军中缺的是箭，想请先生负责赶造十万支。"教师抓住"一样""赶造"两词提出如下问题："周瑜为什么明知故问？为什么要把决定成败的十万支箭交给诸葛亮来赶造？周瑜把诸葛亮当成最好的朋友了吗？"这一连串的问题给学生造成悬念，学生带着问题，速读起了课文，谁都想快速找到答案。当学生读到第三段周瑜的心理活动时，不由得恍然大悟，原来周瑜是有意陷害诸葛亮。接着教师抓住"我得吩咐将军们，造箭用的材料不给他准备齐全"提出问题："好狠的计谋！面对周瑜如此不给力的合作，那么诸葛亮在三天之内完成得了任务吗？"面对如此狡诈的周瑜，学生们都暗自憋了一股劲想要帮助诸葛亮。当学生读到第四段诸葛亮向鲁肃借船时，教师又提出问题："诸葛亮急疯了吧？不能按时完成造箭任务，他会承担很重的责任。既然是造箭，借船有何用？难道要逃走不成？"学生立刻带着这个问题关注诸葛亮的生死，迫不及待地读下去，想探个究竟。当读到草船借箭时，学生恍然大悟，无不被诸葛亮的聪明才智而瞬间折服。师生不禁脱口而出，诸葛亮真真"神机妙算"！一节课，学生在问题悬念中边学边解疑，其乐无穷。

深圳名师、语文特级教师、中国科学院深圳先进技术研究室实验学校校长宋如郊老师在教学《烛之武退秦师》这篇传统文言文时也采用了问题诱导法设置悬念，收到了很好的教学效果。在教授这篇课文时，宋老师抓住课文中"夜缒而出"这句话，以"缒"字为核心，围绕课文内容设计了一系列问题，引导学生从情境、事理等方面由浅入深地展开探究。宋老师首先发问："缒"

是什么意思？学生结合课文注解（"缒"，用绳子拴着人或物从上往下送）轻松完成。这属于文言知识层面的问题，是展开推想探究的起点。接下来，宋老师提出第二个问题："缒"的具体过程是什么？学生结合"缒"的意思开始推想探究，很快推想出一个工作流程：准备结实的绳索—把人拴牢—专人在高处抓紧绳索往下放，把人安全送达地面。这属于低难度的问题，但是学生通过推想、探究使"缒"具体化、形象化，为下面思维的深化打下了基础。于是，宋老师又提出第三个问题：是从都城的哪个方向"缒"的？这个问题原文中没有一字提及，属于难度稍大的推想探究。该问题马上引发了学生们的争论，学生思考的积极性被调动了起来。不久，学生推想出了一致的结论：只能是在秦军而非晋军围城处"缒"。宋老师趁机又提出第四个问题：为什么要"夜缒"？大部分学生从事理上推想，立即回答为避人耳目。但这是简单的推想。宋老师此时引领学生的思维走向深入，使他们学会根据原文的已知信息和隐含信息对事物进行符合逻辑的判断和推理。学生结合原文中的"国危矣"解读当时郑国局势千钧一发的严峻性，结合"今急而求子"体会郑国国君的极度无奈、无助和惶急的心情，推断出"夜缒"具有现实的紧迫性和必然性。以上这四个问题基本解决了对文章主要内容的理解问题。但是核心人物烛之武的形象还未深度涉及，于是，宋老师继续设问，提出第五个问题："夜缒"的风险是什么？学生经简单推想得出结论：会出现各种意外，包括生命危险。宋老师继续深入引导，提出第六个问题：烛之武显然不适合"缒"，可他为什么还要冒着生命危险"夜缒"？宋老师借此引导学生通过补充资料，根据原文推想烛之武的人生经历，分析主人公的性格和形象，得出结论：烛之武虽然受过国君的不公正对待，但是在郑国危急存亡的历史关头，能够临危纾难，挽狂澜于既倒，扶大厦于将倾，充分彰显了他的宽恕情怀、大智大勇和忠君爱国。最后一问："缒"所蕴含的文化内涵是什么？这是最具挑战性的问题，需要学生结合历史背景、中国的文化发展传统等进行推想，难度较大。经过师生共同努力，得出结论：体现了中国古代的战争智慧、外交智慧，这是中华民族生存发展智慧的重要组成部分。在这节课中，宋老师采用问题诱导法设置悬念，给学生留下了大量想象与思维的空间，极大地调动了学生学习的主动性和积极性，将学生深度卷入课堂教学。

问题悬念教学法循"提出问题—解决问题—又发现问题—再解释—再发现"的方式进行，整个课堂的气氛就好像带领着观众在一个满是门的迷宫里探索，打开一扇门却发现房间里还是一扇门，就这样不断地打开，直到最后一扇门。

三、用语言节奏法设置悬念

用语言节奏法设置悬念就是借助语言的高、低、快、慢、断、续等技巧制造悬念的一种教学方法。白居易的著名诗歌《琵琶行》中的主人公琵琶女奏出的琵琶声十分迷人、感人，使人们听得如痴如醉。"东船西舫悄无言，唯见江心秋月白"，诗人更是感动得泪如雨下，"座中泣下谁最多？江州司马青衫湿"。琵琶女弹奏的音乐为什么能如此迷人、感人呢？原因众多，但琵琶女善于利用音乐抑扬顿挫的节奏制造艺术悬念，引发听众沉思、联想、回味是一个重要原因。琵琶女"轻拢慢捻抹复挑"，使琵琶声时而如黄莺婉转流利，时而如冰下泉流阻塞；时而低声沉咽，时而高亢激越，这种张弛有度、疏密有致、新颖多变、起伏跌宕的音乐节奏，给听众留下一种虚虚实实的艺术悬念，吸引了诗人，感动了诗人。弹奏音乐如此，语言表达亦如此。清代戏曲理论家李渔就认为，念白应有缓、急、顿、挫，有当断处，有不当断处，都要恰到好处，有些台词不必说尽，要"说半句，留半句，或说一句，留一句"，给观众留下悬念。好的课堂教学，教学语言也不应从头到尾像机关枪一样"嗒嗒嗒"地讲个不停，而应讲究变化和节奏，必须有动有静、有张有弛、开合有度，富于节奏感，必须给学生留下几段空白，留下一些悬念，成为一种"召唤结构"，才能吸引学生主动参与。

2013年12月6日，何泗忠老师（左1）指导贵州省骨干教师邓先鹏运用悬念教学法上公开课

北京师范大学第二附属中学的历史教师、《百家讲坛》栏目讲师纪连海就十分精通运用语言节奏法来制造课堂悬念，以增强课堂吸引力。例如，他这样讲火烧圆明园："圆明园英法联军找得着吗？从英国、法国那么老远来，他知道中国有个圆明园？肯定不知道！那么问题在于是谁告诉他中国有个圆明园

的呢？肯定不是你。我知道！那么告诉英法联军中国有个圆明园，你们可以到那儿去抢、去烧的这个人是谁呢？这个人便是……"讲到这里，纪老师"停"住了，这一停，真是吊足了学生的胃口，形成了一种"期待视野"，学生伸首引颈，睁大眼睛，期待着纪老师往下讲。纪老师的课不由得学生不听，听了还想听，这就是纪老师充分利用语言节奏制造出来的悬念效应。我在教欧阳修的《伶官传序》一文时也采用过这样的方法。当我讲到"忧劳可以兴国，逸豫可以亡身"一句时，我感叹道："庄宗由弱变强，又由盛转衰，直到身死国灭的过程，充分说明了这样一个道理，究竟是什么道理呢？……"我打住不说了，布下空白，留下悬念。此时，"于无声处听惊雷"，整个课堂表面上处于静态，而实质上是动态，是暗流涌动，强烈的好奇心使学生们的思维处在积极的活动中。果然，过了一会儿，有学生开始接茬了。一个说，成事在天，谋事在人；一个讲，创业难，守业更难；一个道，居安思危很重要；又有一个喊，民犹水也，可以载舟，也可覆舟；更有一个叫了起来，得道多助，失道寡助……你一言，我一语，热闹非凡。这里，我巧妙使用语言节奏制造悬念，使学生处于一种情绪高涨、欲罢不能的亢奋状态，使课堂教学呈现出一种"百花齐放、百家争鸣"的精彩状态。语言节奏法很好地实现了悬念教学法的课堂教学理念。

四、用体态语言法设置悬念

体态语言是一种重要的交际语言，是以身体动作表示意义的信息系统，它包括身体各部分无声的动作，如眼神、面部表情、点头或摇头、手势等。人际交往离不开体态语言。白居易《琵琶行》中的琵琶女就十分懂得运用体态语言来表情达意，给我们留下了十分深刻的印象。"千呼万唤始出来，犹抱琵琶半遮面"，那"半遮面"的出场方式，千般风韵，万般情思，东方女性的羞怯，流落天涯的苦楚，尽在这遮与不遮、露与不露之间；接下来，那弹奏的表情，时而低头，时而蹙眉；时而起立，时而坐下……就这样，琵琶女内心的情感通过这有声的音乐和这无声的体态语言充分地表现出来了，感动得白居易和读者泪湿青衫。《扬州画舫录》记载了这么一件事：清朝扬州有一个说书艺人，说到张飞一声怒吼喝断长坂桥时，只是张口怒目，以手佐势，不出一声，听众便觉得满室中如雷霆于耳。如果这个说书艺人真的喊出声来，我想，不管他声音如何洪亮，听众都不会觉得这喊声能喝断长坂桥。这种"以手佐势，不出一声"的"空白"，正寓有喝断长坂桥之声，给听书人制造了悬念，留下了无限联想与想象的空间。艺人表演与教书育人有相同之处，要使我们的教育教学活动取得感人的效果，教师不仅要给学生留下悬念，留下思考的空间，还要运用体态语言。

法国作家都德的《最后一课》中，有这样一个令人难忘的情节：

韩麦尔先生站起来，脸色惨白，我觉得他从来没有这么高大。"我的朋友们啊！"他说，"我——我——"但是他哽住了，他说不下去了。他转身朝着黑板，拿起一支粉笔，使出全身的力量，写了两个大字："法兰西万岁！"然后他呆在那儿，头靠着墙壁，话也不说，只向我们做了一个手势："放学了，——你们走吧。"

这段文字中，人物话语很少，但韩麦尔先生那眼神、表情、动作和手势所表达的信息及产生的感染力、穿透力远远超过了暴风骤雨、激昂慷慨的语言，给学生制造了悬念，留下了无限联想与想象的空间，真正是"此时无声胜有声"。

五、用模糊语言法设置悬念

我国传统美学认为，事物往往因模糊迷离而显得更美，越朦胧神秘越会激起人们神往而穷其所有以一探究竟的心理。黄山之所以美不胜收，令人神往，是因为它笼罩在烟雨云雾中；白居易笔下的琵琶女之所以迷人，是因为她"犹抱琵琶半遮面"，给人留下巨大的可供模糊猜测的空白。语言因模糊而留白，同样会给人留下悬念，引人深思。美国第22、24任总统克利夫兰是运用模糊语言的高手。在他竞选第24任总统期间，位于华盛顿州西北的一座大山是命名为雷尼尔山还是塔科马山的问题是当时的热点，这真是一个说不清、道不明的问题。有一次，克利夫兰乘专列去做竞选宣传，暂停大山附近，当地选民要他对大山的命名问题表明态度。克利夫兰知道，这里的选民对大山命名的态度不一，如果自己的态度明确，就会得罪一部分选民。于是，他决定采用模糊语言，避开这个矛盾。他首先用大量的篇幅、华丽的辞藻来形容这座美丽的大山，最后，在表明立场时他说："我要让人们都知道，我是坚决支持将这座大山命名为……"关键时刻，列车"呜——"的一声出站了，汽笛声把克利夫兰后面的话给淹没了。这里，克利夫兰巧妙地运用了语言的模糊艺术，避开了得罪任何一方的问题，赢得了选票，同时也给选民们留下了一个巨大的悬念：总统候选人对大山的命名到底是什么态度呢？克利夫兰当选总统后，还有不少好奇的人写信专门问他对这座山命名的态度。教师在教学中如能像克利夫兰一样使用一些模糊语言留下空白，制造悬念，也会激起学生的探究欲望。我在讲授《孔雀东南飞》时就采用了模糊语言法制造悬念。当师生共同欣赏解读完诗歌的第一、二自然段时，有个学生提出了这样一个问题：既然刘兰芝是一个"十三能织素，十四学裁衣，十五弹箜篌，十六诵诗书"的既工于女红，又知书达理，还勤劳善良美丽的完美女性，为什么会被焦母看不惯而"自请归家"呢？我要学生就这个问题展开讨论。有的学生说，书上不是已经有焦母的理由了吗？就是"此妇无礼节，举动自专由"；但马上就有学生反驳，说刘兰芝临走时还"上堂拜阿母"，可知刘兰芝并非"无礼节"之人。有的学生说，焦母要赶走刘兰芝是因为刘兰芝没生孩子，古代讲不孝有三，无后为大；但马上又有学生反对，说刘兰芝既然不能生育，那为什么她被休后，县令的儿子、太守的儿子纷纷上门求婚呢？难道他们就不怕没有后代？有的学生还说，焦母要赶走刘兰芝是因为焦母看上了比刘兰芝更好的东家之女，她喜新厌旧。有的学生甚至从心理学的角度分析，说焦母要赶走刘兰芝是因为焦母心理变态，见他们俩感情那么好就生气。学生表现得异常活跃，他们对同一个问题做出了几个、十几个不同的解答，但谁也说服不了谁。这时，有学生向我投来了求助的目光，他们希望我对他们的看法做出评价，想看看我的态度。针对学生的期盼心理，我先是赞扬了学生善于思考、勤于探究的学习品质，接着大谈特谈《孔雀东南飞》的故事所发生的时代背景，最后在表明立场时，我说："在你们众多的看法之中，谁最有道理呢？结合故事所发生的时代背景，我同意……"讲到这里，刚好打了下课铃，学生眼睁睁地看着我走出教室。我像克利夫兰一样，给学生留下这个模糊的悬念就走了，问题像磁石一样吸引着学生。"风乍起，吹皱一池春水"，课后，学生忍不住反复研读课文，看书、思考，再看书、再思考；有的学生意犹未尽，课后还专门找我探讨这个问题，他们甚至"纠缠"着我，问我到底同意谁的观点。这堂课，我巧妙运用模糊语言法制造悬念，激起了学生打破砂锅问到底的欲望，引导学生进入追索、探求的境界，收到了意想不到的教学效果。可以说，模糊语言法的运用很好地实现了悬念教学法的课堂理念。

六、用情境体验法设置悬念

教育心理学研究表明，掌握知识的效果依赖于学生发挥智力的积极性，而这种积极性在较大程度上是由情境引起的。有经验的教师总是善于根据学生的心理，紧扣教学目的与内容，巧设情境，设置悬念，启发学生积极思维，撩拨起他们欲罢不能的浓厚兴致和竞争意识。

　　著名特级教师钱梦龙老师在教学《死海不死》一文时，让语文课代表把一只盛满清水的大烧杯、一根玻璃棒、一个塑料勺、一碟食盐、一个鸡蛋放在讲台上，这些道具的出现已给学生带来悬念，学生十分好奇：老师到底要干什么？接着，钱老师又在学生迷惑的目光下把鸡蛋投入大烧杯，要求学生想办法只用讲台上提供的道具使鸡蛋浮起来并解释原因。此要求激起了学生积极参与的热情，学生跃跃欲试。当问题得到圆满解答后，钱老师即板书课题"死海不死"，接着又让学生思考为何叫"死海"，为何又说"不死"。这些做法正是为课堂教学的展开而巧设的情境，钱老师以情境体验法设置悬念，以此来触发学生的兴奋点，引发他们的有意注意并认真思考，从而有效地调动了学生的学习主动性，使学生获得了发现和成功的情绪体验，激起了他们求知的欲望。

　　著名语文特级教师王崧舟在教学《我的战友邱少云》一课时，为了拉近时空距离，先营造教学情境。王老师利用多媒体播放了一段音乐，在低沉悲壮的乐曲声中，一座高高耸立、庄严、肃穆的抗美援朝纪念碑出现在屏幕上。几分钟后，乐曲结束，王老师动情地指着这座纪念碑说道："同学们，你们知道这是什么吗？这是一座为纪念伟大的抗美援朝战争而修建的纪念碑。这座纪念碑是为千千万万个为祖国和朝鲜人民，为世界和平而壮烈牺牲的烈士修建的！在这些烈士当中，就有这样一位年轻而伟大的战士——"

　　略微停顿后，王老师以更为深情的语言激发学生的情感："同学们，他是谁呢？来，让我们一起深情地呼唤他的名字！"

　　情感已被激发起来的学生和王老师一起深情地呼唤道："邱——少——云！"

　　紧接着，王老师以更为饱满的感情再次激发学生的情感："同学们，让我们一起自豪地呼唤他的名字！"

　　学生们以更为洪亮和更为深情的声音呼唤道："邱——少——云！"

　　"对，他就是邱少云！今天我们就来学习《我的战友邱少云》。"王老师转身在黑板上写下了课文名称，开始讲课。

　　在这里，王老师用情境体验法设置课堂悬念，给学生营造了一种身临其境的氛围，学生都被感染了，思维很快就进入了最佳的学习状态。

七、用倒叙法设置课堂悬念

　　法国18世纪启蒙运动的代表人物狄德罗很看重悬念，他在《论戏剧艺术》一文中说过，戏剧有两种写法：一是守密，把故事后面的情节瞒住观众；二是把故事后面的情节先透露给观众。他对这两种写法进行了比较，认为后一种写法的效果更好。

2016年3月10日，何泗忠老师（左3）率深圳第二高级中学年轻教师运用悬念教学法参加广东省青年教师大赛

　　19世纪俄罗斯文艺理论家、作家车尔尼雪夫斯基在他的长篇小说《怎么办？》的序言中写道："我援引了小说家所常用的诡计：从小说的中央或结尾抽出几个卖弄玄虚的场面来，将它们放在开头的地方，并且给它们装上一层迷雾。"狄德罗和车尔尼雪夫斯基所说的其实就是布置疑团，也就是我们所说的悬念设置，而且讲的都是以倒叙法设置悬念。的确，叙述一件事情，采用倒叙法能给人造成悬念。如"国王死了，不久王后也死去了"，这样讲述故事，十分平淡；而"国王死了，不久王后也因伤心而死"，这样讲述故事，就因多了一层因果关系而有了一些悬念，但悬念不强；如"王后死了，原因不详，后来才发现，她是因国王去世而悲伤过度致死的"，这样把因果关系倒过来讲述，即采用一种倒叙法讲述，就有了一种神秘色彩，就给人带来一种强烈的悬念。电影史上伟大的电影之一《公民凯恩》就是采用倒叙法来设置悬念的。影片以凯恩在桑拿都庄园之死揭开序幕，凯恩在临终前说出"玫瑰花蕾"，接下来影片的叙事全都围绕着这句"玫瑰花蕾"到底意味着什么而展开，倒叙手法给整部影片带来了强烈的悬念，并以此吸引观众。倒叙法的悬念设置使影片获得了巨大成功。

　　艺术如此，我们上课要取得好的效果，也可以采用倒叙法设置课堂悬念。

如我在教学《一个文官的死》一文时，就采用了倒叙法设置课堂悬念。上课伊始，我先出示课文最后一段文字，并要学生齐读一遍：

"滚出去！！"将军脸色发青，周身打抖，突然大叫一声。

"什么？"切尔维亚科夫低声问道，吓得愣住了。

"滚出去！！"将军顿着脚，又说一遍。

切尔维亚科夫肚子里似乎有个什么东西掉下去了。他什么也看不见，什么也听不见，退到门口，走出去，到了街上，慢腾腾地走着。……他信步走到家里，没脱掉制服，往长沙发上一躺，就此……死了。

学生齐读完后，我接着说："以上是契诃夫写的《一个文官的死》短篇小说的结尾。从描写的这段文字来看，切尔维亚科夫死得离奇。'往长沙发上一躺，就此……死了。'这里有一个省略号，给我们留下了无限想象的空间，下面，我们成立一个'切尔维亚科夫之死'专案组，从课文的前半部分入手，调查'切尔维亚科夫'的死因。"

这种提前告知结局的叙述方式可以让学生产生这样一些悬念：小说中的主人公切尔维亚科夫到底是怎么死的？是正常死亡，还是非正常死亡？是自杀还是他杀？倒叙法使学生兴致盎然地去分析课文前半部分内容，探究切尔维亚科夫的死因。通过分析，学生最后得出切尔维亚科夫死因的四个结论：①被妻子害死的；②被将军吓死的；③被专制制度压死的；④被可悲的奴性杀死的。这节课，我在倒叙中设置悬念，先果后因，环环相扣，达到了激发学生学习兴趣的目的。

八、用抑扬法设置课堂悬念

《红楼梦》在塑造贾宝玉的形象时采用了多种艺术手法。欲扬先抑法是其中最重要的一种。小说第三回写在宝玉出场前，王夫人对黛玉说宝玉是个"孽根祸胎""混世魔王""一时甜言蜜语，一时有天无日，一时又疯疯傻傻"；而且黛玉也曾听母亲说过，她这个"衔玉而诞"的表哥"顽劣异常，极恶读书，最喜在内帏厮混"。封建家长们把宝玉说得一无是处，重重抑笔，一团阴云，造成悬念。这种悬念使黛玉产生了愈来愈深的"这个宝玉，不知是怎生个惫懒人物，懵懂顽童"的疑惑心理，越是疑惑越是想见到宝玉，当两"玉"相见时，黛玉原来对宝玉那种负面的疑惑刹那间荡然无存，立刻转为由衷的迷醉；而宝玉则通过其洒脱不羁的言行，情不自禁地流露了对黛玉的一见钟情——至此，一种只待两"玉"一相逢，便胜却人间无数的感叹几乎是不约而同、不可阻挡地在广大读者心中涌出！这种欲扬先抑的手法在读者心目中造成了相当强烈的心理共振和情感共鸣，造成了一种悬念四伏、妙趣横生、令人怦然心动的效果。小说这种欲扬先抑的手法也可以借鉴到我们的课堂教学中来制造悬念。

如语文味教学法创始人程少堂老师在讲孙犁的《荷花淀》一文时就采用了欲扬先抑法设置悬念。

在正式学习文本之前，程少堂老师说：

孙犁在中国当代文学史上当然算不上伟大的作家，但却是一位非常著名的作家，他的作品在文学界影响非常之大，由于他的作品的影响，20世纪五六十年代曾经诞生了一个文学流派叫作荷花淀派。中国的文学青年及文学界都很喜欢他的作品，觉得很雅，艺术品位很高。但是，很多在中国学习的西方留学生不喜欢孙犁的小说，甚至觉得他描写的细节不可思议。

我也曾经调查过一个学校，问高二的学生有没有学过《荷花淀》，他们说学过。问他们喜不喜欢，他们说："不喜欢。"

在做了以上这样一番介绍后，程老师接着说：

这篇小说没有很复杂的情节，人物也不是很多，也没很多悬念，但是它在中国当代文学史上是非常有名的一个作品。2000年，《亚洲周刊》选的"20世纪中文小说100强"（长篇、中篇放在一起）中，孙犁的小说被选入两篇，一篇就是《荷花淀》，另外一篇是《铁木全传》。一个作家的两篇作品被选入"20世纪中文小说100强"，这是很不容易的。我们以前用政治学和社会学的眼光读小说比较多，也就是我们平时所说的通过什么描写，刻画了什么人物，反映了什么现实，歌颂了什么主义或精神，鞭答了什么丑恶现象，等等；或者说，情节是怎么样，人物形象是怎么样，等等。这些东西也是要的，但是我们今天将用另外一种眼光，把这些东西融合进去，在文化的、视野的观照之下来读这篇小说。我们希望同学们通过这节课，在以后读小说的时候，也要学会用这样一种眼光来读，既要钻进小说读小说，同时又要跳出小说读小说。

程老师的一番对孙犁的欲扬先抑的介绍，跌宕起伏，给学生留下了悬念，引起了学生对学习《荷花淀》这篇小说的极大兴趣。接下来的课堂教学，师生双方十分投入，教师教得神采飞扬，学生学得兴致勃勃。

九、用姗姗来迟法设置悬念

凡看过曹雪芹《红楼梦》中《林黛玉进贾府》一文的人都会对王熙凤产生十分深刻的印象。尤其是她的姗姗来迟给初来乍到的林黛玉和读者都造成强烈的悬念。林黛玉初到贾府，包括贾母在内的贾府女眷都见了林黛玉，唯独王熙凤姗姗来迟：

"一语未了，只听后院中有人笑声：'我来迟了，不曾迎接远客！'" "未见其人，先闻其声"，在礼仪森严的贾府，不是非同一般的人物绝不敢如此放肆，更何况是女子；笑声过后，便听见说："我来迟了，不曾迎接远客！"语言泼辣而得体，随便而热情。这究竟是何人呢？曹雪芹并不做交代。这笑声和语声给黛玉和读者悬念——"这些人个个皆敛声屏气，恭肃严整如此，这来者是谁，这样放诞无礼？"其实，王熙凤姗姗来迟的出场是王熙凤精心策划的。王熙凤知道，如果与贾母一同出场见黛玉，那势必就成了贾母的陪衬，如果与迎春、探春、惜春一同出场，也会泯然众人矣，她只有姗姗来迟，才能成为舞台的中心，成为众人关注的焦点。凤姐先在台后响亮地叫板"我来迟了"，然后被一群媳妇丫鬟围绕着、簇拥着，像皇后被宫娥簇拥、元帅被众将环绕一样，来到台前，站到聚光灯下，站在黛玉面前——忙忙活活，乐乐呵呵，风风火火。

就这样，凤姐通过姗姗来迟法造成了强烈的悬念，吸引了黛玉与读者的眼球。

语文课堂教学，也可以借鉴凤姐的姗姗来迟法。

2016年7月7日，何泗忠老师与校内外专家研讨悬念教学法

有一次，我给全校师生上一节大型的作文公开课，就采用了"熙凤出场法"。上课时间快到了，会堂（因为听课的人多，课堂设在学校大会堂）里学生、老师都已经正襟危坐。

上课铃响了，讲台上没有出现教师。在时间的流逝中，学生和老师开始有了些许骚动，由正襟危坐而坐立不安、东张西望，人们视觉的焦点由讲台转向了会堂大门。两分钟过去了，教师还没有出现。三分钟、四分钟、五分钟……当我走上讲台的时候，时间已经过了六分钟。我朝在焦虑、猜测、埋怨中度过了难挨的六分钟的师生鞠了一躬，然后在黑板上写上课题："当老师上公开课迟到的时候"。要求是通过心理描写和场面描写，写一篇400字以上的作文。我迟到六分钟，给课堂制造了悬念，学生在悬念中获得了丰富的情感体验。果然，学生写起作文来，下笔如有神，思维与想象得到了尽情的释放。

十、用开合教材法设置悬念

开合教材法，就是艺术地引导学生"翻开书"和"合上书"，制造悬念，以撩拨学生的学习兴趣，调动学生学习的积极性，促进学生智力发展的一种教学手段。

心理学告诉我们，青少年的注意力常为兴趣所左右。在以班级授课制为特征的课堂教学中，如果教师授课不见意趣，学生势必苦于听讲，注意力分散，而上课有了意趣，就能促使学生开动脑筋，积极思考。合理应用开合教材法，往往能使课堂教学充满意趣、充满悬念。如我在教学《守财奴》一文时，就采用了开合教材法来设置悬念。下面是《守财奴》的教学片段：

师： 今天这堂课我想教大家一种读书方法："揣测法"。所谓"揣测法"就是不看文章先揣测其写法，或只看文章的一部分揣测其他部分的写法，最后对照比较，找出优劣，这种方法对我们理解课文或作文很有好处。我们今天学习的课文是《守财奴》，大家看过了吗？（生：没有）没有就好，现在请大家翻开书，从课文开头看到课文的第四自然段，但只能看到这里为止，不能往后看，听清楚了吗？能做到吗？

（于是学生集中精力看课文前4个自然段，我在下面巡视大约5分钟。）

师： 现在请大家把书合上，跟同座位同学复述一下你看的前4段的内容，看谁复述得最准确、最完整。

（学生们兴致勃勃地复述。）

师： 下面我们叫一位同学上台复述前半部分的内容。

（生上台复述：葛朗台，法国资产阶级暴发户，现年78岁。他有一个妻子，体弱多病，还有一个独生女儿，名叫欧也妮。他是一个大贪财鬼，对金钱具有强烈的占有欲，他就是为钱而生的。为了占有金钱，他可以不要妻子，不要女儿，甚至不要自己的性命。有一天，葛朗台的女儿欧也妮捧着一个金子做的梳妆匣，来到了母亲的房里。那金梳妆匣是欧也妮的堂弟兼情人查理送给她的，那上面有一尊查理母亲的肖像。正当欧也妮与她的母亲捧着金梳妆匣在查理母亲的肖像上呬摸查理的容貌时，葛朗台走进房里看见了金梳妆匣。）

师：这位同学的确复述得不错。那么，下面请大家不看书揣测一下，葛朗台见到这个金子做的梳妆匣以后会有什么样的表情，什么样的行动，什么样的语言呢？请同学们猜一猜。

（问题一提出，学生们积极响应我的"召唤"，课堂气氛顿时活跃起来，他们纷纷发言，展开合理的想象。有个学生说，葛朗台面对金梳妆匣，眼睛会瞪得大大的，像灯泡一样，同时会发出惊喜的声音，然后走过去抱住匣子。另一个学生对此却提出了修正。他说，葛朗台十分狡猾，见到金梳妆匣后尽管吃惊，但不会出声，如果出声，就会使欧也妮母女警觉，他就不可能顺利抢到金梳妆匣。另外，要把"走"字换成"跑"字，把"抱住"换成"夺走"，这样就更体现了葛朗台贪婪的性格。学生们你一言我一语，见仁见智。）

师：下面请同学们打开书，关于葛朗台面对金梳妆匣的表情、行动、语言，书上有精彩的描绘。

（学生们纷纷打开教材，带着好奇心，贪婪地阅读课文。）他们终于读到了如下原文：

老头儿身子一纵，扑上梳妆匣，好似一头老虎扑向一个睡着的婴儿。

"什么东西？"他拿着宝匣往窗前走去。"噢，是真金！金子！"他连声叫嚷，"这么多的金子！有两斤重。啊！啊！查理把这个跟你换了美丽的金洋，是不是？为什么不早告诉我？这交易划得来，小乖乖！你真是我的女儿，我明白了。"

接着，我让学生们议一议，这段描写中哪些地方写得好。学生说"纵"字、"扑"字用得好，"老虎""婴儿"的比喻也用得十分贴切，一连串的叹号、问号更是写出了葛朗台心理活动的变化。

这篇课文，过去我上过许多次，但都是因为太按部就班，从作者介绍讲到时代背景，讲到人物形象，讲到作品主题，讲到写作手法，虽条分缕析，效果却不尽如人意。而这次则巧妙运用"翻开书"与"合上书"的手段设置悬念——课本好比是闸门，合上书就好比是关上闸门，把学生的思考和疑问蓄得满满的。而当我说打开书时，就好比打开了闸门，期待和疑问就争先恐后地逸出，学生往往都是迫不及待地到书中寻求答案或印证自己的思考，整节课在

"欲知后事如何，且听下回分解"的悬念中进行，学生学得兴致盎然。课上完后，听课的老师都认为我这堂课上得奇奇怪怪、神神秘秘、虚虚实实，悬念迭出，一波三折，对这堂课给予了高度评价。

合上、翻开似乎是两个简单的动作过程，实际上却包含着深刻的教育学、心理学原理，都会给学生留下一种悬念。

著名特级教师钱梦龙老师在教学《中国石拱桥》时为了强调说明文的用词准确，在讲课文之前就有意识地要求学生"合上书"，用一个词说明大拱与小拱的关系，当学生绞尽脑汁，滤尽词汇还不能使教师满意的时候，教师说"翻开书"，于是"两肩"一词豁然而出，学生对用词准确的理解就十分清楚而且印象深刻了。

采用开合教材法，的确能制造教学悬念，能吸引学生兴致盎然地学习。

十一、用故意延宕法设置悬念

故意延宕法是指在文学作品或电影、电视艺术中，作者或导演往往在叙述节目所发生的事件或安排节目涉及的环节时，为抓住观众急于获知内情的破谜心理，故意放慢叙述节奏，延缓事件进程，以调动受众期待视野的一种手法。通俗地讲，故意延宕法就是一种"千呼万唤始出来"的手段。白居易《琵琶行》中的琵琶女就深谙此种手法。"忽闻水上琵琶声"，琵琶女弹奏的乐曲是如此迷人、感人，"移船相近邀相见"，诗人是那样急切地想见到琵琶女，然而琵琶女却迟迟不出，"千呼万唤始出来，犹抱琵琶半遮面"，琵琶女放慢出场节奏，故意延宕，无疑增添了琵琶女自身的魅力，也吊足了诗人和读者的胃口，增强了悬念的力度。《三国演义》中诸葛亮的出场更是非常典型的以故意延宕法来设置悬念。作者在第三十五回开始通过司马徽、徐庶、崔州平、石广元、孟公威、诸葛均、黄承彦等人为诸葛亮的出场反复造势，以调动读者期待的心理，直到第三十八回孔明才千呼万唤始出来。对此，毛宗岗从读者接受心理角度论道：孔明乃《三国志》中第一妙人也。读《三国志》者，必贪看孔明之事。乃阅过三十五回，尚不见孔明出现，令人心痒难熬。及水镜先生说出"伏龙"二字，偏不肯便道姓名，愈令人心痒难熬。至此卷徐庶既去之后，再回身转来，方才说出孔明。读者至此，急欲观其与玄德相遇矣。执意徐庶往见，而孔明作色，却又落落难舍，写来如海上仙山，将近忽远。绝世妙人，须此绝世妙文以副之。所谓"贪""心痒难熬""急"，都是读者在阅读悬念频生的情节时所产生的期待心理，这种悬念频生的期待心理正是故意延宕法造成的。

我在讲王勃的《秋日登洪府滕王阁饯别序》一文时，也采用了故意延宕法来制造悬念，以增强课堂魅力。

2014年2月25日，来自滕王阁所在地的江西宁师中学60多名教师来我校交流，他们要求听我的课，我讲了《秋日登洪府滕王阁饯别序》一文。

2014年2月25日，何泗忠老师（前排左4）与江西宁师中学
部分听课教师合影

这节课我采用故意延宕法，放慢入题节奏，先从岳阳楼说起，再说到黄鹤楼，最后才把滕王阁端出来，在这个过程中，产生教学悬念，令学生心痒难熬，成功地吊起了学生学习《秋日登洪府滕王阁饯别序》一文的胃口。在接下来的学习中，学生兴趣盎然，江西宁师中学的教师听后，说我这节课上出了文化品位，上出了启发性，上出了冲击力，上出了学生和教师的个性魅力。

十二、用填空法设置课堂悬念

"空"者，空白也。课堂教学中的"填空法"实际上就是教师有意为之的一种布白艺术，教师在教学中，在一些关键处有意留下空白，让学生去填补，去想象，亦可使课堂悬念迭出。

　　我曾到江苏省苏州中学参加过"黄厚江'本色语文'"教学研讨会，聆听了黄厚江老师执教《阿房宫赋》一课。黄老师这堂课既简单朴素又深藏"玄机"，尤其在压缩课文的同时，采用填空法实施教学环节，更是令人称道。

　　师：同学们，我读《阿房宫赋》，反复读反复读，越读越短，读到最后呢，这篇文章只剩下几个句子，我大胆地把它缩成这样一段话：

　　（投影显示）阿房之宫，其形可谓（　）矣，其制可谓（　）矣，宫中之女可谓（　）矣，宫中之宝可谓（　）矣，其费可谓（　）矣，其奢可谓（　）矣。其亡亦可谓（　）矣！嗟乎！后人哀之而不鉴之，亦可（　）矣！

　　请同学们根据你对课文的理解，想想在这些括号里填上什么样的词比较合适。

　　黄老师的填空法给学生留下许多思考的空间，留下了许多想象的空白，更制造出一连串教学悬念。接下来，学生兴致盎然地认真阅读课文，在课文中寻找依据，根据课文内容，把这些括号中的字填好。学生填字的过程就是理解课文的过程，就是学生、教师、文本之间对话的过程：

　　师：根据你对课文的理解，你能填出哪一个就填哪一个。最好填的，我觉得是宫中之女可谓……

　　生（全体）：美矣。

　　师：大家想到的是"美"，（生笑）可是否写宫女的美呢？——宫中之宝可谓……

　　生（全体）：多矣。

　　师：多矣。其费可谓……

　　生（全体）：巨矣，奢矣。

　　师：巨矣，巨大的巨。这个"费"就是耗费。其奢可谓……

　　生（全体）：侈矣。（笑）

　　师：大家填的这个词应该修饰"奢"，"奢侈"二字意思相近，我们常常说"这个人简直奢侈到了……"

　　生（全体）：极点。

　　师：对，其奢可谓极矣。其亡亦可谓……

　　生（全体）：哀矣，必矣。

　　师：哀矣，必矣，都有道理，但是我填的不是这两个词，我填的是《六国论》里刚学的一个字，有哪位同学想出来了？（有生答"速"）对了，速。你想，秦始皇自己筑阿房宫，还没筑好，秦已经亡了。其亡亦可谓速矣。后人哀之而不鉴之，可谓……

　　生（全体）：哀矣。

　　师：哀矣。但是呢，哀之而不鉴之，可谓哀，从行文来讲……

生（全体）：悲矣。

师：对，悲矣。大家总体上和我理解的是一样的。我写的是这么一段话：（投影显示）

生（全体）：阿房之宫，其形可谓（雄）矣，其制可谓（大）矣，宫中之女可谓（众）矣，宫中之宝可谓（多）矣，其费可谓（靡）矣，其奢可谓（极）矣。其亡亦可谓（速）矣！嗟乎！后人哀之而不鉴之，亦可（悲）矣！

黄老师的这一教学设计可谓匠心独运。它不仅鲜明地彰显了《阿房宫赋》一文的文脉，而且突出了文本的精要内容和理解文本深层意蕴的关键。在紧要处又留有空白，设有悬念，吸引学生深入文本、认真品味。这里，黄老师通过压缩课文，然后采用填空法实施教学，避免了我们讲授文言文时逐字逐句串讲的传统"满堂灌"的教学模式，使课堂教学生动有趣，悬念迭生，取得了很好的教学效果。

记得1911年，法国巴黎卢浮宫珍藏的达·芬奇的油画《蒙娜丽莎》被盗，挂这幅画的那面墙成了空墙，但就从这时起，这面空墙前却观者如潮，人们在这面墙前想象着，感叹着，猜测着，遗憾着，愤怒着，两年内在此驻足流连的人竟超过了过去十二年来观赏名画的人数的总和。油画被盗，留下空白，更引起了人们的关注和悬想。黄老师在教学《阿房宫赋》一文时，把文本中一些关键字词"盗"出来，使其留下空白，使课堂悬念迭出，黄老师也是一个高明的"盗贼"啊。

十三、用隐藏法设置课堂悬念

美国著名作家、诺贝尔文学奖获得者欧内斯特·米勒尔·海明威在关于人物描写的一段文字中，以一个鲜明生动的比喻来谈创作，即著名的"冰山原则"。他说："如果一位散文作家对于他想写的东西心里很有数，那么他可以省略他所知道的东西，读者呢，只要作者写得真实，会强烈地感觉到他所省略的地方，好像作者已经写出来似的。冰山在海里移动很是庄严宏伟，这是因为它只有八分之一露在水面上。"

2013年5月16日，何泗忠老师向来访的教师介绍悬念教学法

依照"冰山理论"，作者只应描写"冰山"露出水面的部分，水下的部分应该通过文本的提示让读者去想象补充。冰山之所以魅力四射，主要不在于它能触及人们眼球的露在水面的部分，而在于隐藏在水面之下的部分。隐藏在水面之下的部分之所以吸引人，是因为它能给人以悬念，引发人们的无尽想象。故许多艺术家都喜用隐藏艺术来建构自己的作品，并赢得人们的喜爱。彼得·沃德在其《电影电视画面》一书中曾经举过这样一个例子：

美国电影摄影家威廉·弗雷克在参与影片《罗丝·玛莉的宝贝》的拍摄时，导演罗曼·波兰斯基要求得到这样一幅画面：透过一扇门，只见一个女子正在隔壁屋子里打电话，但是摄影机的位置却使镜头里的这个女子的脸被门柜挡住了，弗雷克想重新调整摄影机的位置，但波兰斯基阻止了，他说："我们要让每一个观众都尝试着向右边去寻找那张门柜后的脸。"波兰斯基阻止是因为他懂得女子的脸被隐藏更能给观众带来悬念。

著名电影悬念大师希区柯克常常在他的电影中运用隐藏法设置悬念。如影片《迷魂记》中有一个玛德琳在森林中的场景。精神恍惚的玛德琳突然走到了一棵树后，在画面中这棵树将玛德琳全部遮住，并且在短时间内她并没有出来。此时，观众心生疑窦："她为何还不出来？""发生什么事情了？""她是不是病倒了？"镜头完全可以转向树后，让观众得知玛德琳的情况。但是在这里，希区柯克通过场景中树对人物的隐藏而制造了悬念。

相传宋徽宗赵佶喜欢绘画，并且特别注意构图的立意和意境，所以在朝廷考试画家的时候常常以诗句为题，让应考的画家按题作画择优录用。有一次考试，主考官出的题目是"深山藏古寺"。有一幅画让宋徽宗连连点头称赞，说是"魁选"之作。画面上只见崇山峻岭，山路蜿蜒，一位老态龙钟的和尚在山下河边汲水。画面上看不见古寺，但并不等于没有，要不然年迈的和尚又去何处？自然是自古寺而来，再回古寺而去。人们可以想象古寺就藏在山的深处。还有一次考题是"竹锁桥边卖酒家"，宋徽宗亲自圈点了第一名。入选的是一个名叫李唐的人，他画的是小桥流水、竹林茂密，在绿叶掩映的林梢远处露出古时候常用的一个酒帘子，上面写着一个大大的"酒"字。画面上同样看不见酒馆，却使你似乎看到了竹林后面确有酒馆。无论是"古寺"还是"酒馆"，都是运用了"藏"的表现策略。隐蔽造成悬念，激发人们的想象。正如汉斯·罗伯特·姚斯所说：人类的视线从本质上说是对任何事物都会发生兴趣的。它不满足于直接呈现给它的东西，而迷恋于所缺少的东西，力图获得仍然隐藏着的东西。

　　隐藏对于教学悬念创生的意义一点也不亚于文学、电影、绘画，教学要魅力恒久，要产生悬念，绝不能一览无遗，而应善于隐藏。"草中有蛇，灰中有线，但蛇伏何处，线向何方，并不清楚，影影绰绰而已。偶露端倪，但正要细看，却又在一片朦胧中隐去。"我在讲《青玉案·元夕》一词介绍作者辛弃疾时，就用了隐藏法，隐藏法使课堂不断产生悬念，使学生不断思考猜测，最后终于猜到作者是辛弃疾。

十四、用故意错误法设置悬念

　　我曾在2007年《教师博览》第9期上看到著名特级教师李镇西老师的一个教学案例。李镇西老师在教学《在烈日和暴雨下》一课时，故意把"在烈日和暴雨下"写成"在暴雨和烈日下"。李老师这故意一错，在学生心中引起了波澜，学生沉静下来思考，过了一会儿，学生嚷起来了："错了！错了！应该是'在烈日和暴雨下'，老师，您刚好写反了！"听到学生激动的声音，李老师真是高兴，但是，他故意不认错："我没有错！是的，我写的课题是和书上不一样，但意思都是一样的。你们看，'烈日和暴雨'是什么短语？"他有意引学生"上钩"。学生异口同声地回答："并列短语！""对了！既然是并列短语，那么连词前后的部分并没有主次之分，当然可以颠倒一下！"他很得意地说。李老师的进一步错误更是激起了学生的探究意识。"不对！"一位女生似乎有些激动，她说着便站了起来，"题目名为'在烈日和暴雨下'而不是'在暴雨和烈日下'是有道理的！因为课文是先写烈日，后写暴雨，这既是天气变化的顺序，也是课文的大体结构，怎么能够随便颠倒呢？"当学生的智慧灵光被点燃后，李老师故作恍然大悟状："嗯，同学们言之有理。看来，'烈日和暴雨'还真不能颠倒。好，我接受你们的意见。谢谢同学们！"就这样，李老师利用巧妙的"错误"制造出一连串悬念，让学生自己感悟，使课堂教学呈现出跌宕多姿、妙趣横生、一波三折之状。

2015年9月15日，何泗忠老师（左3）指导华中师范大学和
华南师范大学实习生运用悬念教学法备课

十五、用侧面烘托法设置悬念

以前的人教版教材中，有一篇课文叫《明湖居听书》，该文节选自刘鹗的《老残游记》第二回。文中描写的美人白妞王小玉的绝唱给我们留下了极为深刻的印象。作者运用各种修辞手法对白妞说书的高超技艺做了绘声绘色的描写。文章用了大量篇幅从侧面展开描写，通过写白妞演唱的场景、周围的人物和听书人的议论等，把白妞的绝技烘托出来，不断产生悬念，收到了很好的艺术效果。

全文共有九个自然段，侧面烘托描写就占了六段。

先是以环境侧面烘托白妞说书。文章开头写演出前戏园子里的热闹景象。说书要到下午才开场，但上午十点，戏园子里已坐得"满满的了"，只有中间贴着"抚院定""学院定"等类的红纸条儿的七八张桌子还无人坐。寥寥数语说明戏园子里座无虚席，盛况空前，连衙门里做官的也早早定了座。"不到十二点钟"，做官的都提早到达，后到的或者出钱弄一张短板凳在人缝里坐下，或者搬张短凳，在夹缝里安插。听众多、来得早、情绪高对书场环境的渲染烘托给读者制造了巨大悬念：是什么人说书，致使全城倾巢而出，为何有如此魅力，使读者不由得产生一种强烈的期待心理，期望说书人快快出来。

再是用人物侧面烘托白妞说书。先写琴师，再写黑妞，他们如同两片青翠奇特的绿叶，把白妞这朵红花高高托起，使她显得更加艳丽夺目。

弹奏三弦的琴师，其貌不扬——"长长的脸儿，一脸疙瘩，仿佛风干福橘皮似的，甚为丑陋"。琴师弹奏，开始听众不甚留神去听，"只是到后来，全用轮指，那抑扬顿挫，入耳动心，恍若有几十根弦，几百个指头，在那里弹似的"。描摹琴师弹奏技巧高超，弦声动听，变化多姿，扣人心弦。侧面烘托给读者制造了巨大悬念：好琴师烘托好歌手，伴奏者都如此出色，演唱者更是了得，读者期盼演唱者快快出场。

接着写黑妞出场。黑妞先是"立起身来，左手取了梨花简，夹在指头缝里……右手持了鼓棰子，凝神听那弦子的节奏"。未闻其声，先见英状，说明黑妞功底很深，修养有素，一举一动都有板有眼。"忽羯鼓一声，歌喉遽发，字字清脆，声声宛转，如新莺出谷，乳燕归巢。"黑妞清脆婉转、圆熟变化、或缓或急、忽高忽低、转腔换调、百变不穷的声音令人惊喜叫绝，自然"觉一切歌曲腔调俱出其下，以为观止矣"了。有听众以为眼前的女子就是白妞，然而，得到的回答是她不是白妞，真是"山外有山，天外有天"。至此，作者给读者再次制造了强烈的悬念：那白妞演唱到底好到什么程度，读者强烈期待着白妞的出场。

最后用听众的反应侧面烘托白妞说书。

黑妞唱完以后，层层的衬垫已就绪，精心设计的背景也已铺饰停当，白妞理该出场了。作者却宕开一笔，不直接描写白妞的唱腔，而是别出心裁地写了一段听众的误会和议论，妙趣横生，创造了极妙的艺术悬念，为刻画白妞又添一彩笔。一听众问旁边人，此想必是白妞罢了。旁边人回答得极妙："这人叫黑妞……他的调门儿都是白妞教的，若比白妞，还不晓得差多远呢！他的好处人说得出，白妞的好处人说不出。他的好处人学得到，白妞的好处人学不到。"白妞出场前作者处处用衬托，笔笔做侧写，接二连三地烘托铺垫，先声夺人，造成强烈的悬念，唤起读者急切的期待心绪，造成白妞千呼万唤始出来的态势，收到了极佳的艺术效果。

语文课堂教学也可以借鉴《明湖居听书》的侧面烘托法设置悬念，引起学生注意。2011年12月21日，语文味教学流派创始人程少堂老师在广州市广铁一中讲李商隐的《锦瑟》一诗时就用了侧面烘托法设置悬念来勾起学生学习的兴趣。众所周知，李商隐的《锦瑟》这首诗十分难懂：

> 锦瑟无端五十弦，一弦一柱思华年。
> 庄生晓梦迷蝴蝶，望帝春心托杜鹃。
> 沧海月明珠有泪，蓝田日暖玉生烟。
> 此情可待成追忆？只是当时已惘然。

对这首诗歌的解读众说纷纭，有人说是写给令狐楚家一个叫"锦瑟"的侍女的爱情诗；有人说是睹物思人，写给故去的妻子王氏的悼亡诗；也有人认为中间四句诗可与瑟的适、怨、清、和四种声情相合，从而推断为描写音乐的咏物诗；此外还有影射政治、自叙诗歌之说。

学生要学习这样的诗歌，首先就有畏难情绪，面对这样晦涩难懂的诗歌，学生该怎样学，教师该怎样教呢？程老师采用了侧面烘托法设置悬念来勾起学生学习《锦瑟》的欲望。上课伊始，程老师打出一连串名家评说李商隐诗歌的投影，边放投影边解说：

投影1：李商隐不能说是最伟大的诗人，但我们可以说李商隐是对后世最有影响力的唐代诗人，因为爱好李商隐的诗的人比爱好李、杜诗的人更多。——当代著名诗人、学者施蛰存

投影2：义山诗辞藻华丽，声韵铿锵。有时不知所言何意，但读来仍觉韵味飘逸，意象生动……诗不一定要求懂。诗的辞藻美和韵律美直接诉诸人的灵魂。汉诗还有一个字形美。——季羡林

〔程老师对着投影解说：诗是不大容易懂的，特别是好诗，好懂的诗是比较差的诗。（生来情趣了，闻后大笑）〕

投影3：义山的《锦瑟》等诗讲的什么事，我理会不着。拆开一句一句叫我解释，我连文义也解不出来。但我觉得它美，读起来令我精神上得一种新鲜的愉快。须知美是多方面，美是含有神秘性的。——梁启超

〔程老师对着投影又说：梁启超，我们广东著名思想家。你看，这么多学者都理会不了，那我也理会不了，那就是正常的对不对啊，我只是一般的学者。那你们有没有说我懂《锦瑟》这首诗的？（生爆笑）没有是吧？没有那我们今天这堂课就好办了！（生哄堂）大家都不懂！学者不懂，老师也不懂，都不懂，那就好办了。（生：老师，我们想学这首诗歌，看它到底难在哪里）〕

以上教学片段，程老师先引用别人尤其是名家对李商隐诗歌，特别是《锦瑟》诗的看法与感受，激起学生的学习欲望：名家都觉得难学、难懂的诗歌，到底是一首什么诗歌呢？我偏要学。就这样，程老师以侧面烘托法设置悬念，勾起了学生想要挑战名家，学学这首诗的强烈欲望。接下来，师生互动，平等交流，教师、学生、教材、教法、教学环境融为一体，使课堂教学达到了一种"天人合一"的境界。

十六、用教师示弱法设置悬念

中国科学院院士、著名热自动化专家、东南大学名誉校长钱钟韩教授在谈及治学经验时说："我总结一下自己的经验，觉得还是某些公认的'蹩脚教师'对我帮助最大。他们每次讲课，只能提出问题，不能解决问题。由于他讲

不清楚，就会引起我的注意，把脑筋集中到真正的难点上。听课之后总觉得不满足，就只能自己去学。"

　　钱教授的话当然不是鼓励我们的教师都去做不能解决问题、讲不清楚的"蹩脚教师"。但此事启迪我们，教师在学生面前"有意识"地做"蹩脚教师"，适当地示弱，给学生以"欠缺"感，反而能够制造课堂悬念，激发起学生去主动体验、探究、实践的兴趣。

2015年12月2日，何泗忠老师（左1）与深圳市第二高级中学的年轻教师探讨课堂教学中的悬念设置艺术

　　我在讲授南北朝民歌《木兰辞》时就采用了示弱艺术以制造课堂悬念。我对学生说，爱因斯坦说过，提出一个问题往往比解决一个问题更重要。我鼓励学生提问，那天按照惯例，请学生提出问题。这时，一名女生站起来提出了自己的疑问："诗中说'同行十二年，不知木兰是女郎'，我想这不真实！行军打仗肯定要洗脚，而中国古代妇女裹脚，不就暴露了吗？"一石激起千层浪。有个学生说："木兰为了掩饰自己的女儿身份，应该不会当众洗脚。"话音一落，提问的女生马上反驳："就算木兰为了掩饰自己的女儿身份不当众洗脚，甚至不洗脚，但诗中说'万里赴戎机，关山度若飞'，'赴''飞'，速度极快，一双小脚，三寸金莲，走起路来都摇摇晃晃，能适应这样的行军速度吗？"女生刚说完，又有学生反驳："诗中的木兰不要走路，'东市买骏马，西市买鞍鞯，南市买辔头，北市买长鞭'，她是骑马行军打仗的啊！"话音未落，女生大声说道："十二年时间，木兰不可能一直骑马，诗歌最后说'双兔傍地走，安能辨我是雄雌？''傍地走'，就是下马走，'走'，在古代可是'跑'的意思啊！"学生一阵争论而不得其解，几十双目光全注视着我，他们期待着我的解答。说实在话，这个问题可难不倒我。因为我在备课时也考虑了这个问题，要给学生解答这个问题，可以说是胸有成竹，但我转念一想，何不在这个问题上给学生示弱，以造成悬念，促使学生自己去探究这个问题呢？想到这里，我微微笑着说："同学们，我也无法解答你们提出的问题，下课后，

咱们都去查查资料，咱们师生来个比赛，看谁能最先弄清这个问题，好吗？"学生一听说我也"无法"解答这个问题，乐了，他们提出的问题我终于回答不出来了。他们觉得我并非无所不知，无所不晓，觉得老师也有"不足"，也有"缺陷"，现在还要与他们一起比赛查资料，弄清问题，这恰好激起了他们的好胜心理，激起了他们要弥补老师"缺陷"的欲望。于是，学生下课后争先恐后地跑到图书室去查资料，他们终于从浩如烟海的史料中找到了答案："裹足始于五代。"这说明中国女子裹足要晚于《木兰辞》问世的年代。学生得到这个结论后，欣喜若狂，跑到办公室把他们的发现告诉我。我说，你们查得真快，你们不说，我现在还不知道呢。学生听后，露出了骄傲和自豪的神情。这节课，我通过示弱制造出一种"山重水复疑无路"的悬念，恰好满足了学生的好胜心理，激起了学生探究的欲望，使他们获得了一种"柳暗花明又一村""众里寻他千百度。蓦然回首，那人却在，灯火阑珊处"的审美享受。教师示弱法成功地制造了课堂悬念，激起了学生探究的欲望。

十七、用图文对照法设置悬念

叶圣陶先生说过："图画不单是文字的说明，且可开拓读者的想象。"现行语文教材图文并茂，配有大量插图，这些插图具有形象性、直观性、趣味性、启迪性等特点。我们在教学中，可以采用图文对照法，即依据课文插图，巧妙地设置课堂悬念，引领学生领悟教材内容所蕴藏的内涵。

2015年4月13日，何泗忠老师赴广州市真光中学推广悬念
教学法，图为真光中学校门口所做的宣传广告

浙江绍兴鲁迅中学的林忠港老师在讲授《沂水春风》（以前人教版选录

此文时的标题为"子路、曾皙、冉有、公西华侍坐", "沂水春风"为语文版教材标题)时,就采用了图文对照法设置空白,构建悬念,以此引导学生领悟文本内容。上课伊始,林老师巧妙借助课文左上角程宗元先生的画——《侍坐》,让学生根据画中人物神态和文本内容分别推断出孔子、子路、曾皙、冉有、公西华的位置。程宗元先生这幅形神兼备的《侍坐》图,变成了林老师引导学生整体把握文意、深入感知人物形象的载体:"你能从人物形态和文本内容分别推断出孔子、子路、曾皙、冉有和公西华的位置吗?"林老师以图文对照法设置的这一课堂悬念巧妙地把赏画与品文两个活动融合在一起,既引起了学生的学习兴趣,又引导学生"亲密接触"文本。在画作的牵引下,学生以画解文,以文赏画,兴致盎然,极大地优化了教学内容的呈现方式,调动了学生学习这篇古文的兴趣。2012年《中学语文教学参考》第4期登载了林忠港老师的《〈沂水春风〉教学实录》,且让我们来欣赏一下林老师的教学片段吧。

师:现在,我们把目光聚焦在课文左上角程宗元先生的画——《侍坐》上。这幅画形神兼备,那么你们能从人物神态和文本内容分别推断出孔子、子路、曾皙、冉有和公西华的位置吗?(稍停)哪一位是孔子?

生:中间的那位。

师:同学们听清楚了吗?(生摇头)我相信这位同学的眼力,但怎样表述才能让别人听明白?

生:画中左起第二位。

师:嗯,这个表述很严密,也很专业。那么判断此人是孔子的依据是什么?

生:画中他座位最高,胡子最长,先生之风最足。

师:在古代,往往胡子越长,年纪越大,故事越多。"胡子最长"体现在哪句话上?

生:"以吾一日长乎尔"。

师:哪一句可以看出"先生之风"呢?

生:从"夫子喟然叹曰:'吾与点也。'"可以看出孔子赞许满足的神情。

师:下面我们再看子路,哪一位是子路呢?

生:孔子右边的那位。

师:同学们听明白没有?(一位学生说没有)那么应该怎样表述?

生:左起第三人。

师:很好。你凭什么判断他是子路?

生:子路"兼人",勇猛、刚强、豪爽,而长着络腮胡须的往往有些急躁,有些鲁莽,像张飞、鲁智深一样。

师:文中哪个地方反映了子路急躁、鲁莽呢?

生:"率尔而对"是对子路的神态描写, "比及三年,可使有勇,且知方也"反映了子路的勇猛。

生：从孔子的"其言不让"可以看出子路毫不谦逊。

师：这位同学的文本整体意识很强，能够从文章后面找依据。那么哪一位是冉有呢？

生：画中子路右边的那位，因为他看上去很斯文。

师：请同学们齐读冉有言志的段落，看看哪些句子能够反映出冉有的斯文。（生读）

生："如其礼乐，以俟君子。"冉有比子路要谦逊些。

师：非常好。公西华呢？

生：最年轻的那位，因为曾皙要鼓瑟，剩下的就是公西华了。

师：公西华比孔子小四十二岁，他是最年轻的人。请齐读公西华言志的段落，体会一下公西华的志向。（生读）

师：这里有一个字重复出现，是哪一个字？

生："愿"字。

师："愿学焉"和"愿为小相焉"反映了什么？

生："愿"是希望的意思，有一种谨慎、恭敬的意味，反映了公西华的谦逊。

师：很好。最后我们看曾皙，画中的站立者显然就是曾皙，那么曾皙言志前为什么要鼓瑟？

生：说明他比公西华还要谦逊有礼。

师：后生可畏。四位弟子言志，按照子路、冉有、公西华、曾皙的顺序，发言者越来越谦逊。也就是说，礼的成分越来越重。那么孔子又是如何引导的呢？

生：孔子最初启发诱导学生，创设了一种平等交流的氛围，接着指名让学生回答，当曾皙犹豫的时候，孔子继续鼓励他。

师：这是语言方面的引导，还有没有其他方面的引导吗？

生：还有神态方面的引导，"夫子哂之"这个神态对后面几个弟子的言志产生了很大的影响。

师：夫子循循善诱让师生间呈现出平等、和谐的气氛。如果用一个成语重新给这幅画命名，你准备用什么成语？

生：循循善诱。

生：畅所欲言。

生：各抒己见。

生：如沐春风。

生：如坐春风。

师：这个成语中有"春风"，你太有才了。（板书：如沐春风）

通过以上教学片段，我们可以看出，林老师采用图文对照法，使课堂产生了一连串悬念，给学生留下了思考与想象的空间，避免了我们讲授文言文时逐字逐句去串讲的传统"满堂灌"的教学模式，使学生学得生动有趣。

十八、利用标题设置课堂悬念

艾尔弗雷德·希区柯克是举世公认的电影悬念大师，他拍摄的影片以扣人心弦的故事情节、一波三折的戏剧张力吸引了大批观众。他拍摄了许多悬念电影，如《房客》《谋杀》《三十九级台阶》《蝴蝶梦》《美人计》《海外特派员》《深闺疑云》《火车上的陌生人》等。这些影片，其题目本身就充满悬念，吸引观众。广东电视台公共频道的一档纪实性专题栏目《解密大行动》，在节目的导视部分，编导总是针对本期的栏目内容做一个悬念式的介绍，利用片中的精彩片段引出栏目的题目。虽然对于本期节目的叙事内容只是做一个大致的勾勒，却可以引发观众强烈的好奇心。然后是在标题中设置悬念，为叙事埋下一定的伏笔。如《解密大行动之夺命寡妇村》，看到这个题目，观众就会产生悬念：为什么会有那么多寡妇？死人的原因到底是什么？为什么偏偏是男性才会遭此噩运？观众的胃口就被吊起来了。我们在语文课堂教学中也可以利用标题来设置课堂教学悬念。

在《钱梦龙与导读艺术》一书中，就记载了著名特级教师钱梦龙老师利用标题设置课堂悬念的一个经典案例。

有一次上课，钱老师没有宣布要学哪一课，而是利用文本标题给学生设置了一个悬念：这是一篇说明文，人们一看它的标题就会产生阅读的兴趣，你们猜是哪一篇，看谁猜得快。

钱老师利用课文标题设置的这个悬念一下子激发了学生的兴趣，于是有了下面的师生对话：

（学生看书后纷纷举手）

师：看来同学们都知道是哪一篇了，你们真聪明！好，你来说。

生1：《死海不死》。

师：完全正确！但你能说明一下你为什么猜这一篇吗？

生1：这个题目叫"死海不死"，既然是"死海"，可又为什么说它"不死"呢？这就在读者心里造成了悬念，引起了读者阅读的兴趣。

师：刚才好多同学都举手了。你们猜的也是这一篇吗？有猜别的课文的吗？

生（众）：也是这一篇。

师（指一学生）：那你同意刚才那位同学的意见吗？

生2：同意。我认为这个标题本身包含着一对矛盾，就是"死海"和"不死"，使读者产生疑问，急于读文章，弄明白究竟是怎么回事。所以这个题目对读者有吸引力。

师：有不同意见的同学请举手（无人举手）。有补充意见的同学请举手（无人举手）。哦，看来英雄所见略同。不过我还有个问题想考考各位"英雄"，标题上有两个"死"字，它们的意思是一样的吗？

生3：前一个"死"指没有生命，第二个"死"指淹死、死掉。

师：完全正确。你课前有没有看过这篇课文？（生摇头）那你怎么能回答得这样正确？

生3：我在地理课上学到过。

师：啊，真好！……现在请同学们暂时不看课文，回忆一下地理课上学的关于死海的知识，比一比谁的记忆力好。

钱老师利用标题设置的课堂悬念起到了一石三鸟的作用，既激活了学生的思维，又巧妙地阐释了课文题目，还建立了新旧知识的联系。

正如钱老师自己所说：《死海不死》的教学之所以能使学生的思维始终处于亢奋状态，就因为整个教学过程都是一个唤醒的过程：唤醒了学生对旧知识的回忆，唤醒了学生对新课题的探究，唤醒了学生在长期的升学压力下被压抑的求知欲。

十九、利用逆反心理设置悬念

逆反心理表示这样的一种心理结果，即支持采取一种行动，结果却说服对方采取相反的行动。苏联心理学家普拉图诺夫在《趣味心理学》一书的前言中特意提醒读者请勿先阅读第八章第五节的故事。大多数读者却采取了与告诫相反的态度，首先翻看了第八章的内容，而这恰好是普拉图诺夫所希望的。这就叫心理的逆反现象。

逆反心理并不是什么不可思议的东西。当某事物被禁止时，最容易引起人们的好奇心和求知欲。尤其是在只做出禁止而又不加任何解释的情况下，浓厚的神秘色彩极易引起人们的逆反心理。

土豆从美洲引进法国时，人们都以为它对人有害。法国农学家帕尔曼切在德国吃过土豆，就想把它推广到法国。1787年，他得到国王的许可，在一块地里栽培土豆，并用一支身穿仪仗服装的、全副武装的国王卫队看守这块地，但只白天看守，晚上警卫就撤了。这使人们非常好奇，于是商量好，晚上来偷挖土豆。人们偷了土豆拿回家一吃，发现非常好吃，使土豆得到了推广。这正是利用了人们的逆反心理，引起人们注意、好奇而达到自己的目的。心理学上有一个"禁果效应"：无法知晓的"神秘"事物，比能接触到的事物对人们有更大的诱惑力，也更能促进和强化人们渴望接近和了解的诉求。我们常说的"吊胃口""卖关子"，就是因为受传者对信息的完整传达有着期待心理，一旦关键信息的缺失在受传者心里形成了接受空白，这种空白就会对被遮蔽的信息产生强烈的召唤。人们在生活中常常会遇到这样的情况：你越想把一些事情或信息隐瞒住不让别人知道，就越有悬念效应，就越会引来他人更大的兴趣和关注，人们对你隐瞒的事情就会充满好奇和窥探的欲望，于是就会千方百计试图获得这些信息。教师可以利用这种"逆反心理"来制造课堂悬念，以引起学生的求知欲望。

著名特级教师钱梦龙老师就深谙这种逆反心理，他总是巧妙地利用这种心理构建课堂悬念，以激发学生的学习热情。

《钱梦龙与导读艺术》一书中记载，有一次，钱老师讲说明文《人民英雄永垂不朽》。课前他请几位高个儿学生帮忙把10幅教学挂图张挂在黑板上方，并故意让学生把次序搞乱，每幅图下方本有标题，如《鸦片战争》《五四运动》等，钱老师也用小纸片遮住了。学生小声地议论："看，人民英雄纪念碑，今天准是要学习那篇《人民英雄永垂不朽》了。"几个机灵的学生已经拿出语文书准备自读。

这时钱老师赶紧制止："请大家不要看书。"

这是课前2分钟教室情况一瞥。钱老师计划用一节课的时间教完《人民英雄永垂不朽》。有不少外省市教师来听课，教室的后排坐满了人。

一上课，钱老师宣布了这堂课的要求：今天要测验一下大家的观察力和口头表达能力。"首都人民英雄纪念碑的碑座上有10幅浮雕，展现了鸦片战争以来中国人民革命斗争的历史画面。这就是那10幅浮雕的挂图。图下的标题已经遮去，刚才张挂时又把次序搞乱了。现在要请你们观察画面，看谁能准确说出每个画面各反映了什么历史事件，并说明自己判断的依据是什么，然后给每幅画加上标题，并按每个历史事件的年代先后把次序重新排列一下。你们都学过近代历史，应该能够做好这件事。"

"哇！"几个女生先叫起来，"这太难了！"

"老师，可以看语文书吗？"

"不，不能看书。"

"这么难，让我们看一下书吧！"

"不行。"

"我们只看一会儿，就合拢，怎样？"女生"讨价还价"起来。

"老师，行行好……"几个调皮的学生开始"哀求"。

"是时候了！"钱老师心里暗暗高兴，但不露声色，故做考虑状，最后以无可奈何的表情宣布了"让步"："唉，真拿你们没办法！那好吧，但最多只能让你们看10分钟，时间一到要自觉把课本合拢，能办到吗？"

"能！"学生的"苦苦哀求"终于为自己"争"到了看书的"权利"，一下子都像占了什么"便宜"似的，个个心满意足地打开了课本。

学生一边看图，一边看书，还不时在书上做记号，神情专注。当他们把课本合拢的时候，似乎都已经十拿九稳了。

果真，每一幅挂图的辨认和说明都进行得十分顺利。学生观察得很仔细，连武昌起义时冲向总督府的军人脚旁一面不引人注意的小龙旗，他们都观察到了，并且说出了这个细节的象征意义。学生的记忆力好，在解说画面时还用到了不少课文里的词句。最后由一名学生给10幅图都加上了标题，并按时间先后排出了顺序。这时，钱老师请学生再次打开课本，顺理成章地把教学导入了下一个环节：理清全文的结构，进一步消化关键段落和词句……整个教学过程，钱老师讲得不多，学生的学习效率却很高，虽然只有一节课的时间，但从学生发言时都能援引课文中的语句看，他们对课文消化得很好。

以上这个教学片段就是应用了逆反心理制造悬念——你越不让我看书，我偏要看，整堂课达到了"出奇制胜"的效果。

二十、用故事法设置课堂悬念

青少年是十分喜欢听故事的，如果我们在教学中，用故事设置悬念，无疑会增强教学的吸引力。著名作家刘绍棠在《师恩难忘》中回忆了自己上四年级时教他语文的田老师。田老师在教学时，就喜欢用一个个生动形象的故事构造课堂悬念来吸引学生。文章中，刘绍棠回忆了田老师教一首小诗的过程。

田老师先出示一首小诗：一去二三里，烟村四五家。亭台六七座，八九十枝花。然后田老师把这首诗念一遍，又串讲一遍，接着编了一段故事。故事大意是这样的：一个小孩儿牵着妈妈的衣襟去姥姥家，一口气走出二三里。路过一个村子，只有四五户人家，家家炊烟袅袅。娘儿俩走累了，看见路旁有六七座亭子，就走过去歇脚。亭子外边，花开得正茂盛，小孩儿越看越喜爱。她想摘一朵戴在头上，妈妈拦住了她，说："你摘一枝，他摘一枝，后边歇脚的人就不能看景了。"后来，这里的花越开越多，变成了一座大花园……作者听得入了迷，恍如身临其境。田老师戛然而止，他却仍在发呆，直到同桌捅了他一下，他才惊醒。作者说，田老师每讲一课，都要编一个引人入胜的充满悬念的故事，引人思索，诱人想象，学生很喜欢田老师上课。

数学一般是抽象难懂的，枯燥的，很多学生都不喜欢数学课。但广东省特级教师黄爱华老师的数学课却上得妙趣横生，悬念迭出。学生十分喜欢上他的数学课，其中一个重要原因就是黄老师十分喜欢在教学过程中讲故事，用故事设置悬念，吸引学生。有一次，黄老师在讲"商不变性质"时，就是用故事设置悬念吸引学生的：

"同学们，今天我再给你们讲个故事好吗？"

"好！"

"今天老师就要给你们讲一个'猴王分桃'的故事。"

"太好了，老师你快讲呀！"一听说讲故事，学生有些迫不及待。

"猴山上，猴王带着一群小猴子生活。有一天，猴王给小猴们分桃。猴王说：'给你们6个桃，平均分给3个小猴吧。'小猴乐乐听了，心想：我只得到2个桃，于是连连摇头说：'太少太少。'猴王看了他一眼说：'好吧，给你们60个桃，不过要平均分给30个小猴。怎么样？'乐乐得寸进尺，挠挠头试探着说：'大王，再多给点行吗？'猴王一拍桌子，显出很慷慨大度的样子：'那好吧。给你们600个桃，平均分给你们300个小猴，你总该满意了吧！'小猴乐乐觉得占了大便宜，开心地笑了，猴王也笑了。"

"哈哈……"听完故事，学生也情不自禁地笑了。

"你们说，谁的笑是聪明的笑？为什么？"黄老师顺势引导。

"猴王的笑是聪明的，因为桃子总数虽然多了，但一平均，小猴乐乐还是得到2个桃子。"学生嚷着说道。

"大家说得很对。那么，同学们想知道猴王是运用什么知识来教育这个既贪吃又自作聪明的小猴子的吗？学了今天这节课的知识，你们就知道了。"

黄老师用故事设置悬念，学生恨不得马上学习新知识。

故事悬念法是指选取与课文内容紧密相关的、生动有趣的小故事、小事例来吸引学生，引发学生思考探索的一种教学方法。很显然，黄老师很善于运用故事设置悬念，以引发学生探索新知的兴趣。案例中，他用深刻、自然的故事设置悬念，很快就激起学生的学习兴趣。然后再顺势进行启发，自然而然地就将故事与教材紧密联系起来了，从而引出所要讲授的内容，使学生学得兴趣盎然。

总之，用故事设置悬念可以使枯燥乏味的课堂充满生机和活力，更能引起学生注意，激发学生的学习兴趣，提高课堂教学效果。

二十一、利用板书设置课堂悬念

板书是语文课堂教学的一种辅助性手段。精巧而又富有吸引力的板书能弥补语言描述抽象笼统的缺陷，给学生形象具体的美感，从而收到事半功倍的教学艺术效果。如果在板书设计上教师再借鉴吸收格式塔的"完形"理论，充分考虑学生的好奇"求全"心理和求知释疑的强烈欲望，讲究点"空白"艺术，将会使语文课堂产生悬念。

比如，有一位教师在教《邹忌讽齐王纳谏》一课时，在疏通了句意之后，就做了下面一个充分体现"空白"、让人思索的板书：

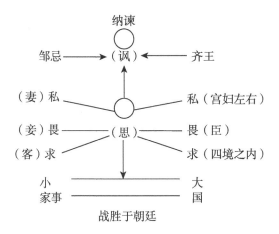

学生看了这个板书，对两个圆圈产生了浓厚的兴趣，于是积极思考，探究答案。

学生通过对文章全面而仔细地分析和理解，最后在圆圈内填上了"讽"和"思"二字。到此学生的内心便得到了一种充实、完美的满足之感，尝到了一种成功的喜悦。

悟出文章以一个"思"字串起全文，进谏的方法归于一字"讽"，令人叫绝。板书设置的悬念在语文教学中所产生的艺术效果如同在平静的湖面上激起了波澜，学生由此进入活跃的思维状态。

有一位教师在向学生讲授衬托这个写作手法时，也是采用板书设置悬念的方法，让学生自己去领悟的。这位教师在讲完一篇课文以后，将"衬托"二字端端正正地写在黑板的右上方。

然后问学生："这两个字念什么？"

学生齐声答道："chèn tuō"。

"大家读得很好。衬托是记叙文写作中常用的一种写作方法。衬托分为反衬、旁衬和递衬三种。现在，哪位同学能说一说衬托的含义是什么？"

面对教师的设悬，一时间，学生议论纷纷，争论得很激烈。教师没有急着制止学生的争论，没有急着叫学生回答，也没有急着公布答案。她等了一会儿，然后环顾了一下学生，教室里顿时鸦雀无声。教师指名一个学生："你来回答这个问题。"

这个学生回答："衬托就是陪衬，烘托，就是使形象更生动、具体、鲜明的一种方法。比如万绿丛中一点红，绿就是衬托红的。"

"回答正确。谁还有补充？"

没人举手。于是，教师转过身，在黑板右上方的"衬托"下面画了一个大大的圆圆的"〇"，再转过身对学生说：

"大家先别出声，想想这是什么，这可能是什么，然后回答。"学生面对教师板书设下的这一悬念，纷纷展开联想，不一会儿，学生一个接一个地要求回答。

"一个大圆球。"

"一个大西瓜。"

"一个零。"

"一个大饼。"

"一个大铁环。"

"一个桶底。"

"对！哎，都像，又都不像。"

教师让学生议论了一会儿，接着说："同学们都请坐。大家说得都对，可——我——说，这是一个十五的月亮。"

学生面面相觑，不知所以。正当学生惊愕之时，教师又在"〇"的底下勾勒出几朵云。霎时，一轮明月在云层中升起，又大又圆，学生面对教师的板书，仿佛感到了月亮发出的柔和的光，好像看到了无数赞美月亮的诗，目光都变柔和了。这时，教师一边指着黑板上的图案一边慢慢地说：

"现在你们看，它还是西瓜、铁环、零吗？不！它现在只能是月亮了。这云对这月就起到了衬托的作用。"

以上案例中，教师并没有直接宣讲什么叫衬托，而是采用板书设置悬念的方法，引导学生联想、思考，从而使学生顿悟，掌握了衬托这种写作手法。

著名特级教师钱梦龙老师更是一位利用板书设置课堂悬念的高手。

说明文要讲得让学生兴趣盎然是比较困难的。然而，钱老师在讲《中国石拱桥》这篇说明文时，因利用板书设置课堂悬念，使课堂教学妙趣横生，学生学习起来兴致盎然。

钱老师首先要求学生不要看书，然后在黑板上画了一幅赵州桥的结构图（见图1）。

图1

接着，钱老师手指图1中的大拱问学生这是什么，学生当然知道是桥的大拱，接着又指着四个小拱问学生是什么，学生自然回答是小拱。接下来，钱老师就要学生根据图1来说说大拱和四个小拱的位置关系，看谁说得准确。这一悬念设置引起了学生极大的兴趣。

一个学生说，大拱的两边各有两个小拱。

于是，钱老师照学生的说明，在大拱的两边各画了两个小拱（见图2）。

图2

学生见了老师画的图后，纷纷指出不对。一个学生马上修正说，应该是大拱两边的顶部有四个小拱。于是，钱老师照学生的说明，在大拱两边的顶部画了四个小拱（见图3）。

图3

学生见后，议论纷纷，认为还是说得不准确。只听一个学生再次修正说，在大拱的两端各有两个小拱。于是，钱老师按照学生的说明，在大拱的两端各画了两个小拱（见图4）。

图4

学生觉得还是不够准确，接下来，学生还说出了不少答案。在学生思维充分激活之时，钱老师让学生打开书阅读原文，学生终于发现，原文是这样说明大拱和四个小拱的位置关系的：

在大拱的两肩上，各有两个小拱。

就这样，学生反复说明，教师反复板书，通过板书设置悬念，引起学生的探究兴趣，课堂气氛十分活跃。

教学板书带来的悬念往往来自板书本身的含蓄蕴藉，富有弹性和张力，不做一览无余的交代，而是给学生留下思考和想象的余地。学生面对充满悬念的板书，就会产生浓厚的兴趣，就会积极思考，探究答案，从而体验到一种成功的喜悦。

二十二、利用音响设置课堂悬念

举世公认的悬念电影大师艾尔弗雷德·希区柯克拍摄了大量的悬疑影片。他利用种种手段给电影制造悬念，其中一个重要方法就是利用音响效果设置悬念。伊丽莎白·威斯在《希区柯克的听觉风格》一文中指出："在典型的希区柯克的电影里，观众眼观某人某事，耳边又听着其他声音。希区柯克分离意象与声音，因此使电影变化多、密度高、紧张悬疑。"国产电影《保密局的枪声》一开始就充分运用音响效果制造了紧张的悬疑气氛，给观众留下了深刻印象。

课堂教学也可以利用音响效果来设置悬念。

有一位叫刘凤鸣的教师在教都德《最后一课》的最后一部分时，"当，当，当！"录音机里突然传出了沉重、遥远的钟声，刘老师特意设置的这个音响给学生造成了意外的悬念，学生既怔又诧，全神贯注，使寂静片刻笼罩了课堂。

接着，刘老师深情地朗读起来："忽然，教堂的钟声敲了十二下，祈祷的钟声也响了。窗外又传来普鲁士士兵的号声——他们已经收操了。韩麦尔先生站起来，脸色惨白，我觉得他从来没有这么高大。'我的朋友啊，'他说，'我——我——'

"但是他哽住了，他说不下去了。"

沉默。刘老师也哽住了，读不下去了。教室里鸦雀无声。突然，刘老师转身面向黑板，使出全身力量，写了几个大字"法兰西万岁"！

这时，学生深情地注视着刘老师，表示了前所未有的敬意，仿佛刘老师就是韩麦尔。

　　刘老师不仅自己融入了都德所描绘的情境，被主人公那强烈的爱国精神所感动，更妙的是，他精心设计了这一教学片段，巧妙地运用了音响设置的悬念，把学生的思维带进了那个亡国的情境。此时的课堂虽然寂静无声，但却涌动着一股思维的激流。

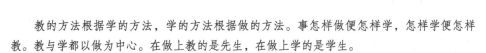

第六章

何泗忠悬念教学法实录

　　教的方法根据学的方法，学的方法根据做的方法。事怎样做便怎样学，怎样学便怎样教。教与学都以做为中心。在做上教的是先生，在做上学的是学生。

——陶行知

　　蜜蜂建筑蜂房的本领使人间许多建筑师感到惭愧。但是，最蹩脚的建筑师从一开始就比最灵巧的蜜蜂高明的地方是他在用蜂蜡建筑蜂房以前，已经在自己的头脑中把它建成了。劳动过程结束时得到的结果，在这个过程开始时就已经在劳动者的想象中存在着，即已经观念地存在着。

——马克思

语文悬念教学法走的是从实践中来，到实践中去的路子。换言之，既是理论体系，也是实践体系，而且首先是实践体系。从教学实践出发，我将自己从实践中得来的"个别"教学思想与同行进行广泛、深入、持久的交流讨论，在此基础上来调整、修正、补充、深化、丰富自己的理论思考，从中抽象出"一般"，进而又将相对成熟的理论思考成果运用于自己未来的公开课教学实践中。通过"实践—认识—再实践—再认识"的螺旋式反复打磨提升，我将自己的理论思考、研究和教学实践进行协同式或捆绑式推进。自2006年正式提出语文悬念教学法理念以来，我上每一节课都采用悬念教学法，并用这个理念上了一系列公开课，得到了专家、教师、学生的高度赞誉。下面是我采用语文悬念教学法的部分课堂实录。

一、《虞美人》悬念教学实录

上课时间：2013年5月15日上午第3节课
上课地点：深圳市第二高级中学四楼考务室
上课班级：高一（17）班

师：上课。
生：起立。
师：同学们好！
生：老师好！
师：同学们请坐！
（一）激趣导入
　　（教师出示幻灯片，上有"李杜诗篇万口传，至今已觉不新鲜。江山代有才人出，各领风骚数百年"的诗句）
　　师（指着幻灯片上的诗歌）：请同学们把这首诗齐读一遍。
　　（学生齐读）
　　师：同学们刚才读的这首诗歌是什么意思呢？说的是一个时代有一个时代的代表作家和代表文学。前段时间，我们从《诗经》学到《楚辞》又学到《古诗十九首》，然后学到了唐代的诗歌，接触了李白、杜甫，到了宋代，又产生了一种新的诗歌体裁——宋词。在中国词坛上，写词的高手不计其数，但哪些人是代表作家呢？最近，我看了余秋雨的一篇文章《中国文脉》，文中余秋雨对宋词作者进行了排位，并且排出了写词的四大高手，同学们猜猜看，会是哪四大高手呢？

2013年5月15日，何泗忠老师运用悬念教学法讲授公开课《虞美人》

（设置导入型悬念，激发学生的学习兴趣，学生有的说是苏轼、柳永、李清照、辛弃疾，有的说是苏轼、李清照、辛弃疾、姜夔，有的说是苏轼、辛弃疾、陆游、李清照）

师（边出示幻灯片，边说）：余秋雨认为是李煜、苏轼、李清照、辛弃疾。我也同意余秋雨的观点，但在这四位词人中，我最喜欢一个人的词，大家猜猜看，这四位词人中我最喜欢谁？（采用提问法再次设置悬念，吊起学生的胃口）

生1：苏轼。

（师摇头）

生2：李清照。

（师摇头）

生3：李煜。

师：对啦，我最喜欢李煜的词。我第一次接触李煜的词是在读高中时，也就是你们现在这个年龄，当我第一次读李煜的一首词时，我感动得哭了。（生露出十分惊讶的样子）这首词就是李煜的《虞美人》。今天，我们就一起来学一学当初李煜的让我感动得流泪的这首词——《虞美人》。请同学们打开教材。

（教师采用悬念教学法激趣导入，学生听说这首词感动得老师流泪了，于是纷纷好奇地迫不及待地打开教材）

（二）以读攻读

步骤一：素读《虞美人》，咬准词音

师： 在学习诗词的时候，我记起了北京大学中文系系主任、教授温儒敏先生的一段话。（教师出示幻灯片并读幻灯片内容）

教学美文，要注意涵泳，"或者说浸润式习得"，"这是语文阅读教学最佳的境界"，尤其是诗词课，还有文言文的课，更要求阅读主体的融入，没有反复的阅读，那情味就出不来，语感就出不来。

师： 李煜的《虞美人》是古诗中的绝品，这样的美文，除诗歌本身的内涵值得反复品味外，诗歌节奏、韵律、语调等这些外在的形式美都有着特定的意义。因此，我们今天从朗读的角度，分五个层级来学习这首词，来个以读攻读，让我们在读中识、读中悟、读中问、读中说、读中议，好不好？

生： 好！

师： 鉴赏诗歌的第一步就是素读课文。从我自己的经验来看，我拿到一首词，不管三七二十一，首先就是读，把课文读正确，读流利，不丢字，不添字，不错字，争取把词念得字正腔圆。下面请同学们朗读《虞美人》，自由地读，大声地读。

（学生兴致盎然地自由地读起来，教师在一旁巡视，了解学生的读书情况）

师： 谁首先来试着读一下这首词？

（一位男生举手读了起来）

师： 我们请一位同学来点评一下。

生1： 读得还算流畅，但有些字读错了。"春花秋月何时了"的"了"读错了，不是读"le"，而是读"liǎo"。"雕栏玉砌"的"砌"字读成了"qiè"。

师： 这位同学听得很仔细。同学们，朗读首先要把字读准。大家把"春花秋月何时了"这一句齐读一下。（生朗读）这个"了"字为什么读"liǎo"而不读"le"？

生1： 因为"了（liǎo）"是结束的意思。李煜降宋后被封为违命侯，名虽王侯，实为阶下囚。在对生命已经绝望之时，"春花秋月"是对他的一种讽刺，让他觉得厌烦，希望这一切都结束。

师： 对，可见这里的"了"不是轻读的助词"了"，而是动词。

（教师再请一位女生读）

师： 哪位同学来评价一下，她读得怎样？

生2： 她字音咬得很准，字正腔圆，但声音过于洪亮，感情表达还不到位，读得过于豪放，没有通过低沉的音调和悠长的语气读出诗歌的意境来。

师： 她的评价可以说是实事求是，既指出了优点，也指出了不足之处。下面，我们就一起来体味一下这首词的情感。

步骤二：美读《虞美人》，体味词情

师：我们读诗词，不能仅仅满足于读准字音，还要读出感情。古人读书很讲究吟诵之道，要吟诵得口到、心到、情到。请同学们美读课文，体味情感，然后说说自己对这首词的直觉感受、最初体验。

（学生摇头晃脑地自由朗读）

师：现在，请同学们说说读这首词的最初体验与感受。

生3：读这首词，我读出了一份悲凉和无奈，词人问天"春花秋月何时了"，问人"雕栏玉砌应犹在"，自问"问君能有几多愁"，只有"悲凉和无奈"的人才会这样呼天抢地。

生4：我读出了诗人作为亡国之君的哀痛，"雕栏玉砌应犹在，只是朱颜改"，"朱颜"包含"后宫佳丽的容颜""词人的容颜"和"国家的容颜"。"只是"一词，无限痛惜之情尽在其中。

生5：我读出了诗人的血泪，正如王国维所说："后主之词，真所谓以血书者也。"

师：同学们的第一感觉不错。通过美读，感受到了词人的悲伤、痛苦、忧愁。现在请大家相互读给同桌听一下，看你读出了这份感情没有。

（同座位学生互相读给对方听，然后讨论）

师：下面请两位同学示范美读一下，将作者的文字美转化为语言美。

（一男生、一女生先后诵读）

师：他们读得怎么样？

生6：汪嘉伟（男生）读得声音洪亮，韵律清楚，但感情高亢了一些。徐弈（女生）的感情处理得好一些。

师：其他同学还有什么评价吗？

生7：我觉得他们读得都不太好，重音上只处理好了最后一句，前面读得不怎么样。

师：依你说，应该怎么处理？

生7：我觉得这几个词要读好：何时、多少、又、不堪、应、只是、几多。这些词特别能表现诗人内心的痛苦。另外，节奏要舒缓一些，有些词语读时要拖长。

师：那你来读一下，好不好？

（生7十分投入地读）

师：他是用心来读的，读的节奏很缓慢，很抒情，把往事之叹、亡国之恨、离家之痛、思家之苦都读出来了。下面，让我们齐读一遍，读时，每句的后三个字由男生重复读，最后一句"恰似一江春水向东流"中的"向东流"三

字重复读四遍，声音呈递减状态。（教师出示幻灯片）

虞美人

李 煜

春花秋月何时了？何时了？

往事知多少。知多少。

小楼昨夜又东风，又东风，

故国不堪回首月明中。月明中。

雕栏玉砌应犹在，应犹在，

只是朱颜改。朱颜改。

问君能有几多愁？几多愁？

恰似一江春水向东流。

向东流。

向东流。

向东流。

向东流。

（学生读得很投入，直诵得整个教室波澜起伏，尤其是最后一句"向东流"重复四次，声音由大到小，呈递减状，仿佛那一江春水渐行渐远，读出了李煜的无限愁情）

步骤三：研读《虞美人》，探究词心

师：刚才同学们通过素读课文、美读课文，感受到了这首词的情感，但对词要有更深层次的理解，还得研读课文，探究词心。请同学们每人自读两遍，边读边想，以研究的形式、欣赏的眼光，去感悟、去发现《虞美人》一词最打动你的地方，并说说打动你的理由。

（学生边读边写，将自己随时出现的灵感与体验写下来）

师：同学们读后，说说最能打动你的是什么，为什么打动你。

生8：最能打动我的是"问君能有几多愁？恰似一江春水向东流"。

师：这句话为什么会打动你？

生8：因为它写到了一种人类普遍的情感"愁"。

师：是的，愁是人类普遍的情感，它能够引起不同时代、不同地域的人的共鸣。自古以来，人们就有不少写愁的诗句，同学们能列举一些吗？

生9：李白有"抽刀断水水更流，举杯消愁愁更愁"。

生10：李清照的词充满愁情，"花自飘零水自流，一种相思，两处闲愁""只恐双溪舴艋舟，载不动许多愁"。

生11：现代人也有愁，台湾著名诗人余光中有一首诗歌叫《乡愁》。

（师生情不自禁地齐背《乡愁》）

生8：老师，"问君能有几多愁？恰似一江春水向东流"这句话最打动我，除了因为它写出了人类一种普遍的情感外，还因为它巧用比喻，此句以浩荡东流的长江比喻愁之深远，形象地表现了李煜满怀的愁、无穷无尽的愁、汹涌澎湃的愁。

生12：我喜欢"雕栏玉砌应犹在，只是朱颜改"两句。因为故国的雕栏玉砌还在，可自己容颜已改，宫女们的容颜已改，国家的容颜已改，这让我想起了"物是人非事事休，欲语泪先流"的诗句。

师：通过研读，同学们对这首词的理解又进了一层。下面请同学们分角色朗读这首词。（教师出示幻灯片）

（女生单读）虞美人　李　煜

（男生单读）春花秋月何时了？

（学生齐读）往事知多少。

小楼昨夜又东风，

故国不堪回首月明中。

雕栏玉砌应犹在，

只是朱颜改。

（女生单读）问君能有几多愁？

（学生齐读）恰似一江春水向东流，

向东流，

向东流，

向东流，

向东流。

（教师放背景音乐，学生分角色朗读，音乐如怨如慕，朗诵如泣如诉，最末一句，"恰似一江春水向东流，向东流，向东流，向东流，向东流"学生越读越轻，渐至无声。他们通过研读，使诗歌朗诵达到了一个新的境界）

步骤四：品读《虞美人》，赏析词艺

师：缪塞说，"最美丽的诗歌是最绝望的诗歌，有些不朽的篇章是纯粹的眼泪"。李煜的这首词，就是用自己的眼泪写的，那么，李煜在表现自己的愁的时候，到底采用了怎样的手法呢？在讲这个问题之前，我先讲一个故事。据说，法国诗人克洛岱读了李煜的《虞美人》（也有人说是读了李清照的《声声慢》）以后，非常感动，于是把李煜的这首词改写成了一首叫《绝望》的诗歌。（教师出示《绝望》的幻灯片）

83

绝 望

呼唤! 呼唤!

乞求! 乞求!

等待! 等待!

梦! 梦! 梦!

哭! 哭! 哭!

痛苦! 痛苦!

我的心充满痛苦!

仍然! 仍然!

永远! 永远! 永远!

心! 心!

存在! 存在!

死! 死! 死! 死!

（教师要一位学生带着感情读《绝望》，生读，且读得十分有感情，学生们很欣赏，不禁鼓掌）

师：同样是抒发一种愁苦不堪的痛苦之情，但两首诗在抒发感情的时候，采用了不同的抒情手法。请同学们说说《绝望》采用了什么抒情手法。

生13：直抒胸臆。

师：对，那么《虞美人》呢?

生13：间接抒情。

师：再具体一点。

生13：借景抒情。

师：对了，李煜是借景抒情。那么，李煜借的是什么景呢? 请同学们找一找李煜词中的景物意象。

（学生边读边找词中的意象，教师巡视）

师：下面请一个同学把自己找到的意象说给大家听一听。你说说看。

生14：春花、秋月、东风、明月、雕栏、玉砌、朱颜、一江春水。

师：找对了没有?

生15：找对了，但还有一个"小楼"意象漏了。

师：以上这些意象都是一些十分美好的事物，是赏心悦目的，但为什么在李煜的眼里却变得可悲了呢? 春花秋月何时了? "春花秋月"是美好的事物，作者为何希望它早点结束?

生16：这与作者的心情有关。"感时花溅泪，恨别鸟惊心"。同样是猿猴的叫声，在白居易笔下是"其间旦暮闻何物? 杜鹃啼血猿哀鸣"，而李白却是"朝辞白帝彩云间，千里江陵一日还，两岸猿声啼不住，轻舟已过万重山"，心情不同，一个是被贬，一个是被赦，所闻的猿猴的叫声就不同了。

生17：春花秋月的确是美好的事物，然而随着词人身份地位的改变——李煜降宋后被封为违命侯，过着囚徒般的生活，他对人生已经绝望，所以见了春花秋月的无尽无休反而觉得厌烦，徒增无限伤悲。因此，这美好的事物不如结束才好。

师：同学们分析得真精彩，由此看来，这首词不仅是借景抒情，而且是以乐景抒悲情。下面请同学们小声读这首词，尤其要体会一下加点词的情感。（教师出示幻灯片）

春花秋月何时了？
往事知多少。
小楼昨夜又东风，
故国不堪回首月明中。
雕栏玉砌应犹在，
只是朱颜改。
问君能有几多愁？
恰似一江春水向东流。

（学生在下面小声读，教师巡视）

师：下面，我们再请一位同学读一下这首词。

（生18举手，词的节奏和感情把握十分到位，赢得听课师生一片掌声）

师：到此为止，我们对这首词进行了素读、美读、研读、品读，但鉴赏诗歌的最高境界就是吟唱。

步骤五：唱读《虞美人》，捕捉词韵

师（出示幻灯片，并指着幻灯片说）：《诗·大序》言，"诗者，志之所之也。在心为志，发言为诗。情动于中，而形于言，言之不足故嗟叹之，嗟叹之不足故永歌之，永歌之不足，不知手之舞之足之蹈之也。"诗词源于歌，词是可以合乐歌唱的，尤其是李煜，他通晓音律，作为皇帝，他创作的词，更是会谱成曲子，让宫女们演唱。可惜的是，远古神音早已失传。好在今人其古韵，把李煜的不少词再次谱成了曲加以传唱，多少弥补了这一遗憾。其中台湾的一首歌曲《虞美人》，忧伤的情调与李煜词《虞美人》凄切的情境十分吻合，我不善于唱歌，但我却喜欢唱这首《虞美人》，让我们唱读课文，捕捉词韵，让我们随着歌曲走进李煜的心吧。

（教师播放《虞美人》歌曲。教室里寂然无声，随着音乐的渐渐展开，教师用男中音吟唱《虞美人》，学生情不自禁地跟着吟唱，师生如醉如痴、手舞足蹈，歌声回肠荡气，作者一字一泪，读者一字一泪，歌者一字一泪，师生一字一泪，使《虞美人》鉴赏达到高潮）

师（总结）：这节课，我们采用五个朗读步骤——步骤一素读《虞美人》，咬准词音；步骤二美读《虞美人》，体味词情；步骤三研读《虞美人》，探究词心；步骤四品读《虞美人》，赏析词艺；步骤五唱读《虞美人》，捕捉词韵——学习品味了李煜的《虞美人》。而且这五个步骤由一、二的感性开始，再到三、四的理性，再到五的感性，它是一种更高层级的感性。通过反复诵读，大家都领会了词人之愁——故国之思、失国之悲、亡国之痛。把握了诗歌借景抒情、以乐景抒悲情的艺术手法。下面布置作业（教师出示幻灯片）

仿照《虞美人》中"愁"的表达方法，根据这种化虚为实的手法，运用修辞手法，围绕"幸福"，化抽象为具体，写一句话。

今天，我们学到这里。谢谢同学们！

（该课例获深圳市优质视频课特等奖）

二、《荒原中的舞蹈》悬念教学实录

上课时间：2013年11月28日下午

上课地点：深圳市高级中学学术报告厅

上课班级：深圳市高级中学高一（3）班

听课教师：来自深圳市各校语文教师近1000人听课

2013年11月28日，在"第三届深圳市中学语文名师大讲坛"活动中，何泗忠老师运用悬念教学法讲授《荒原中的舞蹈》公开课。与会教师赞叹不已，好评如潮。深圳市名师、龙岗区语文教研员曹清富先生评价说："这首诗遇到何泗忠先生是这首诗的幸运，何先生遇到这首诗也是何先生的幸运，我们遇到这样的诗歌课堂是我们的幸运。"

师：上课。

生：起立。

师：同学们好！

生：老师好！

师：同学们请坐！今天，我们一起来学习一首现代诗歌《荒原中的舞蹈》。一谈到学习诗歌，我就想起了"语文味"教学流派的创始人程少堂先生的一段话，（教师出示幻灯片）他说，"对课文中一些优美的文学作品，特别是诗歌，要特别注重朗读，通过朗读、背诵，让学生积累语感。读中自有好语感，读中自有语文味。读是语文教学法的根本，也是语文教学的第一教学法。"这首《荒原中的舞蹈》，在我看来是一首十分优美的新诗，读这样的美文时，除诗歌本身的内涵值得反复品味外，诗歌节奏、韵律、语调等这些外在的形式美都有着特定的意义。因此，我们今天从朗读的角度，分三个层级来学习这首诗歌，来个以读攻读，"读"领风骚，让我们在读中识、读中悟、读中问、读中说、读中议，好不好？

生：好。

（一）初读课文，探究诗歌的形象美

师：鉴赏诗歌的第一步就是初读课文。请同学们在下面自由朗读《荒原中的舞蹈》，同时思考这样一个问题：诗歌塑造了一个丰富复杂的抒情主人公"我"的形象，"我"是一个什么样的"我"呢？根据诗歌内容，在"我"前面的横线上加定语。

（教师出示幻灯片：一个_____的"我"）

（教师采用填空法设置课堂悬念，学生产生浓厚兴趣，并大声读诗，同时用笔在诗歌上写写画画，教师在一旁巡视，了解学生的读书情况）

师：刚才同学们读了这首诗，而且边读边思考，有的同学还动笔写了不少，下面我们来加定语。谁首先来说说诗歌塑造了一个什么样的"我"的形象？

生1：一个孤独的"我"。

师：你从诗歌哪个地方看出是一个孤独的"我"？

生1："有一种舞蹈，在荒原，那是独舞"。荒原，那是人迹罕至的地方，一个人在"千山鸟飞绝，万径人踪灭"的地方跳舞，不是很孤独吗？这里与"孤舟蓑笠翁，独钓寒江雪"的柳宗元的心境何其相似！

师：是的，你理解得很到位。诗人于2001年首次提出"语文味"概念，当时，赞成的人不多，反对的人不少，追随诗人脚步的人更少，诗人感到十分孤独，回首一看，只有时间是他唯一的伴侣。

生2：一个激情四射的"我"。

师：从哪里看出是激情四射的"我"？

生2："火辣辣的恋爱""电光石火""向日葵在燃烧""尖叫"，从这些富有热度的词句，可以看出"我"是一个充满激情的"我"。

师：呵呵，你找得十分准确。

生3：一个狂野的"我"。

师：你眼光独到，说说你的依据。

生3："怀素的醉后狂草"。怀素是唐朝的一个草书大家，其书法飘逸流畅，字如其人，书法反映了怀素狂野的性格，诗人用怀素的书法来比喻自己的舞蹈，实际是暗示诗人自己也是一个狂傲不羁的人。

师：说得好，同学们还有新发现吗？

生4：一个有使命感的"我"。

师：看来同学们对诗歌形象的把握越来越全面、丰满了，说说看你的理由。

生4（先声情并茂地朗诵诗歌第四节，然后分析）：诗歌第四节说"我为父亲而舞，为老母而舞，为祖先而舞，为故乡而舞，为祭日而舞"，可见诗人是一个有使命感的人。

师：是的，你的理解很深刻。诗人小时候曾遭受过冷漠，家族曾受到欺负，因此，诗人有一种振兴家族的使命感。诗人在一篇文章中曾经说过，"我在心里对自己的灵魂呐喊：'你要记住！你要奋斗'"，这位同学了不起，你与诗人真是"心有灵犀"啊！

生5：老师，我也有独到的发现。

师：是吗？你说说看。

生5：一个自我陶醉的"我"。"无人看我亦舞蹈，无人懂我亦舞蹈，没人喝彩我亦舞蹈，'我'，为天地而舞，天地是'我'的观众，'我'，为'我'而舞，'我'是'我'自己的观众"，从这一段诗中，我仿佛看到了古希腊那个自恋的少年。

师：你的发现的确与众不同！你能给大家说说古希腊那个自恋的少年吗？

生5：这是一个美丽的古希腊神话，美少年那西斯在水中看到了自己的倒影，便爱上了自己，每天茶饭不思，憔悴而死，最后变成了一朵水仙花。"'我'，为'我'而舞，'我'是'我'自己的观众"，诗人同样崇拜自己。

师：是啊，诗人有崇拜自己的资本，因为诗人是一个才华横溢的人。看来同学们未见其人，但领其神，诗人就是这样的一个人啊！

生6：老师，我认为诗人还是一个勇于创新的人。

老师：是吗？你从哪儿看出来的？

生6：诗歌第二节提到仓颉、伏羲、怀素、凡·高、卡夫卡，这些人都是一些富有创造精神的人，是一些勇于向未知领域挑战的人。仓颉被尊为"造字圣人",伏羲是古代传说中中华民族的人文始祖,凡·高、蒙克都是现代表现主义绘画的先驱。

师:呵呵,你懂得真多。

生6:因为我喜欢文学,喜欢艺术。我父母让我看了许多这方面的书。

师:看来同学们全面立体地把握了诗歌中"我"的形象,其实,这个抒情主人公"我"就是作者,就是程少堂老师。(出示幻灯片,并指着幻灯片说——)(见右图)

程少堂老师就是一个孤独的人,一个有执着追求的人,一个充满创造精神的人,一个激情四射的人,一个狂傲不羁的人,一个坚忍不拔的人,一个自我陶醉的人,一个才华横溢的人,一个有使命感的人,一个勤奋耕耘的人,诗人在一篇文章中说过:"老实说,我向来固执地认为,如果说我的一些主要优点,如有理想、好胜、追求上进、坚韧不拔、诚实正直,以及善良等,主要是受了母亲的影响,那么,我的一些毛病,如急躁、没有城府、说话不会拐弯子等,则主要来自父亲的遗传。"

同学们很不错,你们未见诗人,但却用自己的语言,把诗人的形象描绘出来了。但诗歌之所以是诗歌,而不是小说,更重要的是它的语言的精练和生动传神。下面,我们来品味一下这首诗歌的语言美。

(二)研读课文,品味诗歌的语言美

师:刚才同学们通过初读课文探究了诗人的形象,但要对词有更深层次的理解,还得研读课文,品味诗歌的语言美。今天,我们从一个独特的角度——比较的角度来品味这首诗歌的语言美。俗话说,好文章是改出来的,一些很美的作品,一些杰出的作品,都是反复修改出来的。毛主席的诗词我最爱读,毛主席的诗词写得很好,但毛主席对自己的诗词也是反复修改的。(出示毛泽东《蝶恋花·答李淑一》手迹)(见右图)

师(指着涂改处):毛主席写诗词,有涂改,说明毛主席也是在不断地反复锤炼自己的诗歌语言的。还有像王安石的"春风又绿江南岸"的名句,其中的"绿"字,最开始写的是"到"字,后改为"吹"字,后又改为"满"字,最后才定为"绿"字。程老师的这首《荒原中的舞蹈》也是经过反复修改而

成的，这首诗的最初版本与现在版本就有许多不同之处，下面，我们来品味一下几种不同的写法，看哪种写法好？（教师出示幻灯片）（见右图）

师（指着幻灯片）：同学们，请你们仔细读一下这两种写法，边读边想，以研究的形式、欣赏的眼光，去感悟、去发现这两种写法的不同，看是"火辣辣"好还是"激情"好。（学生自读，并讨论）

生7：我觉得"火辣辣"好。

师：为什么？

> **二、研读课文，品味诗歌的语言美**
>
> | 写法一 | 写法二 |
> | --- | --- |
> | 有一种舞蹈　在荒原 | 有一种舞蹈　在荒原 |
> | 那是仓颉和文字 | 那是仓颉和文字 |
> | 火辣辣的恋爱 | 激情的恋爱 |

何泗忠老师的课，善于设置悬念，学生回答问题踊跃

生7：因为"激情"这个词太抽象，"火辣辣"这个词则是"激情"的具体体现，它表现了诗人内心一种炽热的情感。

师：我也同意你的观点，"火辣辣"比"激情"来得更形象生动，更可感，它给我们一种用舌头能够接触到的味觉，还有一种用鼻子闻得到的嗅觉，使我们能立体地多角度地感受这种激情，这个词用得更有语文味，诗人是全国著名的"语文味"教学流派的创始人，因此，他写的作品也有语文味。

师：同学们鉴赏品味语言的水平的确很高，下面我们来看第二例。（教师出示幻灯片）（见下图）

师（指着幻灯片）：请同学们仔细比较一下，以上这两种写法有何异同，哪种写法好？（生讨论比较）

生8：写法一和写法二，就是标点符号不同，但我觉得在意思表达上没有什么不同。

师：是吗？同学们同不同意他的观点？

（有的学生点头，有的学生摇头）

生9：我不同意他的观点，写法二在"我"的后面加上标点，让"我"单独停顿，更能强调"我"的重要性，更能突出"我"的自豪和自信。

二、研读课文，品味诗歌的语言美

写法一	写法二
我为天地而舞	我，为天地而舞
天地是我的观众	天地是我的观众
我为我而舞	我，为我而舞
我是我自己的观众	我是我自己的观众
我为道而舞	我，为道而舞
道在彼岸	道就在彼岸

师：你能读一下这两种写法吗？

生9：可以。

（生昂起头声情并茂地读，尤其是在读到写法二时，一种自豪之情洋溢言表）

师：这个同学读得真好，他把握住了诗人此时的内心世界，此时的诗人，是在向世人庄严宣示，"我，为天地而舞，天地是我的观众。我，为我而舞，我是我自己的观众"。一个标点符号充分显示了诗人的自豪感。请同学们站起来有感情地齐读一下写法二。（学生昂首挺胸，大声齐读，读得气壮山河）

师：你看，诗人为了写好每一行诗，不仅在用词上字斟句酌，而且在标点使用上也是煞费苦心。下面我们再来看第三例。（教师出示幻灯片）（见右图）

二、研读课文，品味诗歌的语言美

写法一　独舞着把自己灌得半醉
然后醉倒在祖先的怀中和祖先诉说——
请您记住，请您记住我是您的子孙我是您独舞的子孙！

写法二　独舞着把自己灌得半醉
然后醉倒在祖先的怀中和祖先诉说——
请您记住我是您的子孙独舞的子孙！

师（指着幻灯片）：请同学们比较一下这两种写法哪个好。

（学生读，并讨论）

生10：老师，这还用说吗？我觉得写法二好，因为写法二语言干脆利索，而写法一显得有些重复啰唆。

生11：老师，我不同意他的看法，写法一看似重复啰唆，但正是这种重复啰唆，更真挚、更深情地表达出了"我"扑在祖先怀中向祖先倾诉的感觉，写出了一种铁汉柔情。

师：这位同学心思细腻，他抓住了诗人感情的微妙变化。是的，诗人是一位硬汉，是一位教坛斗士，是一个堂吉诃德式的人物，但是，再硬气的人，再坚强的人，也有他感情脆弱的一面，尤其是从战斗归来，从奋斗归来，来到自己的祖先面前，扑倒在祖先的怀中，就禁不住把自己的柔情倾诉出来，"请您记住请您记住"，如怨如慕、如泣如诉，这一重复啰唆显得十分真挚感人。我看过诗人不少文章，诗人惯用这种重复啰唆的手法表真意、抒真情。如他的《我们当年——给女儿的信》那篇文章，通篇是重复啰唆的语句，把一位父亲对女儿的慈爱、温柔充分地表达了出来，我看后泪眼婆娑，许多人看后，也是情不能自已。这样看来，诗人写诗，不仅在遣词造句、标点使用上十分讲究，就是在文章的修辞手法上，也是处心积虑的，"为人性僻耽佳句，语不惊人死不休"啊！下面我们再来看看最后一例。（教师出示幻灯片）（见右图）

写法一	写法二
有一种舞蹈 在荒原 那是 独舞 因为 荒原中 没有群舞	有一种舞蹈 在荒原 那是 独 舞 因为 荒原中 没有群舞

二、研读课文，品味诗歌的语言美

师（指着幻灯片）：请同学们仔细观察这两种写法的不同之处在哪里。

生12（迫不及待）：老师，老师，是不是搞错了，这两种写法一字不多，一字不少，只是"独舞"两字排列不同而已，这可能是作者一时疏忽，应该没有什么深意。

师：你观察十分仔细，但这样排列真的没有什么深意吗？请你想想，也请大家想一想。

生13：我觉得这样排有点怪怪的，不好。

生14：我觉得把"独"字和"舞"字单独排行，从直观上看，好像更显示出一种"独舞"，一种孤独的感觉。

师：这位同学的直觉十分有道理。我记得闻一多先生曾说过，新诗要有"三美"，即音乐美、绘画美、建筑美。我们的文字是象形的，我们中国人鉴赏文艺的时候，至少有一半的印象是要靠眼睛来传达的。原来文学本是占时间又占空间的一种艺术。诗人这样排列"独舞"二字，显示出一种建筑美，更突出了荒原中独舞的主题，也与《程少堂语文教育思想研究》一书封面上的那棵槐树，那棵象征独舞姿态的槐树十分形似和神似。（出示书的封面图）（见右图）

荒原中的舞者
——程少堂语文教育思想研究

张 岩◎著

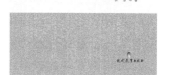

（听课的全体师生对教师的精彩分析报以热烈的掌声）

师：至此，我们探究了《荒原中的舞蹈》一诗的形象美，品味了《荒原中的舞蹈》一诗的语言美。但诗歌本质上应该是抒情的艺术，因此，鉴赏诗歌的最高境界应该是美读课文，感受诗歌的情感美。

（三）美读课文，感受诗歌的情感美

师：什么是美读？叶圣陶先生在《中学国文学习法》一文中说，"所谓美读，就是把作者的情感在读的时候传达出来。这无非如孟子所说的'以意逆志'，设身处地，激昂处还他个激昂，委婉处还他个委婉。美读得其法，不但了解作者说些什么，而且与作者的心灵相感通了，无论兴味方面或受用方面都有莫大的收获"。请同学们美读课文，体味情感，走进诗人的情感世界。

（学生摇头晃脑地自由美读，教师在学生中巡视。5分钟后……）

师： 下面请一位同学示范美读一下，将作者丰富复杂的情感传达出来。

（一女生站起来诵读）

师： 她读得怎么样？

生15： 读的声音洪亮，字正腔圆，但没有节奏起伏变化，因此没能表达出作者丰富细腻的思想感情。如诗歌第二节，"那是生命与激情的凝聚与迸发，把太容易平庸的讲台，创化为逍遥游的舞台，奔逸绝尘，流光溢彩，金碧辉煌"，这里是作者向外界大声宣示自己的奋斗目标与理想，因此要读得激越高昂一些；又如第六节，是畅想自己理想实现以后，面朝大海，面对南山，因此要读得舒缓陶醉一些。

师： 那你来读一下，好不好？

（生15十分投入地读，读完后，听课师生报以热烈的掌声）

师： 他是用心来读的，根据作者感情的变化，读得时而庄严激昂时而张扬自信，时而舒缓陶醉，时而低沉呜咽，时而大弦嘈嘈如急雨，时而小弦切切如私语，把作者的创造热情、奋斗精神、执着追求、豪迈自信、辛勤耕耘、自我陶醉等都表现得淋漓尽致。

下面请全体同学美读两个片段。（教师出示幻灯片）（见右图）

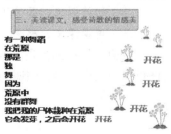

师（指着幻灯片）：请同学们注意，当读到"不在独舞中爆发"一句时，将"爆发"重复读四遍，而且声音呈递增状态；当读到"就在独舞中寂灭"时，将"寂灭"重复读四遍，而且声音呈递减状态。

（学生读得十分投入，直诵得整个教室波澜起伏，尤其是把"不在独舞中爆发"一句中的"爆发"重复读了四次，声音由小到大，呈递增状态，形象地再现了诗人那逐渐高涨的一腔热血，使听课的全体教师都为之感动，其中有不少教师还站起来为学生喝彩，为诗人喝彩，此时的授课教师也不禁得意扬扬，更加神气）

师： 诗歌是读出来的，同学们这一段读得非常精彩，下面我们再来齐声美读一段。（教师出示幻灯片）（见右图）

师（指着幻灯片）：请同学们注意，当读到"它会发芽，之后会开花"一句时，将

"开花"重复读四遍，声音呈递增状态。

（学生摇头晃脑地齐声美读，声音回肠荡气，当读到最后一句"它会发芽，之后会开花"时，将"开花"一词重复读了四次，声音由小到大，呈递增状态，令人仿佛看到那花朵渐次开放，漫山遍野，诗人在花丛中微笑——含泪的笑！）

师（激动地说）：少堂老师创立"语文味"，由当初的"独舞"已经变成了"群舞"，他栽种的"语文味"种子不仅已经发芽，而且开了花，"少堂老师创造了奇迹。不到八年的时间，他这位'语文市长'不仅成功地建立了自己的根据地，而且冲杀突击，把'语文味'的'红旗'插遍了全中国，使星星之火渐成燎原之势"。程少堂之前没有程少堂，程少堂之后有千千万万个程少堂。

何泗忠老师上课悬念迭出，幽默风趣，听课的学生和老师时而微笑，时而发出雷鸣般的掌声，《荒原中的舞蹈》鉴赏达到高潮。图为2013年11月28日《荒原中的舞蹈》公开课的听课场面

师（总结）：这节课，我们采用三个朗读步骤，学习品味了程少堂老师的《荒原中的舞蹈》（教师出示幻灯片）。

（一）初读课文，探究了诗歌的形象美。

（二）研读课文，品味了诗歌的语言美。

（三）美读课文，感受了诗歌的情感美。

《荒原中的舞蹈》是一首内涵十分丰富的诗歌，由于时间关系，我们今天只能粗略地探究这些，谢谢同学们！

附

荒原中的舞蹈（一种心境的描述）

程少堂

据悉，东北师范大学2012届硕士生张岩答辩获全优的硕士学位论文《程少堂语文教育思想研究》作为国内首部以在职语文教师之语文教育思想为研究对象的学术专著，已从答辩时的16万字增补到20多万字，即将以《荒原中的舞者——程少堂语文教育思想研究》为书名，由北京现代教育出版社正式出版。睹此书名，思绪万千，夜不能寐，慨然命笔。

有一种舞蹈　在荒原
那是独舞
因为荒原中没有群舞

有一种舞蹈　在荒原
那是仓颉和文字
火辣辣的恋爱
那是伏羲阴阳撞击的
电光石火
那是游龙　是惊鸿
是恋美的洛神降临
那是怀素的醉后狂草
是凡·高的向日葵在忧郁地燃烧
那是蒙克无声的尖叫　无处不在的
尖叫
是卡夫卡用隐约的狂热将意外预约
不再回头　走向永远无从进入的
城堡
那是西西弗斯
从滚动巨石的惩罚中
看到动感庞然的美妙
那是独舞
那是独舞啊
那是生命与激情的

凝聚与迸发
把太容易平庸的讲台
创化为逍遥游的舞台
奔逸绝尘
流光溢彩
金碧辉煌

无人看我亦舞蹈
无人懂我亦舞蹈
没人喝彩我亦舞蹈

我，为天地而舞
天地是我的观众
我，为我而舞
我是我自己的观众
我，为道而舞
道就在彼岸　仿佛
一只千年守候的白狐
我为我那已长眠于大地的父亲而舞
我为我那生活在遥远的故乡声音依然爽朗的老母而舞
我为我的祖先那快要被时间的长河淹没的祖先而舞
我为我那贫瘠的可爱的又可恨的故乡而舞
我为老家门前槐花的朴实桂子的清贞而舞
我为我的死亡的祭日而舞
独舞！独舞！独舞！
不在独舞中爆发
就在独舞中寂灭
我的课中常响大笑复大笑
我不笑
我独舞着在淹没的大笑声中
朝着灰蒙蒙的苍穹孤零零的云朵
冷笑

有一种舞蹈　在荒原
那是独舞

因为荒原中没有群舞

我为语文教育的历史而舞
那里会有我一丈平方的园地
如若暂时没有那也没有关系
我是农民的儿子
我的祖父的祖父的祖父是愚公
我不会别的
只会以祖先的姿势紧握祖先的锄头
在风霜雨雪中
在无助中
弯下腰用力气
脚踩进大地心向着天空
独舞！
独舞！
独舞！
我听见
我看见
我来了！
我的舞步在天地间回响
不是轰鸣　但空阔而辽远
有时不得不跪下
跪下去
跪下去
开垦出一块属于自己的园子
然后种上海子关心的粮食和蔬菜
种上陶渊明的柳树
种上春酒
种上独舞者飞旋的热血
与寂不死的执着
种上永恒的独舞者的姿态
然后把自己的名字独舞成
符号
然后在香喷喷的日子
独舞着面朝大海

或者面朝陶渊明的南山
然后用香喷喷的春酒
独舞着把自己灌得半醉
然后醉倒在祖先的怀中和祖先诉说——
请您记住请您记住我是您的子孙我是您
独舞的子孙！

有一种舞蹈
在荒原
那是
独
舞
因为
荒原中
没有群舞

2013年5月4日初稿，5-7月修改，8月定稿。

三、《春夜宴从弟桃花园序》悬念教学实录

上课时间：2013年12月20日
上课地点：珠海市第二中学
上课班级：高一（18）班
听课教师：珠海市语文教师约120人

师：上课。
生：起立。
师：同学们好！
生：老师好！
师：请坐。珠海如此多娇，风景这边独好。珠海这个地方是我魂牵梦萦的地方。这是我第六次踏上珠海这片神奇的土地，第三次来到珠海二中。我感到非常高兴，尤其是能与珠海二中高一（18）班的同学一起学习，更是高兴。今天，我们就一起来学习一篇古代散文，这篇散文就是唐代大诗人李白的《春夜宴从弟桃花园序》。李白不仅是一位天才的诗人，也是一位散文大家，他左

手写诗，右手写散文，这篇散文写得十分优美。一谈到学习美文，我就记起了北京大学教授温儒敏先生的一段话。（教师出示幻灯片，并让学生齐读这段话）

教学诗词或散文，要注意"涵泳"，要注意朗读，朗读是一种浸润式习得，没有反复的朗读，那情味就出不来，语感就出不来。这是语文教学的最佳境界。

师：同学们读得真好，已经开始进入境界了。大诗人李白笔下的这篇散文被放在粤教版选修二第四单元中。第四单元选的都是一些脍炙人口的赋和骈文，如王勃的《滕王阁序》、苏轼的《后赤壁赋》等，这种文体行文似散文，押韵似诗歌，充分体现了汉字的对称美、建筑美和典雅美。这样的美文，除作品本身的内涵值得反复品味外，作品的节奏、韵律、语调等这些外在的形式美都有着特定的意义。因此，我们今天从朗读的角度，分四个层级来学习这篇作品，来个以"读"攻"读"，"读"领风骚，让我们在读中识、读中悟、读中问、读中说、读中议，好不好？

生：好！

（一）试读，巧借虚词句式理清句读

师：我们的古书是没有我们现在看到的句号、叹号、问号、逗号等标点符号的，标点符号是五四运动的时候引进来的，那么古人读书时，会不会有停顿呢？（指着生1）你说说看，有没有？

生1：我想，应该会有的，不停地读下去，连喘息的机会都没有，人怎么受得了？

师：你这个回答挺有意思，你是从生理的角度揣测出来的，有没有道理？当然有道理。你能不能从我们学过的课文中找出依据来？

（生1摇头）。

生2：我可以找到依据。韩愈在《师说》中说，"句读之不知，惑知不解"，句读，就是停顿。

师：完全正确。但这种停顿完全靠读书人根据文章意思自己去揣摩，没有现在意义上的标点符号，我们现在有标点符号的古文，是后人加上去的，以前的古文是没有标点符号的。现在，我们像古人一样读书。下面我发的这篇文章没有现在这样的标点，但古人也是有标点的，这些标点就是"之""乎""者""也"等虚词，请同学们阅读这篇文章，借助虚词句式理清句读，用"／"标出其中的停顿。

（教师发下没有标点的《春夜宴从弟桃花园序》，同时幻灯片出示没有标点的文章）

夫天地者万物之逆旅也光阴者百代之过客也而浮生若梦为欢几何古人秉烛

夜游良有以也况阳春召我以烟景大块假我以文章会桃花之芳园序天伦之乐事群
季俊秀皆为惠连吾人咏歌独惭康乐幽赏未已高谈转清开琼筵以坐花飞羽觞而醉
月不有佳咏何伸雅怀如诗不成罚依金谷酒数

（学生面对这个挑战，兴趣盎然，他们在下面边读边标，教师在学生间巡
视。学生断句花了大约3分钟时间）

师：刚才我在下面看了，我们的同学基本上断好了这段话。下面，请同学
们把自己断好的文章读给同座位的同学听一听，看断得怎样。古人读书是摇头
晃脑的。（教师示范，听课师生因教师的幽默风趣发出会心的微笑，课堂气氛
显得更为轻松活泼，进一步消除了师生的陌生感）

（学生读，有的摇头晃脑，有的不时讨论）

师：好，下面我们请一位同学把自己标的文段读一下。哪个来？（学生纷
纷响应教师的召唤，有20多个学生举起手来）

师（指着生3）：好，你来读吧，请同学们认真听，看她给文章断句断得
怎样？

（生3读）。

师：刚才这位同学读出了自己的断句，哪位同学评价一下，她断得怎样？

生4：绝大部分断得正确，有少数地方断得有问题，如"开琼筵以坐花
飞羽觞而醉月不有佳咏"她断成了"开琼筵以坐／花飞羽觞而醉／月不有佳
咏"。这里正确的断法应该是"开琼筵以坐花／飞羽觞而醉月／不有佳咏"。
因断句错误，所以在读的时候，这些地方就显得不太流畅。

师：你听得很仔细啊！那你来读一下你断句的文章怎样？

（生4读，而且读得十分流畅）

师：同学们，她断句断得怎样？

生：好。

师（指着幻灯片上没有标点的《春夜宴从弟桃花园序》问生4）：请你说
一下，你是根据什么来给这篇文章断句的？

生4：首先是根据虚词。文中有不少地方有虚词。尤其是文章前半段，出
现了好几个"者""也"。我就是在这些有"者"和"也"的地方画断的。

师：那你是在"者"和"也"的前面画还是后面画呢？

生4：我会在它的后面画，因为在古汉语中，"者"和"也"是句尾的
虚词。

师：回答得很好。古汉语有不少虚词，其中我们高考考试大纲规定常见的
虚词有十八个。（出示幻灯片）

> 而、何、乎、乃、其、且、若、所、为、
> 焉、也、以、因、于、与、则、者、之。

师（指着幻灯片上的虚词问生4）：以上虚词，哪些一般是句尾的虚词呢？

生4：有"乎"，有"焉"，有"也"，有"者"，有"之"，这些词一般情况下放句尾。而"而""何""乃""其""若""因""则"这些虚词，一般情况下放句首。

师：不错，看来这位同学对文言知识有些研究。

生4：这篇文章前半部分"者""也"较多，因此比较好断。"夫天地者/万物之逆旅也/光阴者/百代之过客也"，这两个句子中的"者""也"不仅是句尾虚词，还是典型的判断句标志。

师：不错，你以虚词作为断句依据，的确是给文言文断句的一个好方法。你给这段话断得这么好，还有什么依据吗？

生4：当然有，这段文言文后半部分没有什么虚词，但还可以从句式上去考虑断句。

师：这篇文章在句式上有什么特点？

生4：我感觉这篇文章句式比较整齐、对称，有不少对偶句。

师：噢，这是一个伟大的发现。你说说看有哪些对称的句子。

生4："阳春召我以烟景"对应"大块假我以文章"，这句话是典型的对偶，句式相同，结构相似。"阳春"对"大块"，"召"对"假"，"以烟景"对"以文章"，了解了这个特点就好断句了。下面还有不少"四字句""六字句"，都有这个特点。我感觉这篇文章有点像诗歌，读起来朗朗上口，我就是根据这个特点来把这篇文章断出来的。

师：很不错，她不仅说出了自己的断句依据，还说出了这篇文章的文体特点，她说这篇文章有点像诗歌，的确如此。（教师出示采用诗歌形式重新排列组合的文本，让学生发现文本特点）

> 夫
> 天地者
> 万物之逆旅也
> 光阴者
> 百代之过客也
> 而浮生若梦
> 为欢几何
> 古人秉烛夜游
> 良有以也
> 况
> 阳春召我以烟景
> 大块假我以文章

会桃花之芳园

序天伦之乐事

群季俊秀

皆为惠连

吾人咏歌

独惭康乐

幽赏未已

高谈转清

开琼筵以坐花

飞羽觞而醉月

不有佳咏

何伸雅怀

如诗不成

罚依金谷酒数

师（指着幻灯片）：同学们，前面我说过，这是一篇骈文，什么是骈文？骈文的主要特点是讲究词语对偶，句法结构对称，以四六句为主。在声韵上讲究音律和谐，修辞上讲究清词丽句，注重用典，是美文的典型代表。因此，前面这个同学说得好，这虽是一篇骈文性质的散文，但却像一首飘逸的诗歌。请同学们把这篇文章像诗歌一样在下面自由朗读一到两遍，如有什么问题可以跟同座位同学商量，或者问老师。

2013年12月20日，何泗忠老师运用悬念教学法在珠海市激情演绎《春夜宴从弟桃花园序》

（学生自由朗读，有的还摇头晃脑，显得十分投入，有的在讨论，约3分钟后，有学生向教师提问）

生5：老师，《春夜宴从弟桃花园序》"从弟"是什么意思？

师：这个问题你问得好，"从"指堂房亲属，如堂兄弟称从兄弟，堂伯叔称从伯叔。"从弟"就是堂弟或族弟的意思。但唐代风气喜联宗,凡同姓即结为兄弟叔侄等,所以这里的"从弟"未必真有血缘关系。

生6: "序"是什么意思?是不是与《送东阳马升序》中的"序"同义?

师: 这里的"序",不是《送东阳马升序》中"序"的意思,那是赠序。序是古代一种文体,有书序、赠序、宴集序等,这里的"序"属于宴集序。宴集序是指古人宴集时,常一同赋诗,诗成后公推一人作序。我们其实是学过这样的序的,同学们能想起来吗?

生7: 王羲之的《兰亭集序》、王渤的《滕王阁序》。

师(拍拍生7肩膀):对了,那么,我问你,你读了《春夜宴从弟桃花园序》这篇课文后,你觉得作者是在什么季节、什么时间宴请他的从弟的呢?

生7: 春季的夜晚。

师: 你从哪儿看出来的?

生7: 文中有一句"况阳春招我以烟景","阳春"就是温暖的春天,清明温和的春天以秀美的景色来招引我们,从这句可以看出是在春天。"古人秉烛夜游,良有以也",古人拿着蜡烛,在夜间游乐,确实是有原因的啊,可见是夜晚,还有"飞羽觞而醉月",应该还是有月亮的晚上。

师: 分析得完全正确,你将关键字词如"秉烛夜游"的"秉"解释为"拿",将"良有以也"的"以"解释为"原因"都是很正确的,你的古文功底还不错啊。所以如果在标题上加一个季节的词语,就是——

生(齐):春天。

师: 加一个时间的词语就是——

生(齐):夜。

师(幻灯片出示完整标题:春夜宴从弟桃花园序,同时指着标题):这是一个没有出现主语的句子,如果要你加一个主语,是谁春夜宴从弟桃花园。

生(齐):应该是李白。

师: 好,那么请同学们翻开教材,下面我们议读,同伴间借助注释透视李白。

(二)议读,同伴间借助注释透视李白

师: 同学们,我们读了这篇文章,分明看到了一个个性鲜明的李白形象,你读了这篇文章后,觉得李白到底是一个怎样的人?下面请同学们以课文中给你提供的信息为依据,在李白的前面加定语,一个什么样的李白?(教师出示幻灯片)

————————李白

(教师以填空法设置课堂悬念,学生热烈响应教师召唤,认真阅读课文,并用笔在书上写写画画,有时学生相互之间讨论,交换意见。教师也走进学

生，时不时与学生一起讨论。8分钟后，学生纷纷作答）

生8：我看到了一个才华横溢的李白。

师：噢，你从哪儿看出是一个才华横溢的李白呢？

生8：李白是唐代大诗人，他写了那么多的好诗歌，所以他是一个才华横溢的李白。

师：这个我也知道，但我们要从本文中找到李白是一个才华横溢的人的依据，你能找到吗？

生8："群季俊秀，皆为惠连，吾人咏歌，独惭康乐"这几句话既有文采，又有一种对仗美，而且还用了典故，可见李白是一个饱读诗书，有才华的人。

师：典故是难懂的，你能把这几句话的意思用现代汉语表达出来吗？

生8："群季"，就是"诸弟"的意思，"皆为惠连"，这里用了典故，"惠连"，就是南朝宋时期的文学家谢惠连，此人才华横溢；"吾人"，即"吾"，就是作者自己，"独惭康乐"，这里又用了典故，"康乐"，就是谢灵运，他是南朝宋的著名诗人。

师："独惭康乐"是说自己吟诗、作诗比不上谢灵运，这个地方李白谦不谦虚啊？

生（齐）：谦虚。

生8：但我认为有些不太谦虚。

师：为什么？

生8：这些话中的典故用得极妙，谢惠连与谢灵运是同族兄弟，当时人们称他们为"大小谢"，但谢灵运的名气比谢惠连要大得多。他把他的弟弟们比成比谢灵运名气小的谢惠连，而把自己与名气很大的谢灵运相比，可见李白很自信，认为自己有才。你说李白有没有才啊？超有才。

师：因此，在你看来，说他谦虚也可以，说他不谦虚也可以，自己把自己比成谢灵运。关于谢灵运，有一个"才高八斗"的故事与他有关。在《南史·谢灵运传》中，谢灵运说过一段这样的话，"天下才共一石，曹子建独得八斗，我得一斗，自古及今共用一斗"，表面夸奖的是曹植，其实还是夸他自己。在这里，李白表面夸他的族弟，其实是夸自己像南朝宋大文学家谢灵运一样才华横溢。好，你这个定语很不错，才华横溢的李白。（教师板书：才华横溢）请坐！

生8：我还想说。

师：呵，好啊，你说吧！

生8：狂放不羁的李白。

师：你从哪里看出？

生8："开琼筵以坐花，飞羽觞而醉月"。李白在花中摆宴席，在月下饮酒。可见他飘逸潇洒，狂放不羁。

师：这个信息抓得很准，这里的确体现了李白的飘逸潇洒，狂放不羁。好，她已经说出了两个李白的特质。（教师板书：狂放不羁）谁还来说？

（一男生举手。因为听课教师太多，把教室里的过道全部坐满，因此，不能到学生身边，教师开玩笑，说不能到学生身边与学生亲密接触了，逗得听课师生大笑，使课堂教学气氛更为活跃，学生发言更为放松）

生9：我从文中读出了一个大气的李白、一个性情中人的李白。

师：哇，一个大气的李白。你从哪儿看出是一个大气的李白？

生9："夫天地者，万物之逆旅也；光阴者，百代之过客也"，天地是万物的旅舍，时间是百代的过客，文章一开始就从天地和光阴写起，显得很大气，不拘小节。

师：说得真好，为他鼓掌。

（全体师生热烈鼓掌）

师：他说李白气势很大，大笔一挥，"夫天地者，万物之逆旅也；光阴者，百代之过客也"，在李白眼中，宇宙就是一个旅舍，时间就是过客，显得那么小，那么短暂，所以李白的胸怀可以装下整个宇宙，显得很大气，所以是大气磅礴的李白。（教师板书：大气磅礴）很好，还有吗？

生9：性情中人的李白。

师：性情中人的李白，从哪儿可以看出？

生9：既然有酒喝，友人在一起，能够序天伦之乐，心情很好，就写乐事，不像有些文章，乐事写到哀事，然后写到哀情哀景，慢慢就撑不下去了。

师：这个李白呀，首先是浮生若梦，后面渐渐地、渐渐地就乐起来了，而有些人是先乐，后面就什么？悲起来了，是不是？在这里，李白在游玩中阐释人生，在欢乐中寄寓自信，在诙谐中藏有庄重。很不错，你的理解比我还深啊！两位同学水平都很高。还有没有要发言的？

生10：风趣幽默的李白。

师：风趣幽默的李白。哪里看出来的？

生10：我是从"不有佳咏，何伸雅怀；如诗不成，罚依金谷酒数"几句看出李白的风趣幽默的。即席赋诗，不会作诗的要罚酒三杯。

师：金谷酒，在这里也是用了典故。晋朝富豪石崇家有金谷园，石崇在园中同宾客饮宴，即席赋诗，不会作诗的要罚酒三杯。呵，风趣幽默，很有情趣，很高雅！他们这些人聚在一起，是不是搞赌博啊？

（学生笑）

师：是不是打麻将？没有吧！他们是在唱卡拉OK，（听课师生大笑）然后就写诗，是不是啊？喝酒都是很有情趣的。《古文观止》的编者说：

"末数语，写一觞一咏之乐，与世俗浪游者迥别。"好，鉴于时间关系，我们探究李白形象暂且到此。（教师出示幻灯片，归纳李白形象）（见右图）

师（指着幻灯片）：多么高雅的李白，琴棋书画诗酒花，他柴米油盐全不管。这个就是李白的肖像，其实，这幅画像与刚才同学们分析的李白的个性特质完全吻合。胡须飘逸有仙气，高高帽子有道气，眉毛上扬有傲气，喜欢饮酒有豪气，酒后写诗有才气。好，以上我们通过师生互动，通过初读断句，议读探究两个环节，基本上弄清了这篇骈文的语言特点和思想内容，同学们的鉴赏水平十分高超，与教材上的阅读提示完全一样。下面，让我们在理解的基础上，开始背读，试着背出它来。

（三）背读，根据结构思路背诵课文

师：首先，我们来探究一下这篇文章的写作思路。叶圣陶说，好的文章都是有思路的。那么什么是文章的思路呢？所谓文章的思路，就是围绕一个中心，先写什么，再写什么，最后写什么。下面我们一起来探究一下这篇文章的写作思路。先请同学们分组讨论一下这篇文章的思路。

（学生根据教师的提示与要求讨论文章思路，教师在学生中巡视，约3分钟后学生开始发言）

生11：我觉得这篇文章是围绕标题"春夜宴从弟桃花园"来展开的。首先写宴会的季节是阳春，宴会的时间是晚上，宴会的对象是从弟，然后写了宴会的经过。

师：说得很好，谁还有什么补充？

生12：我觉得这篇文章是围绕"宴"字来展开的。首先是写为什么要举行这场"宴会"，这是因为时光易逝，人生短暂，因此，要学古人一样秉烛夜游，接下来写宴会的过程：天伦之乐、歌咏写诗、喝酒赏花，等等。

师：刚才两位同学的发言已基本上把这篇文章的思路揭示出来了。下面我们来归纳一下这篇文章的写作思路，为同学们背诵这篇文章提供一个依据。（教师出示幻灯片）

夫天地者，万物之逆旅也；光阴者，百代之过客也。（时光易逝）

而浮生若梦，为欢几何？（人生短暂）

古人秉烛夜游，良有以也。（古有先例）

况阳春召我以烟景，大块假我以文章。（春色正好）

（夜宴的原因——为什么夜宴）（良辰美景）

会桃花之芳园，序天伦之乐事。（天伦之乐）

群季俊秀，皆为惠连；吾人咏歌，独惭康乐。（歌咏之乐）

幽赏未已，高谈转清。开琼筵以坐花，飞羽觞而醉月。（赏景之乐）

不有佳咏，何伸雅怀？如诗不成，罚依金谷酒数。（诗酒之乐）

（夜宴的情景——如何夜宴）（赏心乐事）

师（指着幻灯片）：好了，我们师生互动，弄清了文章思路，我们就可以在理解的基础上加以背诵了。下面我们就来挑战一下，当堂背诵这篇文章。

（学生兴致盎然地背诵）

师：看看有没有背得出来的，请举手，有没有？（没学生举手）呵，没有。其实，我也不是想让同学们在这节课就一定能背出来，你要我在5分钟内背出来，也做不到。那么，现在同学们熟读以后，我给同学们一个进一步熟悉课文的机会。（教师出示没有标点符号的《春夜宴从弟桃花园序》）

夫天地者万物之逆旅也光阴者百代之过客也而浮生若梦为欢几何古人秉烛夜游良有以也况阳春召我以烟景大块假我以文章会桃花之芳园序天伦之乐事群季俊秀皆为惠连吾人咏歌独惭康乐幽赏未已高谈转清开琼筵以坐花飞羽觞而醉月不有佳咏何伸雅怀如诗不成罚依金谷酒数

师（指着幻灯片）：我们来对读一下，男同学读一句，女同学读一句，如果能这样流利地交替地对接下来，中间不停顿，就说明同学们读得很熟，距离背诵出来就不远了。下面开始对读。

（男女学生对读，十分流畅）

师：很不错啊，假如不熟悉，这样一段没有标点的文字能流畅地对读下去吗？不可能。下面我们再来做一个熟悉课文的活动：快读。看哪个同学面对没有标点的原文，读得快而流畅，我会请人计时的。读得越快越好，当然吐字要清晰。

（听课师生因教师的教学点子及幽默风趣露出会心的微笑，学生跃跃欲试，纷纷举手）

师：呵呵，真没想到有那么多同学举手，先来个女同学，好，你来快读。

（生13快读，十分流利，吐字清晰）

师（问计时学生）：她花了多少时间？

生14：22秒。

（听课师生报以热烈的掌声，一男同学不服气，主动站起来挑战，听课师生给予热烈的掌声，并瞪大眼睛期待着学生创造新的奇迹）

（生15快读，十分流畅，吐字清晰，全体听课师生惊奇地望着他，很快读完，全体师生为学生的精彩表现报以更为热烈的掌声）

师（兴奋地）：仿佛是外星球来的。（问计时学生）他花了多少时间？

生15：16秒。

师：哇，真了不起。通过快读，你说你还会背不出来吗？你们两个肯定会最先背出来的。同学们啊，这一篇文章是2013年广东新增加的一篇高考背诵的篇目，可以说是字字珠玑，句句名句，我设计了一道高考默写题。（出示设计的默写题幻灯片）

请补写出下列名句名篇中的空缺部分。（任选3题，多选只按前3题计分）（6分）

1. 光阴者，百代之过客也。_____，_____？

2. 古人秉烛夜游，良有以也；_____，_____。

3. _____，_____。群季俊秀，皆为惠连。

4. 幽赏未已，高谈转清；_____，_____。

5. 不有佳咏，何伸雅怀；_____，罚依金谷酒数。

师（指着幻灯片）：当然还没考啊！（学生为教师的幽默大笑）下面我们就来做一下这个高考题，默写一下，我也来默写一下，看你能得多少分，我能得多少分！

（学生兴致勃勃地在下面默写，教师也在黑板上默写，并采用故错法，将"浮生若梦"默写成"人生若梦"，将"大块假我以文章"默写成"大块以文章假我"，将"序天伦之乐事"默写成"叙天伦之乐事"，将"飞羽觞而醉月"默写成"端羽觞而醉月"，将"如诗不成"默写成"赋诗不成"，以给听课师生制造悬念）

师：现在同学们是阅卷老师，谁来给我评分？

（面对教师的默写，学生感到十分惊讶，议论纷纷）

生16（鼓起勇气）：老师只能得3分。

师：为什么？

生16：老师，您默写的每句话中都有错别字。

（故错法设置悬念，引来了学生的围攻，下面的学生纷纷指出教师写的错别字，这正是教师所要的效果）

师：我哪里有错误？

生16：老师，您第一句默写将"浮生若梦"写成"人生若梦"了。

师（故做恍然大悟状）：呵呵，原文是"浮生若梦"啊！那你说说看，是"浮生若梦"好，还是"人生若梦"好？

生16："浮生若梦"好，"浮生若梦"多了一种感情，就好像浮萍漂在水面上一样，给人一种漂泊不定的梦幻感。

师：分析得多好。我承认，这个地方默写错了，应该是"浮生若梦"。她指出了我的一个错误，我改正！

生17：老师，您第二句默写错得更厉害，将原文的"大块假我以文章"默写成"大块以文章假我"，把语序搞错了。

师：噢，我语序也搞错了，那原文是什么句式啊？

生17：倒装句。

师：具体是什么倒装句？

生（齐）：状语后置句。

师：对了，状语后置句，（师指着生17）你翻译一下这句话给大家听听。

生17：大块，就是大自然的意思。大自然又给我们提供了一派锦绣风光。

师：不错，同学们对文言文句式很熟悉。所以，你们默写时，不要像我一样搞得颠三倒四。它是一篇骈文，要对偶，是不是？我还有什么错误？

生18：第三句"叙天伦之乐事"的"叙"写错了，应是"序"。

师：这里应该是我写对了，原文写错了。为什么？

生（齐）：序是通假字，通"叙"。

师：对了，是通假字！古人写错别字，就叫通假字（生笑），我写错了，就叫错别字（生为教师的风趣幽默大笑），但你在默写的时候，一定要按照古人的那种写法，听到了吗？明年高考就可能考这个哟！（生笑）

生19：老师，您第四句中也安了一个错别字。（听课师生为学生用一"安"字发出笑声，至此，学生也明白了，教师是故意出错误以引起他们注意这些关键字词的默写）

师：哪里写错了？

生19：您将"飞羽觞而醉月"默写成了"端羽觞而醉月"。

师："羽觞"是什么东西？

生（齐）：酒杯。

师：噢，酒杯可以飞呀？

生19：这里用了拟人手法。

师：对，你们想象一下，羽觞是个什么东西？书上有注释。

生19：像鸟一样的酒杯。

师（张开两手像鸟一样做飞翔动作）：鸟有没有翅膀啊？翅膀可不可以飞呀？

（听课师生因教师的表演露出会心的微笑）

生（齐）：可以。

师：哎呀，李白真是大家呀，所以用个"飞"字。

生20：老师，而且用"飞"字比用"端"字更能体现李白的个性。

师：是吗？你具体说说看。

生20：假如用"端"字（学生同时做手端酒杯状，显出毕恭毕敬的样子，来到一学生面前），大哥，请您喝酒，（听课师生大笑）这样的气氛就太拘束了，而用"飞"字，觥筹交错，就写出了酒杯传递之快与兄弟之间的亲切随和。

师：你分析得真好！李白喝酒，尤其在兄弟之间喝酒，他不是端杯，而是"飞"，"岑夫子，丹丘生，将进酒，杯莫停"，的确，用"飞"字写出了李白的豪迈与无拘无束。哎呀，同学们的鉴赏水平真高啊！

生21：老师，您默写最后一句时将"如诗不成"默写成了"赋诗不成"。

师："如诗不成"，我觉得李白不通，"诗"字是名词，赋诗，赋就是写的意思，李白原句不通啊？

生21："诗"在这里是名词活用做动词，这是古汉语中的词类活用。

师：对了，这是名词活用做动词，古文有没有这种写法啊？你看，到此，我们又一起背诵了这篇文章。那么以上，我们对这篇文章由浅入深地进行了试读、议读、背读，把这篇文章的内容形式和重要词句、特殊句式进行了解读。下面，我们来美读一下这篇文章。我们说，鉴赏文章的最高境界就是美读。

（四）美读，感受作品音韵情感之美

师：什么是美读呢？叶圣陶先生在《中学国文学习法》一文中说（出示幻灯片）：

所谓美读，就是把作者的情感在读的时候传达出来。这无非如孟子所说的"以意逆志"，设身处地，激昂处还他个激昂，委婉处还他个委婉。美读得其法，不但了解作者说些什么，而且与作者的心灵相感通了，无论兴味方面或受用方面都有莫大的收获。

师：下面，我们就来美读一下这篇文章。（教师出示排成诗行一样的《春夜宴从弟桃花园序》幻灯片）

夫天地者

万物之逆旅也

光阴者

百代之过客也

而浮生若梦

为欢几何

古人秉烛夜游

良有以也

况阳春召我以烟景

大块假我以文章

会桃花之芳园

序天伦之乐事

群季俊秀

皆为惠连

吾人咏歌

独惭康乐

幽赏未已

高谈转清

开琼筵以坐花

飞羽觞而醉月

不有佳咏

何伸雅怀

如诗不成

罚依金谷酒数

师（指着幻灯片）：谁来美读一下这篇文章？

（学生推荐谢宇芳，教师要这个同学站起来。生站起来，原来是一位女生，学生热烈鼓掌。生读，读得声情并茂，读完后，听课师生报以热烈的掌声）

师：原文好，她读得更好，如梦如幻，那真的是诗啊！下面，我们采用另一种方式美读。（出示美读幻灯片）

男： 夫天地者

万物之逆旅也

女： 光阴者

百代之过客也

齐： 过客也　过客也

过客也　过客也

男： 而浮生若梦

为欢几何

女： 古人秉烛夜游

良有以也

齐： 况阳春召我以烟景

大块假我以文章

会桃花之芳园

序天伦之乐事

群季俊秀

皆为惠连

男： 吾人咏歌

独惭康乐

女：	幽赏未已
	高谈转清
男：	开琼筵以坐花
	飞羽觞而醉月
女：	不有佳咏
	何伸雅怀
齐：	伸雅怀　伸雅怀
	伸雅怀　伸雅怀
男：	如诗不成
	罚依金谷酒数
齐：	金谷酒！金谷酒！
	金谷酒！金谷酒！耶！

（学生看到幻灯片，十分惊讶好奇）

师（指着幻灯片提美读要求）：请同学们按上面的要求读。同学们在齐读四个"过客也"的时候，声音要由大到小，呈现出一种声音渐行渐远的状态。生命像过客，然后消失。齐读到最后的四个"金谷酒"时，声音就要由小到大，呈递增状态，然后大声读"耶"，体现出一种热爱生活的状态。下面我们就开始按这样的要求读，全体同学站起来读。

（全体学生起立，兴致盎然地读起来）

师：同学们读得太好了，这节课我们采用了四个朗读步骤——试读，巧借虚词句式理清句读；议读，同伴间借助注释透视李白；背读，根据结构思路背诵课文；美读，感受作品音韵情感之美——学习品味了李白的《春夜宴从弟桃花园序》。这次筵席是一场文人墨客的集会，作者成功地展示了一次高雅的精神盛宴！

文章启示我们，切莫因为浮生若梦就消极地追求享乐，这样会使生命之花过早凋谢，哀叹人生苦短会让生命白白地消磨。

人生是宝贵的，也是短暂的，有如昙花一现。然而，如果我们的人生能够像昙花般玉洁、清香，充满活力与豪情，我们又何须惋惜它的短暂呢？

同学们，请大家齐读下面三句话：（出示幻灯片）

让我们热爱生命，热爱生活，热爱自然吧！

师：这节课，我就讲到这里。轻轻地我走了，正如我轻轻地来，我轻轻地招手，告别我心爱的珠海。

（教师深情地朗诵，赢得听课师生热烈的掌声）

四、《滕王阁序》悬念教学实录

上课时间：2014年2月25日上午第3节课
上课地点：深圳市第二高级中学四楼考务室
上课班级：高二（18）班
听课教师：江西宁师中学60多名教师，加上我校教师共80多人

2014年2月25日，江西宁师中学教师专程来我校学习悬念教学法，开展学术交流

师：上课，同学们好。

生：老师好。

师：请坐。今天我们学习《滕王阁序》。如有神助，在我们学习这篇课文之时，来自"滕王阁"故乡——江西的老师莅临我们的课堂，看看同学们在江西老师面前，能不能学好这篇课文？

（学生来兴趣了，纷纷说能，但教师还是故意延宕，没有正式切题）

师：1987年，我去过闻名天下的——

生（迫不及待地）：滕王阁。

师：错了，1987年，我去过闻名天下的湖南的岳阳楼，当时，我觉得岳阳楼很有气势，于是拍下了这张岳阳楼的照片。（幻灯片出示照片，听课师生见到照片上的我，饶有兴趣地笑了起来）我长得帅不帅？（生答"帅"，此时，课堂气氛更加轻松活跃）遥想公瑾当年，小乔初嫁了，雄姿英发。（听课师生大笑）岳阳楼雄不雄壮？

生：十分雄壮！

师：1999年，我又去过另一座闻名天下的——

生（迫不及待地）：滕王阁。

师：错了，1999年，我又去过闻名天下的黄鹤楼，去了一看，黄鹤楼比岳阳楼更高，更有气势。

生（兴趣盎然地）：于是，老师在黄鹤楼拍下了照片？

师：很遗憾，在黄鹤楼没有留下照片，但我在武汉另一个地方留下了一张照片，那就是辛亥革命武昌起义的旧址（出示教师穿着国民党军官服的威武照片，听课师生看后，笑得前仰后合）。这张照片威不威武？

生：威武，十分威武！

师：想当年，金戈铁马，气吞万里如虎呀！后来，2001年，我又去过另一座闻名天下的——

生（迫不及待地）：滕王阁。

师：2001年，我又去过闻名天下的——

（教师故意延宕，学生带着期待心理屏息静听）

师：2001年，我又去过闻名天下的——滕王阁。

（学生终于听到了"滕王阁"三个字，脸上露出了笑容。上课一开始，教师运用故意延宕法设置悬念，调动学生的学习兴趣，使听课师生饶有兴致）

师（出示滕王阁照片）：到了滕王阁，我才知道，山外有山，楼外有楼，试问天下名楼何处是？（出示幻灯片）

"读"占鳌头滕王阁。

（课堂导入悬念迭出，妙趣横生，激发了学生学习课文的兴趣）

今天这节课，我们就以读为主，分四个步骤学习《滕王阁序》。（出示幻灯片）

（一）挑战极限——背读。

（二）师生互动——赏读。

（三）深入其境——情读。

（四）绘声绘色——美读。

（一）挑战极限——背读

师：下面第一步，挑战极限——背读。俗话说，读书百遍，其义自见。在讲这课书之前，我曾要同学们利用两个早读的时间把这课书背出来，现在看看，能够全文背诵《滕王阁序》的请举手。没有人举手，我举手了啊，我能够全文背诵。

（教师十分流利地背诵完第一自然段）

师：还要不要我往下背？

生（情绪高涨，大声说）：要！

师：不不，我全背完了，你们背什么？下面请同学们一起来试着背诵第一自然段。

（教师出示无标点的第一自然段幻灯片）

豫章故郡洪都新府星分翼轸地接衡庐襟三江而带五湖控蛮荆而引瓯越物华天宝龙光射牛斗之墟人杰地灵徐孺下陈蕃之榻雄州雾列俊采星驰台隍枕夷夏之交宾主尽东南之美都督阎公之雅望棨戟遥临宇文新州之懿范襜帷暂驻十旬休假胜友如云千里逢迎高朋满座腾蛟起凤孟学士之词宗紫电青霜王将军之武库家君作宰路出名区童子何知躬逢胜饯

师（指着幻灯片）：这个自然段没有标点符号。大家来一起闭着眼睛背诵这一段，当不能背诵时，才能睁开眼睛看投影。

（学生闭上眼睛试着背诵，摇头晃脑，十分投入，有时睁一只眼闭一只眼看看幻灯片）

师：下面请同学们对读无标点的第二自然段（教师出示幻灯片）。你能把这些无标点的句子流利地读出来，并能断句，就说明你读得很熟悉，距离背诵就不远了。

时维九月序属三秋潦水尽而寒潭清烟光凝而暮山紫俨骖𬴂于上路访风景于崇阿临帝子之长洲得天人之旧馆层峦耸翠上出重霄飞阁流丹下临无地鹤汀凫渚穷岛屿之萦回桂殿兰宫即冈峦之体势披绣闼俯雕甍山原旷其盈视川泽纡其骇瞩闾阎扑地钟鸣鼎食之家舸舰迷津青雀黄龙之轴云销雨霁彩彻区明落霞与孤鹜齐飞秋水共长天一色渔舟唱晚响穷彭蠡之滨雁阵惊寒声断衡阳之浦

师（指着幻灯片）：我们男同学读一句，女同学读一句，男同学再接着读一句，这样搞接力赛，看谁中间不停顿，好不好？

生（充满挑战精神）：好！

（男生一句，女生一句，读得十分流畅。这个设计既检查了学生的断句能力，又检查了学生熟悉课文的程度）

师：同学们，你们在对读的过程中发现双方的句子都是朗朗上口，句式一致是不是？其实，《滕王阁序》一文，我们可以把它当成诗歌来读。（出示用诗歌形式排列的第二自然段幻灯片）

时维九月
序属三秋
潦水尽而寒潭清
烟光凝而暮山紫
俨骖𬴂于上路
访风景于崇阿
临帝子之长洲
得天人之旧馆

层峦耸翠

上出重霄

飞阁流丹

下临无地

鹤汀凫渚

穷岛屿之萦回

桂殿兰宫

即冈峦之体势

披绣闼

俯雕甍

山原旷其盈视

川泽纡其骇瞩

闾阎扑地

钟鸣鼎食之家

舸舰迷津

青雀黄龙之轴

云销雨霁

彩彻区明

落霞与孤鹜齐飞

秋水共长天一色

渔舟唱晚

响穷彭蠡之滨

雁阵惊寒

声断衡阳之浦

师（指着幻灯片）：同学们，我把文本这样排列，请你们用发现的眼光看看，此文在语言上有什么特点？

生：句式整齐，多用对偶。

师：感受完全正确。是的，这篇序是一种特殊的文体，它叫骈文。骈，就是两两相对的对偶句式。（出示幻灯片）

骈文，魏晋以后产生的一种文体，又称骈俪文。南北朝是骈俪文的全盛时期。唐时称"时文"（与故相对）；清称为"骈文"。又因它通篇四六字句，亦称"四六文"。此文体盛行于唐代。特点：讲究对仗，一般用四字句或六字句。平仄相对，音律和谐。多用典故，讲究藻饰。

师：同学们，以上我们采用了断句读、男女对读等方式来试着背诵。要挑战极限背诵，还有一种方法，就是快读。下面我们来快读第三自然段。（教师

出示没有标点符号的第三自然段幻灯片）

遥襟甫畅逸兴遄飞爽籁发而清风生纤歌凝而白云遏睢园绿竹气凌彭泽之樽邺水朱华光照临川之笔四美具二难并穷睇眄于中天极娱游于暇日天高地迥觉宇宙之无穷兴尽悲来识盈虚之有数望长安于日下目吴会于云间地势极而南溟深天柱高而北辰远关山难越谁悲失路之人萍水相逢尽是他乡之客怀帝阍而不见奉宣室以何年

师：看谁断句准确，吐字清楚，又读得快。

（学生跃跃欲试，纷纷举手，一个男生首先读，花了1分19秒，一个女生站起来挑战，只花了58秒）

师：像你们两个人能如此快读，肯定比别人背得快。好，背读的环节就到这里。

（二）师生互动——赏读

师：下面，我们师生互动，来进行赏读。《滕王阁序》是千古绝唱，它自诞生，就传唱不衰。因为这篇文章太有文化内涵了，不是吗？上课之前，我要同学们在这篇文章中找成语，结果同学们从这篇文章中找出了三十多个成语。（见右图）

师（指着幻灯）：一篇短短的文章，就出了三十多个成语，这在我读过的类似篇幅的文章中，还是第一次见到。这篇文章内涵丰富，还在于给人不同的阅读感受。清朝诗人张潮曾说："少年读书，如隙中窥月；中年读书，如庭中望月；老年读书，如台上玩月。"说的是一个人随着年龄、身份、阅历的不同，对作品的阅读感受往往也会不同。越是内涵丰富的作品，越会给人不同的阅读感受。随着时间的推移、年龄的不同、阅历的不同，我读《滕王阁序》的感受就不同。记得我高中第一次接触这篇文章时，我最喜欢、最感兴趣的句子是——（教师此时故意停下来，采用语言节奏法设置悬念，引而不发。学生瞪大眼睛，带着强烈的期待心理看着教师）同学们，你们猜猜看会是哪一句呢？请同学们猜猜看。

（学生热烈响应教师召唤，纷纷猜测）

生1：落霞与孤鹜齐飞，秋水共长天一色。

师：这个句子呀，你为什么会认为我最喜欢这个句子呢？

生1：因为这个句子写景很美，而且景象十分开阔。

师：这个句子我当然喜欢，但当时的我还不是最喜欢这句。

生2：老当益壮，宁移白首之心；穷且益坚，不坠青云之志。

师：啊？我那个时候就老当益壮了？那时我还年轻呢。（学生大笑）

生3：东隅已逝，桑榆非晚。

师：呵呵，你认为我那个时候就失去了很多呀！同学们，可能你们都不知道，我读高中时候第一次接触这篇文章，最喜欢的句子是——（教师边说边在黑板上做板书）（见右图）

（利用板书设置课堂悬念，师生看了这个形象生动的板书后，十分惊讶）

师：我为什么对这个句子感受最深，最喜欢这个句子呢？因为我读高中时，刚从农村进县城，是从一个十分偏僻的小山村考入县城高中读书的。在农村，都是一些土砖房，这些土砖房最多只有两层，而我来到县城，却见到七层高的房子，这在当时看来，是很高的房子，于是我回到家，跟我农村的小伙伴说，县城的房子真高。他们说，到底有多高，我说，真高。（师生大笑，热烈鼓掌）我不会像王勃一样去描绘。（教师指着黑板上板书的名句解说）你看，王勃写滕王阁的高，写得十分形象生动：层层叠叠的楼台高耸入云，直上云霄，阁檐上翘，若飞举之势，往下一看，滕王阁好像没有挨到地面。所以我第一次接触《滕王阁序》这篇文章时，心有所感，就喜欢上了这句话。而且这个句子用了夸张、拟人的手法来描绘建筑物的高大雄伟。同学们，我们以前学过用夸张手法来表现高的句子吗？

生4：危楼高百尺，手可摘星辰。

生5：天台一万八千丈，对此欲倒东南倾。

师：所以，鉴于我当时的生活阅历，那时，我对这句话最感兴趣。当然，现在的我，再读这篇文章，最感兴趣、最喜欢的就不是这个句子了。你们猜是哪一句呢？

生（齐）：老当益壮，宁移白首之心；穷且益坚，不坠青云之志。

师：你看，你们就看我老了吧。但是，我老当益壮，宁移白首之心；（学生情不自禁地跟随教师一起说）穷且益坚，不坠青云之志啊！

师：同一篇文章，同一个人在不同的时期读能读出不同的感受，读出自己最喜欢的句子。那么，不同的人来读同一篇文章，更会有不同的感受。有一句话，"一千个读者就有一千个哈姆雷特"。我相信，我们班上五十个同学读《滕王阁序》，就会有五十种不同的感受，会读出自己最喜欢的句子。下面，请同学们说说你最喜欢《滕王阁序》中的哪个句子，为什么喜欢这个句子。

（学生兴致盎然，纷纷举手，说出自己最喜欢的句子）

生6：我喜欢的是"北海虽赊，扶摇可接；东隅已逝，桑榆非晚"这个句子。

师：你为什么最喜欢这句？

生6：因为我觉得它写的是北海虽然遥远，但是可以达到；时光已经过了，但是还有希望，传达给人希望在明天的正能量，十分励志，特别适合我们这个年龄段处于迷茫时期的少年。（听课师生露出会心的微笑，并为他精彩的解读热烈鼓掌）

师：正能量，你比我那时感受深刻呀！

生7：我最喜欢的句子是"潦水尽而寒潭清，烟光凝而暮山紫"。因为这句话写得很美。

师：哈，第一位同学是从人生的角度，从阅历的角度来品读句子，你则从美学的高度来鉴赏句子。

生7：对，因为我觉得它是对景物的描写，描写得很细致，潦水是雨后的积水，是比较近的水，暮山是比较远的景，近景与远景相结合，就有一种层次美。

师：呵，还写出了一种层次美。

生7：然后通过"潦水尽而寒潭清"的一个"清"字，写出了水的清澈、透明。后面又一句"烟光凝而暮山紫"，一个"凝"字，写出了一种冷冷的感觉。

师：这里面还有一种色彩美。整个句子，从视觉的角度、从远近的角度、从色彩的角度，立体地写出了这种优美的景色。他有美学的修养啊！

生8：我喜欢的是"舍簪笏于百龄，奉晨昏于万里"这句话。

师：看来你很孝顺啊！

生8：这里说他舍弃官位，然后早晚侍奉父母。特别孝顺，孝一直是中华民族的传统美德。

师：我们以前学过一篇课文，以孝治天下，那叫——

生（齐）：《陈情表》。

生8：现代社会呢？对孝，就没有古代那么重视了，所以，我觉得，现在应该更提倡孝。

师：你这个感受是很真实的。因为我到她家里家访的时候，她妈妈跟我说她很孝顺。（学生热烈鼓掌）

生9：我喜欢的是"有怀投笔，慕宗悫之长风"这个句子。因为这一句让我想到李白的"长风破浪会有时，直挂云帆济沧海"。在少年时代，每个人都应该有自己远大的志向，然后一直激励自己成长。

师：你是一个壮志凌云的人。还有要说的吗？

生10：我喜欢的是"物华天宝，龙光射牛斗之墟；人杰地灵，徐孺下陈蕃之榻"。我读这句诗时，有一种五光十色，十分耀眼的感觉。珍品很多，目不暇接，"人杰地灵，徐孺下陈蕃之榻"，感觉自己就像徐孺一样，士气高涨。

师：你不仅把典故的意思说出来了，还联系到自己的志向，鉴赏到位。

生11：我喜欢的是"关山难越，谁悲失路之人？萍水相逢，尽是他乡之客"。

师：为什么喜欢这个句子？

生11：文章写的是那些失意之人，虽然我们现在并不像文中所形容的人那样，但是现在不管我们作为一个学生还是将来走向社会，都会遇到许多挫折与不如意的事，但我们会不断奋斗，坚强忍耐，自己的泪和苦楚只有自己清楚。

（学生热烈鼓掌）

师：用自己的体验去解读，挺感人的。"萍水相逢，尽是他乡之客"，我们都是萍水相逢，但却不是"他乡之客"啊！（看到学生跃跃欲试，一个接一个地侃侃而谈，鉴于时间关系，教师只好给学生最后一个发言的指标）下面给大家最后一个发言指标。

（十多双手高高举起，有的学生还生怕教师看不到，还高喊"这里！这里！"教师只好指定一个发言者）

生12：我喜欢的是"天高地迥，觉宇宙之无穷；兴尽悲来，识盈虚之有数"，这句话给了我有哲理的启发：万事万物的消长兴衰是有定数的，就如"塞翁失马焉知非福"，但命运却掌握在自己的手中。再联系到自己，生活中可能会遇到不愉快的事情，但这只是暂时的，想想整个人生的道路，就会不以物喜，不以己悲。

师：他有范仲淹的情怀啊！我们为以上所有同学的精彩发言鼓掌。

（全体听课师生热烈鼓掌）

师：好，以上通过师生互动，对文章进行了赏读，大家也都结合自己的感悟，鉴赏了文中的名言名句。

（三）设身处地——情读

师：下面我们进行第三步，设身处地——情读。（教师出示《滕王阁序》第二自然段幻灯片）

时维九月，序属三秋；潦水尽而寒潭清，烟光凝而暮山紫。俨骖騑于上路，访风景于崇阿。临帝子之长洲，得天人之旧馆。层峦耸翠，上出重霄；飞阁流丹，下临无地。鹤汀凫渚，穷岛屿之萦回；桂殿兰宫，即冈峦之体势。披绣闼，俯雕甍。山原旷其盈视，川泽纡其骇瞩。闾阎扑地，钟鸣鼎食之家；舸舰迷津，青雀黄龙之轴。云销雨霁，彩彻区明。落霞与孤鹜齐飞，秋水共长天一色。渔舟唱晚，响穷彭蠡之滨；雁阵惊寒，声断衡阳之浦。

师（指着幻灯片）：相传王勃写《滕王阁序》第二段时，写着写着，突然发出了一句"啊"的感叹。然后，情不自禁地写在了文章中。因此，他们说最初《滕王阁序》的第二自然段中有一个"啊"字，那么，请同学们设身处地地揣摩一下王勃当时的心理活动，根据王勃当时心理活动的轨迹，在第二段中适当的地方加一个"啊"字，这个任务由第1、2、3、4组同学完成。

（教师出示《滕王阁序》第三自然段幻灯片）：

遥襟甫畅，逸兴遄飞。爽籁发而清风生，纤歌凝而白云遏。睢园绿竹，气凌彭泽之樽；邺水朱华，光照临川之笔。四美具，二难并。穷睇眄于中天，极娱游于暇日。天高地迥，觉宇宙之无穷；兴尽悲来，识盈虚之有数。望长安于日下，目吴会于云间。地势极而南溟深，天柱高而北辰远。关山难越，谁悲失路之人？萍水相逢，尽是他乡之客。怀帝阍而不见，奉宣室以何年？

师（指着幻灯片）：又相传王勃写到第三段时，写着写着，突然发出了"唉"的一声叹息。请同学们设身处地地想想，看在文章第三自然段中，哪一个地方发出了"唉"的声音。请根据王勃情感变化的轨迹，在第三自然段中适当的位置加上"唉"字。这个任务由第5、6、7、8组同学完成。

（这个悬念设置充满趣味，学生纷纷响应教师召唤，分组讨论，有的学生边加边读，反复揣摩，教师在下面巡视）

师：好，同学们基本上按照自己的理解分别在第二和第三自然段适当的位置加上了"啊"和"唉"字。下面，我们先叫前4组同学读加了"啊"字的第二自然段。好，你来读。

生13：我加在"临帝子之长洲，得天人之旧馆"这句话的后面。

师：好，那你把加了"啊"的前后的句子读一下，而且读到"啊"字时，要做一个挥手的动作。（教师同时示范动作，听课师生饶有兴趣）

生13（声情并茂地读，同时配以动作，尤其在读到"啊"时，手一挥，逗引得听课师生笑得前仰后合）：时维九月，序属三秋；潦水尽而寒潭清，烟光凝而暮山紫。俨骖騑于上路，访风景于崇阿。临帝子之长洲，得天人之旧馆。啊！层峦耸翠，上出重霄；飞阁流丹，下临无地。

师：读得非常好。你说说，你为什么要把"啊"字加到这个地方？

生13：因为他前面是写他去滕王阁的路上，"俨骖騑于上路，访风景于崇阿"，然后来到了滕王阁，抬头一看，滕王阁雄伟壮丽，高耸入云，"层峦耸翠，上出重霄；飞阁流丹，下临无地"，如此壮美的景象，王勃自然会发出"啊"的声音。

师：解释得不错，加得合情合理。不过，每人加的位置不一定相同。

生14：我加的地方就不同。

师：你读给大家听听，你是怎么加的？

生14（读，同时辅以动作）：闾阎扑地，钟鸣鼎食之家；舸舰迷津，青雀黄龙之舳。云销雨霁，彩彻区明。啊！落霞与孤鹜齐飞，秋水共长天一色。

师：你为什么加在这里？

生14：因为前面看到的景色"闾阎""舸舰"都是身边之景，接着，雨过天晴，看到了"落霞""孤鹜""秋水""长天"构成的十分开阔的景色，王勃突然眼前一亮，自然发出"啊"的感叹。

师：他也解释得很好，同样加得合情合理。还有加不同地方的吗？

生15：我是加在"披绣闼，俯雕甍"与"山原旷其盈视，川泽纡其骇瞩"之间。（接着带感情地读）

师：你为什么加在这里？

生15：因为"披绣闼"是他打开了那扇门，然后往下放眼一望，就看到了广阔的山原。"骇瞩"，一个"骇"字，自然体现了他无比惊讶的感情，自然会发出"啊"的赞美之声。

师：刚才同学们都讲得很有道理。当然，我更倾向于在"落霞与孤鹜齐飞，秋水共长天一色"的前面加"啊"，因为在这个句子的前面，景色都不是很明朗，如"舸舰迷津"固然有"塞满"的意思，但也有雾气重重的成分在里面。突然，"云销雨霁，彩彻区明"，雨后天晴，一片明朗，放眼一望，啊，好壮观的景色，"落霞与孤鹜齐飞，秋水共长天一色"。下面，我们来开展创意美读。（出示加"啊"的第三自然段）

时维九月，序属三秋；潦水尽而寒潭清，烟光凝而暮山紫。俨骖騑于上路，访风景于崇阿。临帝子之长洲，得天人之旧馆。层峦耸翠，上出重霄；飞阁流丹，下临无地。鹤汀凫渚，穷岛屿之萦回；桂殿兰宫，即冈峦之体势。披绣闼，俯雕甍。山原旷其盈视，川泽纡其骇瞩。闾阎扑地，钟鸣鼎食之家；舸舰迷津，青雀黄龙之轴。云销雨霁，彩彻区明。啊！落霞与孤鹜齐飞，秋水共长天一色。渔舟唱晚，响穷彭蠡之滨；雁阵惊寒，声断衡阳之浦。

师（指着幻灯片分配任务）："啊"字前面的内容，5、6、7、8四组同学读，"啊"字后面的内容全体同学读。

（学生按教师要求读，将滕王阁壮观的美景和王勃内心的情感形象地呈现在了听课师生的面前）

师：通过刚才加"啊"的美读，王勃内心那种丰富复杂的感情就直观立体地呈现出来了。下面我们来探究第三自然段。根据王勃内心的情感轨迹，"唉"会加在哪儿？

生16：我将"唉"加在了"地势极而南溟深，天柱高而北辰远"的后面。（带着感情读）地势极而南溟深，天柱高而北辰远，唉！（边读边配以摇头的动作）关山难越，谁悲失路之人？萍水相逢，尽是他乡之客。

师：为什么加在这里？

生16：前面"望长安于日下，目吴会于云间"，是说自己很难看到皇帝，在人生道路上，遇到许多挫折，自己有许多失意，但没有人关心，于是叹息一声。

师：理解得不错，还有人加在别的地方吗？

生17：我觉得应该加在"天高地迥"前面。（带着无可奈何的感情读）穷睇眄于中天，极娱游于暇日。唉！天高地迥，觉宇宙之无穷；兴尽悲来，识盈虚之有数。

师：加在这个地方有什么道理呀？

生17：从表达方式来看，因为"天高地迥"的前面是写景，后面就是他的抒情议论了，因此，在"天高地迥"这里加"唉"，引出下面的感慨。

师：很不错，你从表达方式的角度来寻找加"唉"的地方，有创意。当然，一千个人就有一千种读法，在我看来，第三段中有一个明显的表感情转折的句子，那就是——

生：兴尽悲来。

师：对了，"兴尽悲来"，"兴"，高兴；"悲"，悲痛，自然就会发出哀叹的声音。因此，"唉"字加在"兴尽悲来，识盈虚之有数"与"望长安于日下，目吴会于云间"之间更好。下面我们来重读一下第三自然段。（教师出示加了"唉"的第三自然段幻灯片）

遥襟甫畅，逸兴遄飞。爽籁发而清风生，纤歌凝而白云遏。睢园绿竹，气凌彭泽之樽；邺水朱华，光照临川之笔。四美具，二难并。穷睇眄于中天，极娱游于暇日。天高地迥，觉宇宙之无穷；兴尽悲来，识盈虚之有数。唉！望长安于日下，目吴会于云间。地势极而南溟深，天柱高而北辰远。关山难越，谁悲失路之人；萍水相逢，尽是他乡之客。怀帝阍而不见，奉宣室以何年？

师（指着幻灯片分配任务）：全部同学读"唉"字前面的内容，读到"唉"字，就只由第1、2、3、4组同学读，其他同学不读了。而且，读"唉"的时候你们都要摇头。（教师边摇头边说，引得师生大笑）

（学生按教师要求读第三自然段）

师：同学们，我们通过情读，了解了王勃在写《滕王阁序》的时候那种丰富复杂的心理活动。

（四）绘声绘色——美读

师：下面，最后一个步骤，绘声绘色——美读。

怎么美读？同学们，这篇文章被放在我们教材（粤教版）第四单元里面。第四单元的课文有一个共同特点，就是这些文章都是骈文。前面讲了，骈文讲究对仗，平仄相对，音律和谐。因此，我们可以把它当成诗歌来读。（出示经过创造性处理的美读文本，学生按教师要求美读）

（单读）　　　　　　豫章故郡，

　　　　　　　　　　洪都新府。

　　　　　　　　　　星分翼轸，

　　　　　　　　　　地接衡庐。

（齐读）　襟三江而带五湖，
　　　　　控蛮荆而引瓯越。
　　　　　物华天宝，
　　　　　龙光射牛斗之墟；
　　　　　人杰地灵，
　　　　　徐孺下陈蕃之榻。
　　　　　雄州雾列，
　　　　　俊采星驰。
　　　　　台隍枕夷夏之交，
　　　　　宾主尽东南之美。

（单读）　都督阎公之雅望，
　　　　　棨戟遥临；
　　　　　宇文新州之懿范，
　　　　　襜帷暂驻。

（齐读）　十旬休假，
　　　　　胜友如云；
　　　　　千里逢迎，
　　　　　高朋满座。
　　　　　腾蛟起凤，
　　　　　孟学士之词宗；
　　　　　紫电青霜，
　　　　　王将军之武库。

（单读）　家君作宰，
　　　　　路出名区；
　　　　　童子何知，
　　　　　躬逢胜饯。
　　　　　时维九月，
　　　　　序属三秋。

（齐读）　潦水尽而寒潭清，
　　　　　烟光凝而暮山紫。

（单读）　俨骖騑于上路，
　　　　　访风景于崇阿。
　　　　　临帝子之长洲，
　　　　　得天人之旧馆。

（齐读）　层峦耸翠，

	上出重霄；
	飞阁流丹，
	下临无地。
（单读）	鹤汀凫渚，
	穷岛屿之萦回；
	桂殿兰宫，
	即冈峦之体势。
	披绣闼，
	俯雕甍，
（齐读）	山原旷其盈视，
	川泽纡其骇瞩。
	闾阎扑地，
	钟鸣鼎食之家；
	舸舰迷津，
	青雀黄龙之舳。
（单读）	啊！云销雨霁，
	彩彻区明。
	落霞与孤鹜齐飞，
（齐读，声音由大到小）	齐飞，齐飞，齐飞，齐飞，
（单读）	秋水共长天一色。
（齐读，声音由大到小）	一色。一色。一色。一色。
（单读）	渔舟唱晚，
（齐读）	响穷彭蠡之滨，
（单读）	雁阵惊寒，
（齐读）	声断衡阳之浦。
（单读）	遥襟甫畅，
	逸兴遄飞。
（齐读）	爽籁发而清风生，
	纤歌凝而白云遏。
（单读）	睢园绿竹，
（齐读）	气凌彭泽之樽；
（单读）	邺水朱华，
（齐读）	光照临川之笔。
（单读）	四美具，
	二难并。

穷睇眄于中天，

极娱游于暇日。

（齐读）　天高地迥，

觉宇宙之无穷；

兴尽悲来，

识盈虚之有数。

（单读）　望长安于日下，

目吴会于云间。

（齐读）　地势极而南溟深，

天柱高而北辰远。

（单读）　关山难越，

（齐读）　谁悲失路之人？

（单读）　萍水相逢，

（齐读）　尽是他乡之客。

（单读）　唉！怀帝阍而不见，

奉宣室以何年？

（齐读）　以何年？以何年？以何年？以何年？

（单读）　嗟乎！

时运不齐，

命途多舛。

冯唐易老，

李广难封。

（齐读）　屈贾谊于长沙，

非无圣主；

窜梁鸿于海曲，

岂乏明时？

（单读）　所赖君子见机，

达人知命。

老当益壮，

（齐读）　宁移白首之心？

（单读）　穷且益坚，

（齐读）　不坠青云之志。

（单读）　酌贪泉而觉爽，

处涸辙而犹欢。

（齐读）　北海虽赊，

　　　　　　　　扶摇可接；

　　　　　　　　东隅已逝，

　　　　　　　　桑榆非晚。

　　　　　　　　孟尝高洁，

　　　　　　　　空余报国之情；

　　　　　　　　阮籍猖狂，

　　　　　　　　岂效穷途之哭！

（单读）　　　　勃，

　　　　　　　　三尺微命，

　　　　　　　　一介书生。

　　　　　　　　无路请缨，

（齐读）　　　　等终军之弱冠；

（单读）　　　　有怀投笔，

　　　　　　　　慕宗悫之长风。

　　　　　　　　舍簪笏于百龄，

　　　　　　　　奉晨昏于万里。

　　　　　　　　非谢家之宝树，

　　　　　　　　接孟氏之芳邻。

（齐读）　　　　他日趋庭，

　　　　　　　　叨陪鲤对；

　　　　　　　　今兹捧袂，

　　　　　　　　喜托龙门。

（单读）　　　　杨意不逢，

（齐读）　　　　抚凌云而自惜；

（单读）　　　　钟期既遇，

（齐读）　　　　奏流水以何惭？

　　　　　　　　呜呼！

　　　　　　　　胜地不常，

　　　　　　　　盛筵难再；

　　　　　　　　兰亭已矣，

　　　　　　　　梓泽丘墟。

（单读）　　　　临别赠言，

　　　　　　　　幸承恩于伟饯；

　　　　　　　　登高作赋，

　　　　　　　　是所望于群公。

（齐读）　　　　敢竭鄙怀，

恭疏短引；

一言均赋，

四韵俱成。

请洒潘江，

各倾陆海云尔：

（单读）　　　　滕王高阁临江渚，

佩玉鸣鸾罢歌舞。

（齐读）　　　　罢歌舞。罢歌舞。罢歌舞。罢歌舞。

（单读）　　　　画栋朝飞南浦云，

朱帘暮卷西山雨。

（齐读）　　　　西山雨。西山雨。西山雨。西山雨。

（单读）　　　　闲云潭影日悠悠，

物换星移几度秋。

（齐读）　　　　几度秋。几度秋。几度秋。几度秋。

（单读）　　　　阁中帝子今何在？

（齐读）　　　　今何在？今何在？今何在？今何在？

（单读）　　　　槛外长江空自流。

（齐读）　　　　空自流。空自流。空自流。空自流。

（教师在学生读时，配以动作，学生读得波澜起伏，全体师生热烈鼓掌）

师：读得太感人了。（总结）这节课，我们通过挑战极限——背读，师生互动——赏读，深入其境——情读，绘声绘色——美读四个步骤，读出了《滕王阁序》中的景色，读出了《滕王阁序》中的情感，读出了《滕王阁序》中的写作手法。

最后，请同学们全部站起来，齐读。（教师出示齐读材料）

天下名楼何处是

独占鳌头滕王阁

滕王阁！滕王阁！滕王阁！滕王阁！哇塞！！

师（指着幻灯片）：注意，同学们在重复读"滕王阁"三字时，声音由小到大，在读"哇塞"时，都要把双手举起来，好不好？

（采用情境体验法设置悬念，师生情绪高涨，都情不自禁地读起来。课堂教学氛围达到高潮，全场热烈鼓掌）

师：这节课就讲到这里，谢谢同学们，谢谢众多听课的老师！

2014年2月25日，何泗忠老师（左4）与江西宁师中学教师深入讨论悬念教学法

五、《一个文官的死》悬念教学实录

上课时间：2014年5月30日上午第1节课
上课地点：深圳市第二高级中学教学楼四楼多功能室
上课班级：高二（17）（18）班

师：上课。

生：老师好!

师：同学们好！请坐。

师：世界上有三个以写短篇小说著称的大师，他们被称为"三大短篇小说之王"，有谁知道他们是谁吗？

生1：莫泊桑。

师：还有呢？

生2：美国的欧·亨利。

师：正确，还有一个呢？

生3：契诃夫。

师：对啦，"世界三大短篇小说之王"就是：（出示幻灯片）

法国的莫泊桑、美国的欧·亨利、俄国的契诃夫。

师：今天，我们来学习一篇契诃夫的短篇小说《一个文官的死》。

（一）初读课文，采用主问题设计法从文化的角度探索小说中人物切尔维亚科夫的死亡原因，解读人性及沙皇专制制度与人物命运走向的关系

师（用幻灯片出示课文结尾部分）：

"滚出去！！"将军脸色发青，周身打抖，突然大叫一声。

"什么？"切尔维亚科夫低声问道，吓得愣住了。

"滚出去！！"将军顿着脚，又说一遍。

切尔维亚科夫肚子里似乎有个什么东西掉下去了。他什么也看不见，什么也听不见，退到门口，走出去，到了街上，慢腾腾地走着。……他信步走到家里，没脱掉制服，往长沙发上一躺，就此……死了。

师（指着幻灯片）：请同学们齐读幻灯片上的内容。

（学生齐读）

师：同学们读得不错，下面我们分角色再读一下这段文字。

（一位学生读叙述的文字，一位学生读切尔维亚科夫的话，全体学生读将军的话。学生读出了将军的飞扬跋扈，读出了切尔维亚科夫的战战兢兢）

师：同学们刚才读的是契诃夫写的《一个文官的死》的短篇小说的结尾。读了这段文字后，如果把一个文官换成一个具体的人的名字，我们就可以把这篇小说取名为——

生（齐）：《切尔维亚科夫的死》。

师：如果我们把它拍成电影，这就是死亡现场。

生：好恐怖的死亡现场。

师：从描写的这段文字看，切尔维亚科夫死得离奇。"往长沙发上一躺，就此……死了。"这里有一个省略号，给我们留下了无限想象的空间。

（采用倒叙法设置课堂悬念，引起学生疑问）

生1：切尔维亚科夫到底是怎么死的呢？

师：你问得好。下面我们就成立一个"切尔维亚科夫之死"专案组，调查一下切尔维亚科夫的死因。

（采用倒叙法设置课堂悬念，激发学生的学习兴趣）

生2（兴致勃勃，十分好奇）：那我们就是警官了。

师：作为一个警官，面对切尔维亚科夫的死亡现场，你们会产生什么疑问呢？

生3：切尔维亚科夫之死是属于正常死亡，还是非正常死亡？是自杀还是他杀？

生4：切尔维亚科夫离奇地死亡，谁会是凶手？谁要负责？

师：对了，下面，我发布一个悬赏令：（出示幻灯片）

各位同学：

俄罗斯文官切尔维亚科夫离奇死在家中，死因不明。现向你们悬赏破案，能查出死因者，奖励100万卢布。

联系人：刑侦大队长阿列克赛耶维奇·何泗忠

2014年5月30日

师（指着幻灯片）：现在，你就是警官，展开调查。下面请同学们分组结合课文讨论，回答"切尔维亚科夫离奇地死亡，谁会是凶手？谁要负责？"这个问题，并且要说出理由。

（学生带着强烈的好奇心，贪婪地阅读课文，同时展开了热烈的讨论。教师在学生中巡视，有时参与学生讨论。8分钟后，学生开始踊跃发言）

生5：切尔维亚科夫属于非正常死亡，我认为切尔维亚科夫的妻子应对切尔维亚科夫的死负责。

师：为什么？你能说出理由吗？

生5：当切尔维亚科夫向他妻子说出事情的原委后，他的妻子没有为他排忧解难。

师：事情的原委，到底是因为什么事情？

生5：就是切尔维亚科夫在剧院看戏，打了一个喷嚏，溅在了一位将军的秃头上。

师：写打喷嚏的文字在哪里？

生5：在小说的第一自然段。

师：是的，这个细节描写很生动。你能读给大家听一下吗？

生5（读）：可是忽然间，他的脸皱起来，眼珠往上翻，呼吸停住，……他取下眼睛上的望远镜，低下头去，于是……啊嚏！！！诸位看得明白，他打了个喷嚏。不管是谁，也不管是在什么地方，打喷嚏总归是不犯禁的。农民固然打喷嚏，警察局长也一样打喷嚏，就连三品文官偶尔也要打喷嚏。大家都打喷嚏。

（学生读得声情并茂，有时还做动作，赢得了一片掌声）

师：这个细节描写很生动，通过她一读，更生动。我还看过另一个版本的翻译，它是这样写的：（出示幻灯片）

可是忽然间，他的眼睛眯起来，脑袋往上仰，呼吸停住，……他取下眼睛上的望远镜，低下头去，于是……啊嚏！！！诸位看得明白，他打了个喷嚏。不管是谁，也不管是在什么地方，打喷嚏总归是不犯禁的。庄稼汉打喷嚏，警察局长打喷嚏，有时连达官贵人也在所难免。大家都打喷嚏。

师（指着幻灯片）：同学们，你们说两种翻译，哪种翻译更好？

（学生在下面认真思考，一会儿，学生举手）

生6：教材翻译更好，更传神，更贴近契诃夫的细节描写。"他的脸皱起来，眼珠往上翻"，因为打喷嚏，先是他的嘴巴动，眼珠往上翻，体现他的难受和克制，写出了切尔维亚科夫小心翼翼的性格特点。第二种翻译，"他的眼睛眯起来，脑袋往上仰"，动作幅度过大，不符合切尔维亚科夫胆小谨慎的性格。

生7：而且"脸皱起来，眼珠往上翻"，作者的这个细节观察十分仔细。这里，契诃夫不仅是从文学的角度，而且是从生理的角度来写打喷嚏这个细节的。

师：刚才两位同学说得很好，分析得十分到位。契诃夫为什么既能从文学的角度来写，又能从生理的角度来描写人物呢？这就与契诃夫的生活经历有关了。当时，我看了这个细节，就猜契诃夫可能学过医学，结果一看契诃夫的介绍，他果然学过医学。（教师出示有关契诃夫简介的幻灯片）

安东·巴甫洛维奇·契诃夫（1860—1904年）出生在俄国塔甘罗格市一个小商人家庭，童年生活枯燥乏味。父亲破产后，全家迁居莫斯科，只有契诃夫留在家乡继续求学，他从小就体会到了世态炎凉。1880年，他进入莫斯科大学医学系学习。同年，他发表第一篇作品《给有学问的邻居的信》。其后几年，他一面上学，一面以"契洪特"的笔名在《蜻蜓》等刊物上发表了大量讽刺幽默的作品。契诃夫大学毕业后，一面行医，一面继续进行创作，他的代表作有小说《小公务员之死》（本文也译为《小公务员之死》）、《变色龙》、《第六病室》、《套中人》等。

师（指着幻灯片）：因为他是医师，他笔下的许多人物形象都是病人，他在以一个职业医生的敏锐的洞察力透视生活。

生8：老师，我发现许多伟大的艺术家、作家都学过医学，达·芬奇学过医，契诃夫学过医，鲁迅学过医，郭沫若学过医，《我很重要》的作者毕淑敏也学过医。

师：你这是一个十分有趣的发现，医生兼作家，既能从生理的角度写人，也能从心理的角度写人，故鲁迅先生能写出《狂人日记》。这里的契诃夫的"他的脸皱起来，眼珠往上翻，呼吸停住"这样的描写，一般人也是写不出来的。

生6：下面一句"农民固然打喷嚏，警察局长也一样打喷嚏，就连三品文官偶尔也要打喷嚏"与"庄稼汉打喷嚏，警察局长打喷嚏，有时连达官贵人也在所难免"相比，也是教材翻译得好。

师：你觉得好在哪里呢？

生6：教材翻译用了一些关联词语"固然""也一样""偶尔也要"，这些词一用，小说语言就显得幽默风趣，富于讽刺意味。

师：对，这种翻译更接近契诃夫的写作风格。好，我们再回到前面（教师指着生5）。你为什么认为切尔维亚科夫的死，他的妻子要负责呢？你从课文中能找到什么依据吗？

生5：课文第十二自然段，切尔维亚科夫把这件事告诉了妻子，妻子听说被打喷嚏的对象不是顶头上司，先是心宽，但后来还是要她丈夫去道歉。

师：那他妻子为什么要丈夫去道歉呢？

生5：书上说得明白，妻子担心将军会认为自己的丈夫"在大庭广众之下举动不得体"。

师：仅仅是这样吗？

生5：因为他妻子害怕将军会报复她的丈夫。由于妻子的劝说，切尔维亚科夫更坚定了要向将军进一步去道歉的想法。反复的道歉，惹得将军不耐烦，以致最后发怒，切尔维亚科夫在将军"滚出去"的叫骂声中怀着恐惧而死。

师：你的分析有些道理，切尔维亚科夫之死，他的妻子的确有部分责任。

生9（迫不及待地）：但我认为，导致切尔维亚科夫死亡最大的责任人应该是布利兹扎洛夫将军。

师：为什么？

生9：切尔维亚科夫是被布利兹扎洛夫将军吓死的。面对切尔维亚科夫的多次道歉，将军的态度是越来越恶劣。

师：你说多次道歉，小公务员为了一个喷嚏向将军到底道了几次歉？

生9：六次，三次在剧院，三次在将军的办公室。

师：打喷嚏应该是一件小事，切尔维亚科夫为什么要反复向将军道歉？

生9：在切尔维亚科夫眼里，达官贵人有着神圣不可侵犯的威严，他们的言行举止都对他产生了一种现实的压抑感。作为社会底层的小公务员，他深知官场黑暗，但是他没有靠山，无权无势。因此有着很强的"自卑情结"，他害怕高官的残忍报复，怕社会不公平制度的罪恶黑手，怕卑微的位子不能自保，怕恶化的人际关系给自己带来厄运。所以战战兢兢、小心翼翼想挽救。

师：面对切尔维亚科夫的道歉，将军的态度有何变化？

生9：面对切尔维亚科夫的道歉，将军的态度由冷漠而又不关心到不耐烦到生气再到大发雷霆。对于将军来说，小文官的道歉轻如鸿毛，但小职员要得到将军的原谅却是难如登天。将军的每一次漠视都会引起小文官的猜疑，增加他的心理压力，加速了小文官的死亡。尤其是最后，将军"脸色发青，周身打抖，顿着脚"吼着要切尔维亚科夫"滚出去"，这对切尔维亚科夫而言无异于宣判死刑。所以，切尔维亚科夫"信步走到家里，没脱掉制服，往长沙发上一躺，就此……死了"，可以说，切尔维亚科夫是被布利兹扎洛夫将军吓死的。

（学生为生9的精彩发言热烈鼓掌）

师：你说得很有道理，那我们就把布利兹扎洛夫将军作为凶手抓起来吧。

生10：老师，探长，别忙别忙，我觉得主要责任人应该不是将军，而是切尔维亚科夫自己。

师：哈，看来你又有新发现，你把你的发现详细说给大家听听。

生10：将军并非冷酷、暴戾、蛮横、倨傲的人，他在最后才发怒。切尔维亚科夫第一次道歉时，将军很大度地说："没关系，没关系。……"切尔维亚科夫第二次道歉时，将军说："哎，您好好坐着，劳驾！让我听戏！"用"您""劳驾"这些词，还是颇有礼貌的。就是到第三次道歉时，将军表示"我已经忘了"，还称切尔维亚科夫为"您"！为一件小事，纠缠三次，换谁都会生气，但将军至此都没生气，只是到了后来，切尔维亚科夫反复纠缠，将军忍无可忍，才生气。因此，我觉得切尔维亚科夫之死，主要责任不在将军，而在他自己。切尔维亚科夫性格卑微、胆怯，不敢得罪上层人物，过分忧虑官僚的暗算与报复，从而产生恐官心理和奴性心理，导致他精神崩溃而死。切尔维亚科夫应该是被他内心可鄙的奴性杀死的。

师：有深度。看来切尔维亚科夫的死，主要责任人是他自己了。

生11（迫不及待）：老师，老师，我不同意他的看法，我觉得切尔维亚科夫是被当时的沙皇专制制度杀死的。小说写于19世纪80年代，当时沙皇政府为了镇压民粹派而实行高压政策，警察和官僚飞扬跋扈，社会非常黑暗。切尔维亚科夫的不安源于他得罪了大官，害怕被报复。从中可见当时的社会黑暗与专制导致人民的恐惧和心理扭曲与压抑。从切尔维亚科夫的死可以看出当时的社会处在沙皇统治之下，官贵民贱，官官相卫，大官压小官，小官欺小民，社会上等级制度森严，官场中强者倨傲专横，弱者唯唯诺诺。正是这种环境造成了切尔维亚科夫的恐官心理、奴性心理，正是沙皇专制制度造成的恐官心理、奴性心理导致了切尔维亚科夫的死亡。

（教师为学生的精彩分析惊叹不已，听课师生报以热烈的掌声）

师：刚才通过同学们深入细致的分析，大体得出了导致切尔维亚科夫死亡的四个结论：（教师板书）

1. 被妻子害死的。

2. 被将军吓死的。

3. 被可悲的奴性杀死的。

4. 被沙皇专制制度压死的。

（正当教师要做总结分析时，一个学生站起来）

生12：老师，以上分析固然有道理，但没有抓住事情的根本。我觉得，被妻子害死的也好，被将军吓死的也好，被专制制度压死的也好，被内心可鄙的奴性杀死的也好，说到底，切尔维亚科夫之死是死于一种制度，死于一种文化。没有这样的制度，没有这样的专制文化，他的妻子就不会劝说他再去道歉，将军也不会这样专横，切尔维亚科夫内心也不会这样恐惧充满奴性。

师：说得真好，一种制度，一种文化，作为一种潜意识，往往会积淀在人们的心里，会化成每个人的一种文化细胞，往往会影响人们的行为方式。下面我们假设一下，假如切尔维亚科夫生长在美国，是一个美国公民，他前面坐着的是美国总统奥巴马，切尔维亚科夫打了一个喷嚏后，双方会有什么反应？请同学们写一段对话。

（用假设法设置悬念，激发学生兴趣，学生兴致盎然，奋笔疾书，5分钟后，学生纷纷举手，要求读出自己设计的对话情境）

生13（声情并茂地读自己设计的对话）：

奥巴马：新买的西装，就这样给你喷了一身口水，真糟糕！

切尔维亚科夫：总统大人，我无能为力，这是自然的生理反应，你懂得——不受我控制。

奥巴马：看来我应该把你这个混蛋投入监狱。

切尔维亚科夫：总统大人，千万别，奴才给您下跪了！

奥巴马：哈！哈！哈！

（学生一读完，全场大笑，有的学生说写得好，有的学生说写得不好）

师（指着生14说）：你认为写得好不好？

生14：我认为写得不好，对话中，奥巴马像个皇帝，过于张狂，因为一个喷嚏就要把人投入监狱，显得十分专制。切尔维亚科夫张口大人，闭口奴才，像中国封建社会宫廷里的太监，这不符合美国的文化精神。美国是一个崇尚自由、民主、平等的国家。

师：那你是怎么设计对话的呢？能把你的设计读出来吗？

生14（以对话口吻朗读自己的作品）：

切尔维亚科夫：总统先生，我把您的头发弄湿了！真对不起！

奥巴马：你用的是什么洗发水？

切尔维亚科夫：不，我刚才一不小心，朝您的头发打了一个喷嚏。

奥巴马：天啦，那我的头发会长得更快！

切尔维亚科夫：为什么？

奥巴马：这里面可有丰富的蛋白质啊！

（学生朗读惟妙惟肖，听课师生笑得前仰后合）

师：这段对话的确符合美国文化，奥巴马风趣幽默，切尔维亚科夫不卑不亢。文化对人有一种潜移默化的作用，它影响着人们的行为方式。假如切尔维亚科夫生长在美国，可能就会是另外一种命运。所以说，切尔维亚科夫之死，是死于一种制度，死于一种文化。

师（出示幻灯片并总结）：

1.被妻子害死的。

2.被将军吓死的。

3.被可悲的奴性杀死的。

4.被沙皇专制制度压死的。

5.死于19世纪沙俄专制文化。

以上，我们采用主问题设计法，从文化的角度探索小说中的人物切尔维亚科夫的死亡原因，解读人性及沙皇专制文化与人物命运走向的关系。

（二）再读课文，采用词语复位法，从语言和文学的角度体悟作品中人物的感情和感情变化过程

师：下面我们再读课文，采用词语复位法从语言和文学的角度体悟作品中人物的感情和感情变化过程。小说主人公切尔维亚科夫本是一个奴性十足的小人物，但我在阅读文本时却惊讶地发现，作者在描写切尔维亚科夫的心理活动时，切尔维亚科夫说过一句"去他的"。原文中有这句话，我下发课文时，把这句话抽出来了，你们现在所看到的课文中没有这句话了。现在请同学们再读课文，仔细揣摩切尔维亚科夫的心理活动，然后把"去他的"这句话放到原文中去，看放到哪个地方最合适。

（针对教师设置的悬念，学生再次仔细研读课文，纷纷试着把"去他的"放到原文中去，在复位的过程中体悟作品中人物的感情和感情变化过程。5分钟后，学生纷纷举手，要求说出自己复位的结果）

生15：我觉得"去他的"应放在第二自然段。（生读）"我把唾沫星子喷在他身上了！"切尔维亚科夫暗想。"他不是我的上司，是别处的长官，去他的，可是这仍然有点不合适。应当赔个罪才是。"

生16：放在第二自然段？我觉得他加得不对，切尔维亚科夫是一个奴性十足的人，不可能一开始就有这样一种蔑视上司的想法。这不符合切尔维亚科夫的性格。

师：那你觉得加在哪里好？

生16：我觉得放在第十八自然段好。（生读）"他话都不愿意说！"切尔维亚科夫暗想，脸色发白。"这是说，他生气了。去他的，……不行，这种事不能就这样丢开了事。……我要对他解释一下。……"

师：你为什么觉得放在这里好？

生16：因为这是第四次道歉，将军说他是"胡闹"，对他有些爱理不理，自然就会产生"去他的"这样一种反抗的心理。

生17：我觉得放在第十八自然段还是有些不妥，对于这样一个奴性十足的人，不得到将军一个所谓"合情合理"的回答，是不会放弃道歉的，而且，在这里，"去他的"表面看来有些不在乎的感觉，其实正是切尔维亚科夫十分在意将军态度的体现，"去他的"应该放在第二十三自然段。（生读）"这怎么会是开玩笑呢？"切尔维亚科夫暗想。"根本连一点开玩笑的意思也没有啊！他是将军，可是竟然不懂！既是这样，我也不想再给这个摆架子的人赔罪了！去他的！我给他写封信就是，反正我不想来了！真的，我不想来了！"（生接着说）老师，放在这里既符合"既是这样""不想再给""我不想来了"等前后语言环境，又符合切尔维亚科夫的心理活动过程。

师：我认为你说的有道理，"去他的"这句话是切尔维亚科夫的心理活动，对于切尔维亚科夫的心理活动，小说中有明显的暗示性句子，那就是第二、十一、十八、二十三自然段中的"切尔维亚科夫暗想"。从单独的语境来看，以上四段都可以放上去。这"去他的"可以放在这四段之中的暗示性句子处：（教师出示幻灯片）

"我把唾沫星子喷在他身上了！"切尔维亚科夫暗想。"去他的，他不是我的上司，是别处的长官，可是这仍然有点不合适。应当赔个罪才是。"

"他忘了，可是他眼睛里有一道凶光啊，"切尔维亚科夫暗想，怀疑地瞟着将军，"去他的，他连话都不想说。应当对他解释一下，说我完全是无意的，……说这是自然的规律，要不然他就会认为我是有意啐他了。现在他不这么想，可是过后他会这么想的！"

"他话都不愿意说！"切尔维亚科夫暗想，脸色发白。"这是说，他生气了。……去他的，不行，这种事不能就这样丢开了事。……我要对他解释一下。……"

"这怎么会是开玩笑呢？"切尔维亚科夫暗想。"根本连一点开玩笑的意思也没有啊！他是将军，可是竟然不懂！既是这样，我也不想再给这个摆架子的人赔罪了！去他的，我给他写封信就是，反正我不想来了！真的，我不想来了！"

师（指着幻灯片）：但我们结合切尔维亚科夫的性格及心理活动轨迹，的确是放在第二十三自然段最合适。经过多次努力，没有结果，"去他的"体现了小人物的心伤与绝望，同时，"去他的"表明切尔维亚科夫是多么在乎将军的态度。

（再出示加了"去他的"第二十三自然段的幻灯片让学生齐读，并特别强化"去他的"，连续读四次）

生（齐读）："这怎么会是开玩笑呢？"切尔维亚科夫暗想，"根本连一点开玩笑的意思也没有啊！他是将军，可是竟然不懂！既是这样，我也不想再给这个摆架子的人赔罪了！去他的！去他的！去他的！去他的！我给他写封信就是，反正我不想来了！真的，我不想来了！"

师（出示幻灯）：

（一）初读课文，采用主问题设计法，从文化的角度探索小说中的人物切尔维亚科夫的死亡原因，解读人性及沙皇专制文化与人物命运走向的关系

（二）再读课文，采用词语复位法，从语言和文学的角度体悟作品中人物的感情和感情变化过程

师（指着幻灯片小结）：这节课，我们采用主问题设计法和词语复位法，从语言、文学、文化三个维度，终于弄清了小说中的人物形象及形象意义，探究了契诃夫塑造人物形象的高超艺术。同学们，契诃夫的小说具有永恒的魅力。

1960年，俄国作家爱伦堡写了一本书《重读契诃夫》，对辞书、教科书中对契诃夫的描述产生了质疑，他说，每一本辞书上都告诉我们契诃夫是一个伟大的批判现实主义作家，他愤怒地揭露了沙皇时代的什么什么。

爱伦堡说，这都对，但没有解决这样一个问题：为什么今天的人还那么喜欢看契诃夫的书？难道是想知道一百年前资产阶级是怎样和贵族阶级斗争的吗？是想知道阶级的变动吗？不是的，肯定是他的作品有什么永恒的、能够随时代前进的因素。

这种永恒的魅力在《一个文官的死》中就是揭示了一种人性，一种文化：像切尔维亚科夫这样的人，在我们今天这样的时代，依然存在。契诃夫用带有一种讽刺的笔调告诉我们，在人与人的交往中，既不要过分自卑，也不能过于自傲，而应该有一种自尊自信，我们要以尊重的教育培养受尊重的人。

今天这节课就讲到这里，谢谢同学们！

六、《青玉案·元夕》悬念教学实录

上课时间：2015年4月23日上午第3节课
上课地点：深圳市第二高级中学教学楼四楼多功能室
上课班级：高二（17）班

师：上课。

生：起立。

师：同学们好！

生：老师好！

师：请坐。

师：听说你们班是一个很优秀的班级，今天，能够来到你们班上课，我十分高兴，今天这节课，我相信同学们一定会勇敢地表现自己。好，下面我们开始正式上课。

同学们，在我们看来，书生、文人都是手无缚鸡之力的人，然而，在宋朝，有这样一个人，他上马可以杀敌，有万夫不当之勇的英雄气慨，他下马可以写词，词风豪迈，与著名词人苏轼可以并驾齐驱。同学们，你们猜猜他会是谁呢。（教师设问，并在此稍为停顿，引起悬念，学生在下面窃窃私语）现代大文豪郭沫若对他的评价是（出示幻灯片）：

铁板铜琶继东坡高唱大江东去，美芹悲黍冀南宋莫随鸿雁南飞。他才高、性烈、脾气大。大将军兼大文豪，三千年难得一见。他以文为词，以气入词，领袖一代，雄视百家。大家知道他是谁吗？

（采用隐藏法、提问法设置悬念，引起学生兴趣）

生1：该不是陆游吧？

生2：应该是辛弃疾。

师：是的，他就是宋代伟大的爱国词人辛弃疾。辛弃疾的词，总的来说我比较喜欢。但他有一首词，我在读高中的时候尤其喜欢。（出示一张读高中时候的照片）这是读高中时候的我。因为辛弃疾这首词，尤其是其中有几句话，打动了我这个少年的心。今天，我要与同学们一道分享这首在我高中时代打动我的辛弃疾的词。它就是辛弃疾的《青玉案·元夕》。（出示幻灯片）

（一）初读《青玉案·元夕》，探究词的思想内涵

师：首先，请同学们自由朗诵一下这首词，并请同学们猜猜，词中哪句话打动了读高中时的我？这句话为什么会打动我？为什么会引起我心灵的强烈共鸣？

（用一连串问题设置悬念，更激起学生学习这首词的兴趣，学生在下面兴致盎然地自由朗读，教师巡视）

师：同学们读得声情并茂，下面请同座位的同学相互读给对方听一下，并互相评价，读得怎样。

（学生互相读，并且窃窃私语，评价对方）

师：下面请一位同学按照自己的理解带着感情朗读一下这首词。谁来读，大家可以推荐一下。（学生推荐刘宇泽）刘宇泽，好，你来读一下。大家认真听，然后评价一下读得怎样。

（刘宇泽站起来读，读完后，学生热烈鼓掌）

师：哪位同学评价一下，刘宇泽同学读得怎样？

生3：读得挺好，节奏把握很准确，感情上非常丰富细腻。

（生大笑）

师：还有吗？

生3：就评价这么多。

师：啊，就评价这么多，这已经是千古绝唱了。（生大笑）评价非常准确。尤其是读到这个地方"笑语盈盈暗香去"，"暗——香——去"，声音拖得很长，而且音量由强到弱，给人一种那人渐行渐远的直觉感受。的确读得挺好。辛弃疾的词，整体是豪放，但这首词却显得婉约。婉约词读的时候，节奏要慢一点。（教师手舞足蹈地）"东风夜放花——千——树"，就是要读出这样的节奏。下面请同学们带着感情有节奏地齐读这首词。

（学生齐读，十分投入）

师：读得很好了，下面请同学们猜一下，当初我在读这首词的时候，是哪句话最打动我？

（学生十分好奇，纷纷猜测）

生4：我想，应该是"众里寻他千百度。蓦然回首，那人却在，灯火阑珊处"。

师：我们真的是"心有灵犀一点通"，是的，就这句诗打动了我。不仅打动了我，我喜欢的这句诗，还打动了我的同学。我读高中时，有三个特别好的朋友，我们四个人经常在一起，所以被称为"四人帮"。（出示照片，学生"哇"地发出一片赞叹声）哪个是我？（生：前面左边坐着的那个）我长得怎样？（生齐声答：帅）我们虽是好朋友，但是读到这首词时，总是意见不同，各人有各人的理解，有时争得面红耳赤。其中有一个同学，几乎天天念叨"众里寻他千百度。蓦然回首，那人却在，灯火阑珊处"。你们猜猜看，他为什么天天念"众里寻他千百度。蓦然回首，那人却在，灯火阑珊处"呢？

（学生兴致盎然，说出自己的看法）

生5：也许他当时在恋爱，在追求一个女孩子吧！

师：你猜得十分正确。他当时正迷上了一个女孩。因此，那时他跟我说，这个他，应该是"她"，"她"就是那人，那人是个女的。"他"在古代既可以指女性也可以指男性。那么，"他"，也就是那人，在这首词中到底是男性，还是女性，请同学们讨论一下。

（此处再设悬念，引发学生的探究兴趣，学生分组讨论3分钟，感悟"那人"。学生根据所学的知识和对作品所把握的内容，自由探究，发表见解）

生6：这是一个女的，诗中抒情主人公"我"要寻找一个意中人。

生7：我觉得"他"应该是个女子，而且是个很美的让作者心动的女子。不然作者为什么会"寻他千百度"呢？

师：有没有道理，我觉得有。那么诗人是在什么时候去寻找她的呢？

生8：晚上。

师：从哪里可以看出来？

生8：元夕，也就是元宵节。

师：晚上怎么看得见人呢？

生8：有灯？

师：从哪儿看出来的？

生8：东风夜放花千树。

师：他写灯，没有直接出现"灯"字，作者采用了什么手法来描写灯呢？

生8：比喻的写法。花千树，形容灯火之多，如千树花开。

师：这位同学读书很细心。是的，元宵节的晚上确实有许多灯。元宵节也叫元夕、元夜，又称上元节，因为这是新年第一个月圆夜。因历代这一节日有观灯习俗，故又称灯节。这是我们中国的一种传统文化，一直流传至今。有灯，看人就清楚了。从词中看看，元宵节的晚上除了"灯"这种光源，还有其他光源吗？

生9：还有烟花。"更吹落、星如雨"。

师：没有直接出现烟花，而是采用了比喻的写法。又吹得烟火纷纷，乱落如雨。

生10：还有月光。"玉壶光转"，月光银白，如冰清玉壶。十五的月亮圆又亮。

师：到此，我终于弄明白了，元宵节的晚上，抒情主人公借助灯火、烟花、月亮寻找女孩子，由于光源充足，他看人看得十分清楚，清楚到看到了一些细节：蛾儿雪柳黄金缕。"蛾儿雪柳黄金缕"这些是什么东西啊？

生11：都是女性头上戴的名贵装饰品。

师：那么我又有一个迷惑了：元宵节逛灯会，应该男人女人都会有，请同学们找找，在诗人苦苦追寻的目光中，有没有男人进入他的视线呢？你们找一找。

生11：没有。老师，为什么诗人在有灯、有烟花、有月亮的晚上，偏偏只看见女人？诗人写元宵节，可是调动了全部的感官去立体地感受元宵节的热闹氛围：眼睛看到了什么？东风夜放花千树。更吹落、星如雨。鼻子闻到了什么？宝马雕车香满路。耳朵听到了什么？凤箫声动。总之，诗人笔下的元宵节是车多、人多、灯多；焰火美、音乐美、花灯美、服饰美、情态美。作者调动视觉、听觉、嗅觉多种感觉器官，极尽渲染烘托铺排，写出了元宵节的热闹非常，盛况空前。诗人的各个感官应该都是非常灵敏的。那么为什么诗人只见到女人，而没有男人呢？（学生为这个同学的不同凡响的见解而鼓掌欢呼）

2015年4月23日，何泗忠老师运用悬念教学法激情演绎
《青玉案·元夕》

师：啊，这位同学看问题有深度，对这首词有独特的理解。谁能解答他提出的问题？

生12：这是抒情主人公的注意力所致。因为抒情主人公要追寻一个意中人——女孩，于是他把注意力专心放在了女孩身上，看到的是"蛾儿雪柳黄金缕"，这些都是女性头上的名贵装饰，然而，这些女性都不是作者所看中的。"众里寻他千百度。蓦然回首，那人却在，灯火阑珊处"。在"灯火阑珊"的"那人"，不用说，是一个青春妙龄的少女。

师：众里寻他千百度。蓦然回首，那人却在，灯火阑珊处。那么请问，与这个少女的相见，是一种纯粹的偶然相遇，不期而遇？还是两人早早定下的一场约会呢？请同学们讨论。

（学生响应教师召唤，热烈讨论）

生13：也许是一种不期而遇，意外发现。诗中主人公在元宵节晚上逛花灯，出于好奇，他不看男的，专看女的，他在一群群女子中不断地寻找，不断地发现，不断地希望，又不断地失望，似乎已经快要绝望之时，谁料蓦然回首，一个他十分喜爱的女子出现在了他的眼前。于是心中窃喜，一见钟情。

师：这样看来，这就是一首艳遇诗了。诗中主人公可能是一个青春萌动的少年。

生14：也许是两人早早定下的一场约会，元宵节可以说是中国的情人节，古人有不少写元宵节男女约会的诗歌。最著名的是宋代欧阳修的《生查子》：去年元夜时，花市灯如昼。月上柳梢头，人约黄昏后。这里也是早早定下的一场约会，女主人公早就来了，她藏在暗处，那个青年男子呢？元宵节热闹的盛况他视若未见，毫不在乎，他只关心那些花枝招展从他面前飘然而过的少女，急切地想从中寻出那张可爱的熟悉的面孔。女孩子也许早就发现他了，但她却不急着与他相见，先考验一下他的耐心，先看看他着急的样子，然后悄然无声地跟在他后头，等到他快要崩溃的时候才给他一份意外的惊喜。

师：这样看来，这是一首爱情诗了。诗中主人公是一位对感情专一、执着的人。这位同学的解读与国学大师王国维对这首词的解读心有灵犀啊。王国维在《人间词话》中谈到这首词时说：（教师出示幻灯片）

经过等待、寻找、焦灼、失望之后再突然发现自己的意中人原来就在身后，那种从天而降的惊喜谁也想象得出来，这是一种知音的契合之感。

（学生为该生与大师见解相同而为其鼓掌）

师：然而，一千个读者，就有一千个哈姆雷特，同样，不同的人，读这首诗，就有不同的感受，就是同一个人，在不同的时期，随着生活阅历的不同，读这首诗也有不同的理解。譬如，我那个同学，那个极力主张"他"，即"那人"是个女性的同学，上次同学聚会，我们又聊起了这首诗，这次他认为这个"他"不一定是女的了，他认为这首诗，不是爱情诗，而是一首爱国诗，诗中主人公对达官贵人不顾国家安危一味纵情声色、寻欢作乐义愤填膺。他说，这首词与宋代林升的《题临安邸》有异曲同工之妙。

生15：老师，林升的《题临安邸》是首什么诗呢？

师（板书：山外青山楼外楼，西湖歌舞几时休？暖风熏得游人醉，直把杭州作汴州）：青山之外还有青山，高楼之外还有高楼，湖中的游客皆达官贵人，他们通宵达旦与歌舞女一起寻欢作乐，纸醉金迷，这种情况不知何时才能罢休？暖洋洋的春风把游人吹得醉醺醺的，他们忘乎所以，只图偷安宴乐于西湖，竟把杭州当成了汴州。请同学们讨论，辛弃疾的《青玉案·元夕》与林升的《题临安邸》的思想内涵真的有相同之处吗？

（学生响应教师召唤，展开热烈讨论，5分钟后回答问题）

生16：我认为《题临安邸》与《青玉案·元夕》有异曲同工之妙。公元1126年，金人攻陷北宋首都汴梁，俘虏了徽宗、钦宗两个皇帝，中原国土全被金人侵占。赵构逃到江南，在临安即位，史称南宋。南宋小朝廷并没有接受北宋亡国的惨痛教训而发愤图强，当政者不思收复中原失地，只求苟且偏安，对外屈膝投降，对内残酷迫害岳飞等爱国人士；政治上腐败无能，达官显贵一味纵情声色，寻欢作乐。《题临安邸》这首诗就是针对这种黑暗现实而作的，《青玉案·元夕》这首词作于宋淳熙元年或二年。当时，强敌压境，国难当头，朝廷只顾偷安，歌舞升平，坐宝马，乘雕车，到处一派脂粉气，没有血性男儿，人们也都"笑语盈盈"，有谁在为风雨飘摇中的国家忧虑？林诗与辛词都倾吐了郁结在广大人民心头的义愤，也表达了诗人对国家民族命运的深切忧虑。辛词中作者寻找着知音。那个不在"蛾儿雪柳"之中，却独立在灯火阑珊处，不同凡俗、自甘寂寞的美人，正是作者所追慕的对象。

生17：老师，有没有真实的"那人"存在呢？

师：我们只能猜测，与其说有这个人，不如说这也是作者英雄无用武之地，而又不肯与苟安者同流合污的自我写照。所以说这个"他"如果是作者的意中人，也可以是自甘寂寞、不同流合污的作者的知音，也能看作作者理想品格的化身。这种手法叫作托寓。

生18：老师，这样看来，这是一首爱国诗也说得过去。

师：对，也可以看成一首爱国诗，这正是这首词的魅力所在。伟大的艺术作品都有一种"召唤结构"，它原则上都是未完成的，它含有许多"意义不确定性"和"意义空白"，有待欣赏者通过创造性的想象去填充、丰富甚至重建。因此，一部《红楼梦》，不同生活阅历的人，对它有不同的解读。鲁迅就说过：一部《红楼梦》，"经学家看见《易》，道学家看见淫，才子看见缠绵，革命家看见排满，流言家看见宫闱秘事……"同样，《青玉案·元夕》可以有多种解读，对"那人"的不同理解，可以读出这首诗不同的含义。你可以把它读成一首艳遇诗，诗中主人公是一个登徒子，好美色；你可以把它读成一首爱情诗，诗中主人公是一位对爱情专一、执着的人；你也可以把它读成一首讽喻诗，诗中主人公对达官显贵纵情声色、寻欢作乐的无耻行为义愤填膺。目前，主要是这几种解读。不过，权威的解读还是倾向于这是一首爱国诗，诗中主人公对达官显贵不顾国家安危，一味纵情声色、寻欢作乐的无耻行为义愤填膺。下面，我来谈我对这首词的理解，这个解读，目前全中国、全世界都还没人提出，是我第一个提出来的，你们也十分有幸，是全中国、全世界第一个听到这种与众不同的解读的人。我认为，这是一首讽喻诗，讽喻对象直指最高统治者，诗中表达了对国家前途命运的担忧。诗中的"那人"不是女人，也不是作者理想人格的化身，也不是一般的男人，而是皇帝。作者在元宵节的晚上，看到了一派繁华，一派歌舞升平、国泰民安的景象：车多、人多、灯多；焰火美、音乐美、花灯美、服饰美、情态美。这样繁华的地方，在当时环境下，只能是都城临安，如此繁荣，如此柔弱的人们，由谁来保护？在家天下的封建社会，当然应该是皇上。于是，他众里寻他千百度。蓦然回首，那人却在，灯火阑珊处。"那人"就是皇上，"灯火阑珊处"是指皇宫。皇帝在皇宫，灯火阑珊，象征宋朝廷的衰微，皇上无力承担起保护大宋子民的责任。南宋朝廷上下是一个典型的"羊"性朝代，缺乏像辛弃疾这样金戈铁马、气吞万里如虎的"狼性"将领。作者通过这首诗表现了对南宋前途和命运的担忧。

刚才，我们从多个层面、多个角度探究了这首词的丰富思想内涵，对这首词有了深度的理解。下面，我们在理解的基础上，再来读一下这首词。请同学们好好把握这首词的感情基调。（教师出示幻灯片）

（二）创读《青玉案·元夕》，把握词的感情基调

师：汉语有许多表达丰富情感的叹词。如"啊"，表示一种赞叹享受的情感。我登上八达岭长城，啊，长城多么雄伟壮观！"唉"，表示一种叹息无奈的情感。这次我本想去北京看长城，唉，学校没批准！"耶"，表示一种发现惊异的情感。听说学校批准我去北京了，耶，我好高兴！让我们揣摩词的情感变化，将以上三个词放在词中合适的位置。

（让学生加叹词，无疑给学生制造了一种悬念。学生兴致盎然，纷纷动笔在词中加上这三个词语，教师在下面巡视，约4分钟后，教师让学生读加上三个词语后的《青玉案·元夕》）

师：下面，我们请同学读一下自己加了"啊""唉""耶"的这首词，看他们在哪个地方加了这些词，加的位置恰不恰当，能不能正确体现词人的情感变化轨迹。

生19（声情并茂）：东风夜放花千树。更吹落、星如雨。啊！宝马雕车香满路。凤箫声动，玉壶光转，一夜鱼龙舞。蛾儿雪柳黄金缕，笑语盈盈暗香去。唉！众里寻他千百度。蓦然回首，耶！那人却在，灯火阑珊处。

师：她加得怎么样？行不行啊？你评评看。

生20：我觉得加得恰到好处，把握住了词人感情变化的轨迹。看到"宝马雕车香满路"，于是词人发出了"啊"这样惊叹的声音。他在茫茫人海中不断地寻找，不断地希望，不断地失望，于是发出"唉"的声音，正要绝望之时，却有意外发现，"那人却在，灯火阑珊处"，于是"耶"的一声，发出一声惊叹！

生21：我觉得这样加更好。"东风夜放，啊！花千树。更吹落、星如雨"。他在元宵节看到如花盛开的灯火，于是情不自禁地发出"啊"的感叹，"唉"加到"蛾儿雪柳黄金缕，唉！笑语盈盈暗香去"这个地方好，他在不断寻找自己的知音，然而，皆不是自己的理想中人，令他失望，于是发出"唉"这样无奈的叹息，正当"失望"之时，突然发现自己的意中人原来就在身后，那种从天而降的惊喜谁也想象不出来，于是"耶！那人却在灯火阑珊处"。

师：这位同学跟我加的一样，真可谓英雄所见略同啊！（教师出示加了"啊"等词语的《青玉案·元夕》幻灯片）

东风夜放，啊！花千树。更吹落、星如雨。宝马雕车香满路。凤箫声动，玉壶光转，一夜鱼龙舞。蛾儿雪柳黄金缕，唉！笑语盈盈暗香去。众里寻他千百度。蓦然回首，耶！那人却在，灯火阑珊处。

师（指着幻灯片）：下面，我们带着感情齐读一遍艺术化处理了的《青玉案·元夕》。

（学生齐读，教师在学生读时配上动作，手舞足蹈，学生更是读得兴致盎然）

师：刚才我们通过加"啊"等词语，更好地把握住了这首词的感情基调和丰富内涵，同学们，像这样脍炙人口的诗句我们应该背诵出来。高考不是经常考背诵吗？下面我们来背读一下《青玉案·元夕》。

（三）背读《青玉案·元夕》，领悟词的语言妙用

师：下面请同学们试着背诵这首词，看谁背得快，我要寻找背诵大王。

（学生摇头晃脑地背诵）

师：谁先背出谁先举手。

（不一会儿有学生举手，生背诵十分流利，师生为他鼓掌）

师：真厉害呀！下面请同学们齐背一遍。

（学生齐背诵）

师：同学们，一首词不仅要背诵出来，而且现在的高考要求默写古诗词，下面，我出了一个高考题目。（教师出示幻灯片）

补写出下列句子的空缺部分：

1. ＿＿＿＿＿＿＿＿。＿＿＿＿＿＿＿＿、星如雨。

2. 凤箫声动，＿＿＿＿＿＿＿＿，＿＿＿＿＿＿＿＿。

3. 众里寻他千百度。＿＿＿＿＿＿＿，＿＿＿＿＿＿＿，＿＿＿＿＿＿＿。

师（指着幻灯片）：下面请同学们默写一下，我也来默写一下。

（学生在下面默写，教师在黑板上默写。教师故意将"东风夜放花千树"的"放"字默写成"吹"字，将"玉壶光转"的"转"字默写成"照"字，将"那人却在，灯火阑珊处"的"灯火阑珊"写成"宝马雕车"）

师：同学们，你们默写完了吗？我也默写完了。下面请同学们给我评分，我得多少分？

（生有的说不及格，有的说只得3分）

师：你为什么说我不及格？

生22：你有三处默写错了。"东风夜放花千树"的"放"字默写成"吹"字。

师：噢，我这个地方写错了。东风夜吹花千树，"吹"字原文是"放"字，那么是我的"吹"字好，还是原文"放"字好呢？

生22："放"字好，既写出了东风吹的特点，而且写出了花开的形态，向外展开，形容灯火之多，如千树花开。

师：噢，对词的意境理解不错。那么，我第二处错在哪儿呢？

生22："玉壶光转"写成了"玉壶光照"。

师：玉壶光照，是"转"字好还是"照"字好？

生22（边解释边辅之以手势）："转"好，"转"既有"照"的意思，还写出了灯光的旋转，描绘了灯月交辉的迷幻感。（学生鼓掌）

师：理解真精彩啊。那我第三处是错在哪里呢？

（学生抢着指出，错在"那人却在，宝马雕车处"）

师：把"灯火阑珊"改成"宝马雕车"好不好？

生23（自动站起来）：不好，如果是"宝马雕车处"，说明"那人"——这个女子，与那些人一样俗气。原词的"那人"不同凡俗、自甘寂寞、孤高淡泊，现在的"那人"追求时髦，庸俗不堪。诗人苦苦追寻的应该是一位超凡脱俗的与众不同的美丽女子。正如《诗经》所说：蒹葭苍苍，白露为霜。所谓伊人，在水一方。溯洄从之，道阻且长。溯游从之，宛在水中央。

生24：诗歌的情感也变了，原来是意外的惊喜，这回是深深的失望。

师：对了，同学们对词的意境把握很准。以上，我们通过背读，感受了词的语言的妙用，进一步感悟了词的形象美、意境美。下面，我们美读《青玉案·元夕》，品味词的独特意境。（教师出示幻灯片）

（四）美读《青玉案·元夕》，品味词的独特意境

教师出示美读幻灯片：

青玉案·元夕

辛弃疾

（领读）	东风夜放花千树。
（齐读）	啊！花千树！花千树！花千树！
（领读）	更吹落、星如雨。
（齐读）	星如雨！星如雨！星如雨！
（领读）	宝马雕车香满路。
（齐读）	香满路！香满路！香满路！
（领读）	凤箫声动，玉壶光转，一夜鱼龙舞。
（齐读）	鱼龙舞！鱼龙舞！鱼龙舞！
（领读）	蛾儿雪柳黄金缕，笑语盈盈暗香去。
（齐读）	唉！暗香去！暗香去！暗香去！
（领读）	众里寻他千百度。蓦然回首，
（齐读）	耶！那人却在，灯火阑珊处。
	阑珊处！阑珊处！阑珊处！

师（指着幻灯片）：下面请一个同学领读。哪个同学领读？

（生推荐刘宇泽）

师：好，刘宇泽，站起来。

（其他同学齐读，教师辅之以手势，学生读得声情并茂，通过朗读，学生进一步领略了诗歌意境）

师：这节课通过四个步骤，探究了词的思想内涵，把握了词的感情基调，领悟了词的语言妙用，品味了词的独特意境。

语文悬念教学法

　　同学们，这是一首内涵十分丰富的词。每读《青玉案》，总有新感觉。有人读出它是一首艳遇诗，诗中主人公是一位青春萌动的少年；有人读出它是一首爱情诗，诗中主人公是一位对爱情专一、执着的男子；有人读出它是一首爱国诗，诗中主人公对达官显贵纵情声色、寻欢作乐的无耻行为义愤填膺；有人读出它是一首讽喻诗，讽喻对象直指最高统治者，诗中主人公是一位为国家前途命运担忧的爱国者；有人还读出它是一首哲理诗，表达人生的一种境界，或者一种哲理，这种境界或哲理是超越时间、空间的理解，任何时间、任何地点都是正确的。这节课就讲到这里，下面布置作业（教师出示幻灯片）：

　　《青玉案》最后三句可谓是千古名句，正所谓"一千个读者就有一千个哈姆雷特"。每个人的生活阅历不同，对它的理解都不一样。王国维先生在《人间词话》中曾这样认为，古今之成大事业、大学问者必经过三种境界：昨夜西风凋碧树，独上高楼，望尽天涯路；衣带渐宽终不悔，为伊消得人憔悴；众里寻他千百度。蓦然回首，那人却在，灯火阑珊处。大人物成就大事业要经历这样三种境界，那么我们普通人呢，要想取得成功是否也要经历这三种境界？请大家结合自己的人生经历写一篇600字的文章谈谈感受。

七、《再别康桥》悬念教学实录

　　上课时间：2015年9月17日
　　上课地点：深圳市第二高级中学四楼考务室
　　上课班级：高二（17）班

　　（课前播放歌曲《再别康桥》，歌曲营造了柔婉深情的课堂氛围，达到了"未成曲调先有情"的作用）

　　师：上课。

　　生：起立。

　　师：同学们好！

　　生：老师好！

　　师：请坐。同学们，刚才听的这首歌好不好听？

　　生：非常好听。

　　师：是的，我也有同感，这首歌的歌名叫《再别康桥》。它的歌词是我国文学史上一首著名的现代诗歌。请同学们翻到教材（人教版）第8页。今天，我们一起走进这首诗。

记得宋代大文豪苏东坡说过（教师出示幻灯片）：

三分诗，七分读。

师（指着幻灯片）：意思是说，好诗是读出来的。确实，诵读能够为诗歌增色。诗歌是不需要过多讲解的，我们在自吟自诵中就能对诗歌领悟、理解。理解诗歌，朗读很重要，今天，我们就通过诵读来学习《再别康桥》这首诗歌，以读为突破口，来一个"读句"一格（幻灯片出示本节课的课题）：

"读句"一格

——赏析《再别康桥》中的情与景

师：我们通过诵读来赏析《再别康桥》中的情与景。

（一）默读，揣摩诗歌情感

师：读有几种读法，第一步，默读，揣摩诗歌情感。刚才同学们听了歌，唱歌要有声调，读诗也要有读诗的基调。先请同学们读这首诗歌，但不要发声，因为它是"轻轻的我走了"，我们先默读，通过默读来揣摩一下这首诗歌的思想内容、感情基调。

（学生在下面按教师要求默读，教师在下面巡视）

师：好，刚才大家默读了诗歌，对诗歌的思想内容与感情基调应该有了直观的把握，下面请同座位的同学交换一下意见，谈谈自己对这首诗歌的思想内容和感情基调的最初的感受，即第一感觉是什么。

（学生在下面交换意见，有的学生除跟同桌交流外，还忍不住与前后左右的同学交流看法）

师：好，同学们对自己的阅读感受做了自由交流，下面请一个同学向大家说一下你对这首诗歌的思想内容和感情基调最初的感受，即你的第一感觉是什么，可以用简练的语言回答。

（教师的召唤引来了学生热烈的应答）

生1：我读出了作者对康桥的不舍和一种留恋。

生2：我读出了一种淡淡的愁绪。

师：一种愁绪，还是淡淡的，你是从哪里读出来的？

生2：轻轻的，我走了，正如我轻轻的来。"轻轻"渗透着作者淡淡的愁情。

生3：我感受到了作者对康桥的眷恋。

师：你为何读出了这样的感受？

生3：因为康桥就是剑桥，作者在剑桥留学，离开康桥，自然眷恋。

生4：我还读出了诗人的洒脱。

师：你从诗歌哪里读出这种感觉的？

生4：我挥一挥衣袖，不带走一片云彩。"挥一挥"，看出诗人的洒脱。

师：噢，这感觉对不对呀？

生5：对，我还读出了他的柔情和唯美。

师：哈，你的感觉真细腻，你还感觉到了他的柔情和唯美。这样看来，诗人徐志摩离别康桥时的感情是复杂的，有柔情，有忧伤，淡淡的忧伤，有留恋，有不舍，又有几分洒脱，还有几分唯美。同学们的第一感觉十分准确和全面。既然大家认为这首诗是忧郁的、依依不舍的，忧伤的、柔情的、唯美的，那么我们就要通过语调节奏读出这种韵味来。

（二）声读，体味诗歌韵律

师：第二步，声读，体味诗歌韵律。朗读，对诗歌是一种再创造。我们来读一读，这回要读出声音。请同学们带着感情读，自由读。

（学生按教师要求带着感情自由朗读，兴致盎然）

师：同学们自由朗读了，下面请同桌之间互读，然后由对方指出哪个地方读得好，哪个地方要改进。

（学生按教师要求朗读交流，有的摇头晃脑，有的手舞足蹈，教师在下面巡视，不时与学生交流）

师：下面，我们请一位同学按照他的理解，把这首诗读一下，大家认真听，他读完后，我们要加以评价。

（生6带着感情读诗）。

师：他读完了，读得怎样？

生7：我感觉他读得很好，节奏舒缓，而且有韵味，也有感情。

生8：我觉得他读得韵味不够，一字一顿的，感情还是不够到位。

师：我同意你的看法，生7是生6的同桌，评价高一点，也可以理解，"情人眼里出西施"嘛！（生大笑）是的，我们还可以读得更好，朗读是一种艺术，同一句诗歌，我们可以读出不同的诗意。譬如《再别康桥》这个标题，我们可以这样读"再别康桥"（教师读的语速快，节奏短平快），也可以这样读"再别——康——桥"（教师的语速舒缓，节奏拖长）。法国有一个悲剧大师，拿着菜谱朗读，都把别人感动得哭了，（教师再次深情地示范朗读）"轻轻的——我——走——了，正如我——轻轻的——来"，下面请一位同学再朗读一遍。

（一学生按照教师指导，声情并茂地朗读，教室里十分安静，同学们都享受着这优美的语音语调）

师：同学们，她读得挺好，十分抒情。的确，这是一首抒情诗，抒的是一种什么情呢？

生：离别康桥之情。

师：对了，这一点从题目中可以看到（教师出示幻灯片）：

再别康桥。

师： 康桥在哪里？

生（齐）： 英国的剑桥。

师： 对了，英国有著名的剑桥大学。那么，徐志摩为什么对康桥这么有感情呢？谁来说一说徐志摩的康桥情结，知道多少说多少。

生9： 因为徐志摩在剑桥留过学。

生10： 因为徐志摩在剑桥遇到了他的真爱，认识了他的红颜知己林徽因。

师： 以上同学说得非常好，在康桥留过学、遇到他一生仰慕的女性林徽因，这确实是徐志摩的康桥情结。（教师出示幻灯片并读幻灯片内容）

1920—1922年，徐志摩曾游学于此，在康桥度过了他人生中最幸福的一段时光。徐志摩曾经说过：我敢说，康河是全世界最秀丽的一条水，我的眼睛是康桥教我睁的，我的求知欲是康桥给我拨动的，我的自我意识是康桥给我胚胎的。……我在康河的日子可真是享福，生怕这辈子再也得不到那样甜蜜的机会了。

师： 在康桥，他结识了影响他生命、终身为之倾慕的一个重要女性——林徽因。我曾经看过《徐志摩传》，看过他们之间的故事。我写下了这么一段话（教师出示如下幻灯片并读内容）：

1920—1922年，徐志摩这个莘莘学子曾游学于英国剑桥大学，在这里，他结识了影响他生命、终身为之倾慕的一个重要女性——林徽因。当徐志摩第一次见到风华绝代、活泼可爱的少女林徽因时，忍俊不禁地笑了起来。从此，他对林徽因一见倾心，然而因为种种原因，他们最终没有成为一对情侣，他们只能相敬如宾，这一段没有结局的恋情徐志摩刻骨铭心。

师（指着幻灯片）： 我挺有文化的，在这段话中，我用了四个成语。高考不是考成语吗，同学们，我这四个成语用得好不好？

生11： "莘莘学子"这个成语用错了。

师： 是吗？为什么用错了？

生11： "这个"指一个人，而"莘莘学子"却是众多的意思啊！

师： 不好意思，这个成语我真的用错了。其他的成语没有用错吧。

生12（迫不及待地）： "忍俊不禁"也用错了，"忍俊不禁"就是忍不住笑的意思，这与后面重复了。

生13（紧接着站起来）： 老师，"相敬如宾"你也用错了，它是用来形容夫妻互相尊敬，像对待宾客一样。既然前面说"他们最终没有成为一对情侣"，又何来"相敬如宾"呢？

（听课师生笑得前仰后合）

师： 噢，没想到四个成语我就用错了三个。原来我对这些成语只是望文生义，这才用错了啊!

（这个成语解读环节与课文内容和徐志摩的康桥情结巧妙联系，同时，教师采用故意错误法设置悬念，引逗学生踊跃发言，课堂气氛十分活跃）

师：好，康桥给了徐志摩以灵性，康桥给了徐志摩以美好的感情，徐志摩对康桥的感情自然是十分深厚的。要离开这样一个有感情的地方，诗人肯定是依依不舍，充满忧伤的。我在一篇文章中，写过一段这样的话（教师出示幻灯片并带着感情地读）：

> 人生
> 最怕离别
> 最恨离别
> 最难离别
> 最苦离别
> 有时又不得不离别
> 离愁别绪
> 成了人们一种
> 难以割舍的情结
> ——何泗忠

师：根据我对《再别康桥》这首诗的感情基调的理解，我把这首诗歌的开头和结尾改了一下。（出示幻灯片并让学生齐读）

> 我忧伤地走了，
> 正如我忧伤地来；
> 我忧伤地招手，
> 作别西天的云彩。
>
> 我忧伤地走了，
> 正如我忧伤地来；
> 我挥一挥衣袖，
> 不带走一片云彩。

师（指着幻灯片）：同学们，我这样改好不好?

生14：不好，因为我觉得徐志摩写这首诗不单是表达对康桥的不舍与留恋，还有对康桥美好生活与环境的美好怀念。他的感情是丰富复杂的，不单是忧伤。

生15：老师这样改不仅使诗人的感情变得单一了，而且感情的表露也太直白，没有韵味了，诗贵含蓄啊!

师：以上同学说得真好，诗人不仅感情复杂，而且感情含蓄，这首诗歌，全诗没有出现一个"忧伤"的字眼，但我们能透过诗人所描绘的景物、营造的意境，感受到忧伤的情感。此外，我们还能读到几分潇洒与留恋。这是一首融情于景、借景抒情的好诗。同样是写离别的，这里还有一首（教师出示幻灯片并且朗读）：

> 车站送萍姐
>
> 我送萍姐归去
>
> 只有忧伤和泪滴
>
> 火车带走了我的知音
>
> 晚风卷走了我的慰藉
>
> 无论你到哪里
>
> 不要忘记友谊
>
> 我对你一无他求
>
> 请叫我一声弟弟

师：这首诗写得好不好？

生16：我觉得写得挺好的。

师：好在哪里？

生16：好在表达了一种对萍姐不舍的感情，这种感情真挚质朴，另外，还看出他们之间的友谊很深厚。

师：那这首诗歌与徐志摩的诗歌比较起来，谁写得更好？

生17：当然徐志摩的诗歌写得更好，因为徐志摩的诗歌感情显得更含蓄一些。这首诗歌直接用了"忧伤"的字眼，少了些诗歌的韵味。

师：前面同学说这首诗写得好，后面同学说这首诗少了些诗歌的韵味。其实，这首诗写得一点儿也不好，因为它是我写的（听课师生哈哈大笑），一点儿也不含蓄，直接用"忧伤"字眼。而徐志摩的诗除有一种忧伤外，还有一种宁静和谐的氛围。诗人连用三个"轻轻的"，使我们仿佛感受到诗人踮着脚尖，像一阵清风一样来了，又悄无声息地走了；诗人用三个"轻轻的"为全诗创设了宁静和谐的氛围，也为全诗奠定了哀而不伤的基调。可见，这首诗中所用到的景物对诗歌的表情达意十分重要。下面我们来进行品读，赏析诗歌的景物意象。

（三）品读，赏析诗歌景物意象

师：在赏析《再别康桥》诗歌景物意象之前，我先来朗读一下这首诗。这是一首脍炙人口的新诗，我还是试着背诵一下吧。请同学们仔细听，我如果有什么地方背错了的话，请同学们听完后指出来，好不好？

（教师声情并茂地朗读背诵，并且故意背错一些地方，背完后，学生鼓掌，但同时由于有些背错的地方，引来学生"围攻"，这是采用故意错误法设

置悬念带来的效果）

师：老师背完了，背得好不好？

生（大声说）：感情十分到位，但有些地方背错了。

生18："那河畔的金柳，是夕阳中的新娘"，老师把"新娘"背成了"少女"。

师（笑）：哦，这个地方我背错了，但我觉得新娘和少女没有什么本质区别嘛！

生18：我觉得老师在这里犯了原则性的错误。

师（吃惊地）：啊？你还把我这个失误上升到了原则的高度啊！

生18：是的，老师这么一错，诗味就少了许多。一是换成"少女"，诗歌就不押韵了。第二节的诗歌的韵脚是"ang"，那河畔的金柳，是夕阳中的新娘；波光里的艳影，在我的心头荡漾。"新娘""荡漾"，读起来押韵，朗朗上口。

师：噢，你说得有道理，你给我列的第一个原则性错误我认了。

生18：第二，把"新娘"换成"少女"，诗歌的意境破坏了。"新娘"给人的感觉是含蓄、妩媚、多情、愁怨；新郎与新娘的离别是一种难言的痛。"少女"往往给人活泼可爱、天真烂漫、富有朝气的感觉，适合表达快乐、兴奋的情绪。

（听课师生为学生的精彩回答热烈鼓掌）

师：我承认，我错了，错得太严重了。可见，一种意象，对诗歌的表情达意十分重要。我有一个同事，他去过英国的剑桥，他说在康河的旁边，除有许多柳树外，还有英国的国树夏栎。（教师出示英国的夏栎树幻灯片，并解说）（见下图）

师（指着幻灯片）：这是一种高达35米，长得十分伟岸的树，树皮十分粗糙，但徐志摩没有写，我的同事认为，这是徐志摩观察景物不仔细，出现了重

大的疏漏，于是，他在诗中加了一段（教师出示幻灯片并朗读）：

那河畔的夏栎，

是夕阳中的姑娘，

波涛里的英姿，

在我的心头激荡。

师（指着幻灯片）：我同事加上这一段好不好？

（教师提问，激发起学生强烈的探究欲望）

生19：不好，不好，夏栎，是伟岸的，树皮又十分粗糙，在此比喻一位姑娘，未免太缺乏女性的柔美了。

师：哇，你从美学的高度来分析，太有才啦。夏栎树十分高大，而且树皮粗糙，一位姑娘，高我不说，但皮肤粗糙就不美了，除非这个姑娘是《水浒传》中的母夜叉孙二娘。

（哄堂大笑）

生20：还有，老师，从风格上来说，整首诗歌温柔含蓄，加的这一段太激情了些，与诗歌前后显得不协调，破坏了整首诗歌的意境。

师：因此，在这里，不是徐志摩观察得不仔细，没看到夏栎树，而是选了一些特定的景物，来表达对康桥无比眷恋、依依不舍的柔情。柳树，不仅外形柔美，婀娜多姿，还与后面夕阳中的新娘十分谐调。另外，柳树还有中国传统文化意蕴，柳，有"留"之意，古代文人写离别之情时会写到杨柳，王维在《送元二使安西》中写道："渭城朝雨浥轻尘，客舍青青柳色新。劝君更尽一杯酒，西出阳关无故人。"《诗经》中有"昔我往矣，杨柳依依"。我想，杨柳是柔性的，离别之时，绝对不要写夏栎，"昔我往矣，夏栎挺拔"，太刚性了。

生20：另外，古人还有折柳赠人的习俗，离别的人一看见杨柳就会想起离别时依依不舍的场面，脑海中就会浮现出赠柳惜别的情景，心中就会涌现一缕缕离愁。

师：对了，可见"那河畔的金柳"是明写眼前景而暗写别时情，显得含蓄而有余味。金柳，只是其中用来表达离别柔情的意象之一。其实，诗歌中还有许多用来表达柔情的景物意象，请同学们找一找，并在书上打上记号，看谁找得多。

（学生按照教师要求认真寻找诗中意象，不时拿笔在书上写写画画，教师在下面巡视）

师：大家说说找到了哪些意象？

生21：金柳、夕阳、水草、波光、新娘、青荇。我主要找到这些。

师：好，我问你，把"夕阳"换成"朝阳"行不行？

155

生21：不行，朝阳，可能太充满朝气，更适合形容少女。

师：你感受细腻而且准确，夕阳，是接近黄昏，黄昏适合表达柔情，"月上柳梢头，人约黄昏后"。"婚"，就是"昏"，古代婚礼，女方过门，男方必须在黄昏时迎娶，男女结婚，就是在黄昏时候，所以"婚"字旁边有一个女字。刚才这个同学找了六个意象，除此之外，诗中还有没有表达柔情的意象呢？

生22：还有彩虹和笙箫。

师：请问把"笙箫"换成"唢呐"行不行？

（听课师生不由得笑起来）

生22：不行，唢呐太热闹了，太喜庆了，具有戏剧色彩，不适合表达淡淡的忧伤之情。

师：同学们对诗歌的意境感受很细腻。（教师接着出示幻灯片）

金柳（不是夏栎）

夕阳（不是朝阳）

新娘（不是新郎）

波光（不是波涛）

软泥（不是岩石）

水草（不是芦苇）

彩虹（不是暴雨）

笙箫（不是唢呐）

师（指着幻灯片）：以上同学们找的这些意象，有一个共同特点，就是柔美，不是"乱石穿空"，不是"惊涛拍岸"，诗人用柔美的意象表现柔美的情感。描幽静宁谧之景，状依恋不舍之情。一切景语皆情语也。作者写景，是为了抒情。古人说，写诗不过就是情景二端，或先景后情，或以景结情，或借景抒情，或寓情于景，或情景交融等。同学们，我们通过以上默读、声读、品读三个步骤，赏析了诗歌情与景的关系。下面我们开始进行美读。

（四）美读，进入诗歌情境

师：情，是情感；境，是意象。下面我们通过美读，进入诗歌意境，读出诗歌情感。（教师出示美读幻灯片）

再别康桥

徐志摩

（单读）　　轻轻的我走了，

　　　　　　正如我轻轻的来；

（齐读）　　轻轻的来；轻轻的来；轻轻的来；轻轻的来；

（单读）　　我轻轻的招手，

作别西天的云彩。
（单读）　那河畔的金柳，
　　　　　是夕阳中的新娘；
　　　　　波光里的艳影，
　　　　　在我的心头荡漾。
（齐读）　荡漾。荡漾。荡漾。荡漾。
（单读）　软泥上的青荇，
　　　　　油油的在水底招摇；
　　　　　在康河的柔波里，
　　　　　我甘心做一条水草！
（齐读）　甘心做一条水草！
　　　　　甘心做一条水草！
　　　　　甘心做一条水草！
（单读）　那榆阴下的一潭，
　　　　　不是清泉，是天上虹！
　　　　　揉碎在浮藻间，
　　　　　沉淀着彩虹似的梦。
（齐读）　彩虹似的梦。
　　　　　彩虹似的梦。
　　　　　彩虹似的梦。
（单读）　寻梦？撑一支长篙，
　　　　　向青草更青处漫溯，
（齐读）　向青草更青处漫溯，
　　　　　向青草更青处漫溯，
　　　　　向青草更青处漫溯，
（单读）　满载一船星辉，
　　　　　在星辉斑斓里放歌。
（齐读）　放歌。放歌。放歌。放歌。
（单读）　但我不能放歌，
　　　　　悄悄是别离的笙箫；
　　　　　夏虫也为我沉默，
（齐读）　沉默，沉默，沉默，沉默，
（单读）　沉默是今晚的康桥！
（单读）　悄悄的我走了，
　　　　　正如我悄悄的来；

（齐读）　　悄悄；悄悄；悄悄；悄悄；
（单读）　　我挥一挥衣袖，
　　　　　　不带走一片云彩。
（齐读）　　不带走一片云彩。
　　　　　　不带走一片云彩。
　　　　　　不带走一片云彩。
　　　　　　不带走一片云彩。

师（指着幻灯片）：我们分角色读。一个同学领读，其他同学齐读，齐读的文字，看字形的大小，字形大，同学们发声要大，字形小，发声就小，声音由大到小或由小到大，读出感情，读出波澜。

（学生听后，兴致盎然，大家都争抢着要当领读人，最后由大家推举出一位女生领读。学生读时，教师配以动作，手舞足蹈，分角色读完，全体听课师生报以热烈掌声）

师：刚才同学们读得挺投入。读诗如唱歌，唱歌有旋律，读诗也有旋律，这首诗歌共七节，组成了全诗优美的旋律。（教师出示幻灯片）（见右图）

师：一切景语皆情语也。作者写景，是为了抒情。但是，这种感情是有起有伏的，就像一首动听的歌，有

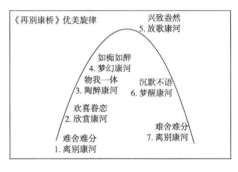

旋律美，有高潮，有低潮，有低调，有高调。下面我们再采用另外一种朗读方式形象直观地再现这首诗歌的旋律美。这种方式是我受了深圳欢乐海岸的喷泉音乐的启发而来的，即分组朗诵，读的时候，读的同学要站起来。（教师出示分组朗诵幻灯片）（见右图）

师（指着幻灯片布置朗读任务）：第一组同学读第一节诗时，站起来读；读第二节诗时，第二组同学站起来加入读；读第三节诗时，第三组同学站起来加入读；读第四节诗时，第四组同学站起来加入读；读第五节诗时，第五组同学站起来加入读，把诗歌旋律推向高潮。然后这五组同学同时坐下。读第六节诗歌时，第六、七组同学站起来读，然后坐

下，第八组同学接着站起来读第七节诗歌。这样就直观地再现了这首诗歌的旋律美。同学们明白这种读法了吗？

生：明白了。

（学生对这种奇怪的读法感到十分新鲜，十分感兴趣）

师：那好，现在开始读。

（学生按照教师要求朗读，只听波澜起伏的声音回荡在教室里）

师（**总结**）：这节课，我们通过四个步骤——默读，揣摩诗歌情感；声读，体味诗歌韵律；品读，赏析诗歌意象；美读，进入诗歌情境——来品味赏析了诗歌的情与景。王国维先生在他的《人间词话》里写道："昔人论诗，有景语情语之别，不知一切景语皆情语也。"品味这句话的含意，不外乎有两点：一是一切描写环境的文字都是作者表情寄意的载体，都必须为文章所要表达的情感服务；二是一切景物又必然引起作者的情感波动，进而付诸文字，形成景语。景与情、情与景，二者相辅相成，不可分离。好，这节课我们就讲到这里。谢谢同学们！

附

让课堂成为艺术的"结合"
——《再别康桥》课堂观摩感受

华南师范大学文学院　　文艺

（上这节课时，校内外共有150多位教师听课，教师们对这节课评价非常高，其中华南师范大学学生、即将赴华东师范大学读研的文艺同学听后，感触颇深，写下了《再别康桥》一课的观摩感受。现将其感受附录于下。）

2015年9月17日，我有幸听到了深圳名师、语文特级教师，也是我的实习导师何泗忠老师的公开课。一个课时的《再别康桥》，被讲出了远远超过40分钟的效果。作为一名听者，我不仅一直被课堂深深地吸引，还在教师的指导下，从曾经熟悉到有点疲乏的《再别康桥》中，再次获得了美的享受。一堂课能够达到如此引人入胜的效果，我试着将其归因于以下的三个"结合"。

（一）传统教法与现代理念的结合

"书读百遍，其义自见"，我国古代的语文教学都是以诵读为主的。然而，在注重"双基"的理念下，我小时候的诗歌课堂上，学生的自己"读"基本被老师的"讲"所代替。何老师的这堂课，让我又看到了新的变化。课堂实际上以"读"为主线。"默读—声读—品读—美读"，在以读为纵线的延伸下，又以横线拓展了诸如"徐志摩的'康桥情结'""赏析诗歌意象"等知识点。通过一遍一遍地诵读，老师让学生自己领悟、自己生成，我认为这是对语文教学、诗歌教学最好的回归。尽管坚守了传统的诵读教法，但何老师并不墨守成规。新课标倡导的"学生为主体、教师为主导""自主学习与合作探究相结合"的精神在本课上得到了很好的呈现。课堂上，老师非常注重学生的主体地位，采用多次讨论的方法，听取学生的意见。如在第一次默读后，让学生自己揣摩诗歌的情感。在一个学生回答"淡淡的忧伤"之后，何老师评价"这种感觉是对的，我也是这种感觉"。在这里，教师与学生是一种平等交流的关系，教师并没有把自己的想法强加给学生。在声读阶段，何老师共安排了四个环节：个人读、同座互读、派代表读，最后是教师讲解后的全班齐读。老师充分发挥了群体学习的促进作用，使得学生能力在合作中得到更有效的提升。可见，何老师在传统的诵读教学中融入当下的时代精神，体现了传统教法与现代理念的结合。

（二）科学性与艺术性的结合

语文作为一门学科，在教学设计上必须遵循一定的科学性。何老师的这节课就充分考虑了学生的思维特征，符合学生学习的一般规律。从"默读"到"声读"，再到"品读"和"美读"，体现的是"了解—理解—赏析"的认知过程。同时，从初读感受基调，到赏析重点词句，再到品味全诗意境，又体现了"从整体到部分再到整体"的学习过程。何老师的课堂环节分明、逻辑清晰，每个步骤看似随意排列，但又顺理成章，绝对无法轻易调换，这就是因为它有较为深厚的科学依据。

最令我折服的还是何老师安排课堂的艺术。何老师曾在一篇文章里写过，好的教师要学会"示弱"，这堂课就完美诠释了何老师的"示弱"。为了让学生理解"诗贵含蓄"，何老师展示了一篇自己写的《车站送萍姐》。在千古名作《再别康桥》面前，何老师的诗就显得稍逊一筹了。此外，在品读阶段，何老师在全班学生面前背了一次《再别康桥》，假装不经意地将中间的部分词语背错，借以引入对重点词语的讲解。在传统的观念中，教师是至高无上的绝对权威，许多青年教师在公开课上更是生怕出一点纰漏。何老师的"献丑"和"露馅儿"不仅能够活跃课堂气氛，更让学生体会了捕捉教师错误的成就感。这种猎人般的快乐能够有效地激发学生的学习兴趣，成为让其注意力集中的正向刺激。

此外，何老师在最后的美读阶段，设计了这样的环节：对诗句艺术化地处理，加入一些特效，帮助学生更好地感受诗歌的美感。例如，"轻轻的我走了，正如我轻轻的来"，"轻轻的来"重复三次，且逐渐变弱；"满载一船星辉，在星辉斑斓里放歌"，"放歌"重复四次，且逐渐变强（诸如此类的地方在此不一一列举）。在这样的处理下，整首诗歌的朗诵就好像变成了一场交响乐，由一名学生主奏，其他学生伴奏。通过诗句的延宕，拓宽了诗歌的意境，通过某些效果的加强让诗歌的情感变化更具象化，这样做降低了学生对于本诗情感及意境理解上的难度，使得教学效果大大提升。

（三）人文性与工具性的结合

新课标强调，语文课程的基本性质是人文性与工具性。何老师的这堂课是人文性与工具性的完美结合。为什么说是"完美结合"？我认为，这其中既有"人文性""工具性"的各自强调，又有二者的"水乳相融"。

在默读阶段，何老师让学生揣摩诗歌情感；在声读阶段，让学生体味诗歌韵律；随后，何老师插入了徐志摩的"康桥情结"背景的说明。这种对于诗歌创作思想和情感基调的把握强调的是"人文性"的感悟，实现的是"情感态度与价值观"的目标。有一个现象值得我们注意，很多教师讲诗歌时，在一开始就给学生讲述了诗人的身世和诗歌创作的背景，这样做固然能通过"知人论世"加深学生对于诗歌的理解，但也会让学生先入为主，以"经验"代替文本阅读的实际感受。因此，我认为何老师这里的处理是非常巧妙的，让学生先读，形成初步的感受，再以背景资料的补充来验证之前的想法。这是一种让学生自主建构的设计，尊重了学生的主体思考。

在讲授徐志摩的"康桥情结"中，有一个让许多人意想不到且暗暗称奇的设计，是老师讲了这样一段话：

"1920—1922年，徐志摩这个莘莘学子曾游学于英国剑桥大学，在这里，他结识了影响他生命、终身为之倾慕的一个重要女性——林徽因。当徐志摩第一次见到风华绝代、活泼可爱的少女林徽因时，忍俊不禁地笑了起来，从此，他对林徽因一见倾心，然而因为种种原因，他们最终没有成为一对情侣，他们只能相敬如宾，这一段没有结局的恋情让徐志摩刻骨铭心。"

在听到老师说这段话时，我感到很奇怪，等到课件上显示出这段文字，老师让学生自己谈谈这段话中的用词时，我才恍然大悟。"莘莘学子""忍俊不禁""相敬如宾""刻骨铭心"等成语是高考基础题中的高频考点。老师以这种介绍背景的形式考查这四个成语的应用，将对考试的训练浑然不露地渗透到日常教学中，这种深厚的功力真是让我们难以企及呀！

当然，课堂上更多的还是何老师以"工具性"为抓手，促进"人文性"教学的例子。文中重点意象的辨析：是"金柳"而非"夏栎"，是"夕阳"而非"朝阳"，是"新娘"而非"少女"等，都从选词的角度加深了学生对于诗歌婉约的离情的体会；前面提到的交响乐式的美读，既培养了学生对诗歌的朗诵技巧，又对学生进行了一次审美的熏陶。再进一步讲，这种课堂环节的设计着眼于学生的学习过程，也是对于学习方法的学习。赏析重点词语采用"换词法"，感受诗歌意境采用"美读法"。一堂40分钟的课，成功地将"知识"、

"能力"和"情感"目标同时实现，也许这就是语文课的最佳效果吧。

我知道，以上的"三个结合"只是学识尚浅的我浅层次的归纳，内部还有更深层的道理我无法言清。其实，除了本次课让我感到惊艳外，更让我佩服的是何老师对于教学上不倦的探索。作为一位经验与声望俱高的专家学者型教师，何老师仍然在精心设计自己课堂的每个环节，在课上依旧激情满满。这让我想到朱永新教授在《我的教育理想》中说的一段话："一个理想的教师他应该是一个一生不安分、会做梦的教师。教育的每一天都是新的，每一天的内涵与主题都不同，只有具有强烈的冲动、愿望、使命感、责任感，才能够提出问题，才会自找'麻烦'，也才能拥有诗意的教育生活。"一直在向前走的教师，才能在教师的岗位上走得很远！

如果说课堂成了精心雕琢的艺术品，教师便是精益求精的艺术家。何老师的公开课，公开的不仅仅是一堂课，更是一种态度。我看到了，我学习着！

八、《沁园春·长沙》悬念教学实录

上课时间：2015年9月18日
上课地点：深圳市第二高级中学四楼考务室
上课班级：高一（17）班

师：上课。
生：起立。
师：同学们好！
生：老师好！
师：请坐。
师：我们在初中时学过毛泽东的一首词《沁园春·雪》，大家能不能背出来？（师生情不自禁地一起背诵，背诵完后，教师出示毛泽东的词《沁园春·雪》的幻灯片）

> 沁园春·雪
> 　毛泽东
> 北国风光，
> 千里冰封，
> 万里雪飘。
> 望长城内外，

惟余莽莽；

大河上下，

顿失滔滔。

山舞银蛇，

原驰蜡象，

欲与天公试比高。

须晴日，

看红装素裹，

分外妖娆。

江山如此多娇，

引无数英雄竞折腰。

惜秦皇汉武，

略输文采；

唐宗宋祖，

稍逊风骚。

一代天骄，

成吉思汗，

只识弯弓射大雕。

俱往矣，

数风流人物，

还看今朝。

师（指着幻灯片）：在这首词中，我们曾经随诗人一起领略了那千里冰封、万里雪飘的北国之冬的壮丽景色，诗人面对如此多娇的江山，抒发了"数风流人物，还看今朝"的豪情壮志。今天，我们来学习毛泽东的另一首词《沁园春·长沙》（展示《沁园春·长沙》课题），看诗人如何描绘深秋湘江的景致，又抒发了怎样的豪情壮志。《沁园春·长沙》这首词写于1925年，当时毛泽东32岁，正值风华正茂的年龄。在学习这首诗歌之前，我先来朗读一下这首诗歌。是要我读，还是要我背？

生（齐）：背！

师：好吧，我试着背一下。不过，我的确还不太熟悉，如果有什么地方背错了，你们一定要指出来，好不好？

生（齐）：好！

（教师声情并茂地背诵课文，故意背错几处，背诵错处与原文对照如下）

163

站立深秋，　　　　　独立寒秋，
湘江北流，　　　　　湘江北去，
橘子洲头。　　　　　橘子洲头。
看万山红遍，　　　　看万山红遍，
树林尽染；　　　　　层林尽染；
漫江碧透，　　　　　漫江碧透，
百舸争流。　　　　　百舸争流。
鹰飞长空，　　　　　鹰击长空，
鱼游浅底，　　　　　鱼翔浅底，
万类霜天多自由。　　万类霜天竞自由。
怅寥廓，　　　　　　怅寥廓，
问苍茫大地，　　　　问苍茫大地，
谁主沉浮？　　　　　谁主沉浮？
随同百侣曾游，　　　携来百侣曾游，
忆往昔峥嵘岁月稠。　忆往昔峥嵘岁月稠。
恰同学少年，　　　　恰同学少年，
风华正茂；　　　　　风华正茂；
书生意气，　　　　　书生意气，
挥斥方遒。　　　　　挥斥方遒。
指点江山，　　　　　指点江山，
激扬文字，　　　　　激扬文字，
粪土当年万户侯。　　粪土当年万户侯。
曾记否，　　　　　　曾记否，
到中流戏水，　　　　到中流击水，
浪遏飞舟？　　　　　浪遏飞舟？

师：我背得好不好？

生1：老师感情到位，背出了诗歌的豪迈气概，但有些地方背错了。

师：是吗？我哪些地方背错了？

生1："独立寒秋"的"独"。

师：噢，"独立寒秋"的"独"我把它背成了什么？

生1：背成了"站"。

师：噢，我现在回忆起来了。还有吗？

生1："独立寒秋"的"寒"背成了"深"。

生2："湘江北去"背成了"湘江北流"。

师：这也背错了。还有吗？

生3："层林尽染"背成了"树林尽染"。

师：看来我的记性真有问题。

生4："鹰击长空"背成了"鹰飞长空"。

师：谢谢同学们指出我的背诵错误。还有错吗？

生5："鱼翔浅底"背成了"鱼游浅底"。

生6："万类霜天竞自由"背成了"万类霜天多自由"。

生7："携来百侣曾游"背成了"随同百侣曾游"。

生8："到中流击水"背成了"到中流戏水"。

（上课伊始，教师采用故意错误法设置课堂悬念，学生积极参与课堂教学活动，纷纷指出教师的错误，取得意想不到的教学效果）

师：同学们听得真仔细啊！这些我都背错了。不过，话又说回来，我背错的这些地方，与原文比较，好像差不多啊！

生（齐）：差多了！

师：你们说我差多了，要说出道理来，否则我不服。

生9："独立寒秋"不能改为"站立深秋"。

师：为什么？

生9：因为"独立"不仅表明孤独，是诗人一个人站立在橘子洲，而且显示了诗人中流砥柱的气概，凸显了诗人伟岸的身躯，大有天塌下来我来顶的气魄；用"站立"就不能显示出伟人的孤独。用"寒秋"也比"深秋"好，"深秋"只是写出了季节，"寒秋"则既点明了季节，也显示当时的政治环境十分严酷。（生热烈鼓掌）

师：她理解得很深啊。我们联系诗歌的写作背景就更可以看出这位同学的理解深度。这首词写于1925年，诗人在1923年和1925年两次入湘，均被当时称霸湖南的军阀赵恒惕所追捕，用他自己的话说，"在仅仅几个月内，我们组织了二十几个以上的农民协会，同时引起了地主的怨毒，要求将我逮捕，赵省长派兵来抓我"（《毛泽东自传》）。诗人身处险境却依然能"独立寒秋"，显示了他的沉着镇静、坦荡从容、泰山崩于前而面不改色。一个"寒"字，显示了当时险恶的环境。唐朝柳宗元有一首以"江雪"为题的绝句，大家还记得否？

生（齐）：记得。

（师生情不自禁地齐声背诵起来：千山鸟飞绝，万径人踪灭。孤舟蓑笠翁，独钓寒江雪）

师：这是柳宗元政治革新失败后，被贬永州，身处逆境时写的一首诗，柳宗元是"独钓寒江"，毛泽东是"独立寒秋"，意境何其相似。当然，封建士大夫与革命伟人的胸襟又是不可同日而语的，柳宗元是洁身自好，毛泽东则是激流勇进。唔，不错，"独立寒秋"的确比"站立深秋"意境高远。那"湘江北去"改成"湘江北流"可不可以？

生10：不行，"去"体现了一种气势，大江东去，浪淘尽，千古风流人物。毛泽东是一位伟大的革命家，他有一种英雄的气概，"去"字很有力度，写出了一种崇高与壮美，表现了革命家的豪情与气魄。"流"字力度不够，表现不出这种气魄。

师：这位同学从一种审美的高度，从"力"的角度来分辨"去"与"流"的表达效果。不错，德国哲学家康德就把崇高分为两类：数学的崇高，如高山的体积；力学的崇高，如暴风雨的气势。如果按照康德的分法，"去"字就显示了一种力学的崇高。"流"字没有力度，"泗水流，汴水留，流到瓜洲古渡头。吴山点点愁。思悠悠，恨悠悠，恨到归时方始休。月明人倚楼""问君能有几多愁？恰似一江春水向东流"表现的是一种柔情。毛泽东用"去"字，表现的是一种豪情。同学们的诗歌鉴赏水平真高啊！那"层林尽染"和"树林尽染"，哪个效果好？

生11：当然是"层林"好。

师：你要说出道理来。

生11："层"写出了树林的茂密。

师：有些道理，还有吗？

生11：既写出了树林的茂密，又写出了树林的高低错落，有一种立体感。

师：感觉不错，还有吗？

生12：还显得有气势。

师：对了，基本上都讲到了。"层林"既写出了树林的茂密，又写出了树林的高低错落，有一种立体感，"树林"，则只是一个平面。还有，"层林"与"万山"相对，显示出一种体积的巨大，这是体积上的崇高，显出一种壮美。的确，"层林"比"树林"好。那么，"鹰击长空"改成"鹰飞长空"，"击"改为"飞"怎么样？

生13（手舞足蹈地）：不好，不好。"击"能显示出雄鹰展翅奋飞、搏击长空的强劲有力之势，像导弹一样，直插蓝天，有霸气；"飞"太一般，没有这种强劲有力之势，也许是"孔雀东南飞，五里一徘徊"呢！

（听课师生被学生幽默生动的解读逗得开心大笑）

师：把诗歌的意境完全分析出来了，这是数学的崇高，还是力学的崇高？

生13：力学的崇高。

师：不错，一个词的改变，就可能改变全诗的境界。那"鱼翔浅底"改成"鱼游浅底"总没错吧！

生13：单看诗句本身，可能没错，但从全诗意境来看，这样一改，就没诗味了。

师（显出不服气的样子）：鱼又没有翅膀，怎能飞呢？"鱼游浅底"应该更符合语言的逻辑。

生13（振振有词）："鱼游浅底"太俗气，写诗不一定按照逻辑，诗歌要有想象。"鱼翔浅底"更有意境美。从"翔"字可以看出，鱼在那儿自由自在地游，不仅前后"游"，而且上下"翔"，更有立体感，湘江的水也显得十分清澈。

师：你有道理，我服输了。的确，"翔"写出了鱼儿在清澈见底、水天相映的水中游得自由轻快，像在天空中飞翔一样。

（这里，教师采用示弱法设置悬念，学生更来劲了）

师：那么，"万类霜天竞自由"改成"万类霜天多自由"如何？

生14：不行不行，"竞"字有一种主动争取的意味，"多"字则只有羡慕，但不会去争取。毛泽东作为一个具有领袖气质的人物，他绝对会主动出击。

师：分析很到位，同学们对诗歌深层次的理解。我都没想到，你们想到了，很好。以上，我们师生互动，从炼字的角度，初步分析了词的上阕的意思。上阕是写景，那么，毛泽东笔下的秋景给人的总体感觉是什么？请同学们在下面讨论一下。

（采用问题诱导法设置悬念，学生响应教师召唤，展开热烈的讨论）

师：下面，我们来请同学们说说讨论的结果。谁先说？

生15：轰轰烈烈，充满生机。与李清照笔下的"寻寻觅觅、冷冷清清、凄凄惨惨戚戚"格调迥然不同。

生16：绚丽多彩，生机盎然。古人写秋多怨秋、悲秋，把秋景写得肃杀悲凉，清冷惨淡，什么"自古逢秋悲寂寥""万里悲秋常作客""秋风秋雨愁煞人"等。而毛主席笔下的秋天则绚丽多彩，生机盎然。

师：是的，绚丽蓬勃，充满生机。那么，毛泽东笔下的秋为何如此绚丽多彩、充满生机呢？为何会与众不同呢？请同学们好好思考一下，2分钟后我叫大家来说说。

（学生在下面认真思考，不时与同学讨论）

师：谁先发言？

生17：我觉得这与诗歌所选的意象即景物有关。毛泽东所选的景物都是一些体积巨大，很有力量的事物。用大景抒大情，在这一点上，与他的《沁园春·雪》有些相似。《沁园春·雪》一开篇"北国风光，千里冰封，万里雪飘。望长城内外，惟余莽莽；大河上下，顿失滔滔"，用宏大的景物来抒发他的壮志豪情。

师：是的，他说得很好，诗人选什么景物，与他抒什么情有关。我们学过徐志摩的《再别康桥》,《再别康桥》中所选景物就不同,为什么会有不同?
毛泽东抒发的是一种在大风大浪中搏击的壮志豪情,而徐志摩抒发的是一种依
依惜别的柔情。因此,毛泽东笔下所选的景物是大江,而不是小溪;是万山
红遍的经霜枫叶,而不是那河畔的金柳;是搏击长空的雄鹰,而不是沉默的夏
虫;是风华正茂的少年,而不是夕阳中的新娘;是浪遏飞舟的击水,而不是波
光里的艳影;是到中流击水,而不是撑一支长篙去漫溯。

生18:我觉得毛泽东笔下的秋景如此绚丽多彩、充满生机与诗人本身的性
格也有关系。

师:你这又是一个重大的发现。你能稍稍展开一下吗?

生18:毛泽东为什么会选取这些壮丽的景色与物象,与毛泽东的个性有
关,与诗人的气度、胸襟、性格、身份有关。

师:说得真好!我曾经想过,有三个站在河边的男人。一个是毛泽东,一
个是徐志摩,还有一个是——我。(学生大笑、鼓掌)三个站在河边的男人,
我也曾经站在河边,写过一首诗。(出示幻灯片)

> 春何处?
>
> 漂泊江畔独步。
>
> 郴江往事凭随诉?
>
> 望残月,
>
> 长叹一声,
>
> 泪滴郴江流去。

师(指着幻灯片):我曾经在郴江旁边读过书,我是湖南郴州的。为什么
三个男人在河边,所写的诗歌会不同呢?

在河边,毛泽东是独立寒秋,因为他是叱咤风云的伟人。

在河边,徐志摩是在星辉斑斓里放歌,因为他是崇尚自由的诗人。

在河边,何泗忠是漂泊独步江畔,因为他是失恋的凡人。

(学生露出会心的微笑)

所以说毛泽东为什么会选取这些壮丽的景色与物象,的确如刚才的同学
所说,这与毛泽东的个性有关,与诗人的气度、胸襟、性格、身份有关。毛泽
东最与众不同的是什么?他仅仅是一介书生吗?不是。他是叱咤风云的一代伟
人,是胸怀大志的政治家。他有经天纬地之才,再造乾坤之志;他有博大的胸
襟,崇高的风范,奋发向上永不消沉的乐观性格;他不同于那些多愁善感的纤
弱文人,见落花而流泪,见流水而长叹,所以他的诗词也不同凡响,充满豪情
壮志。阅读此词,人们会被其崇高的感情和精神境界所感动。这秋景,深深地
打上了诗人毛泽东鲜明的情感烙印。无论是"万山"中经霜变红似染过的树
叶,还是湘江中百舸争流的场面,或是搏击长空的雄鹰和水中自在的游鱼,既

是客观之景，更是词人眼中之景，这些景物不像古人眼中的秋景，给人的感觉不是"悲"，不是"愁"，而是"万类霜天竞自由"的热烈场面，给读者传达出了词人那种乐观、昂扬、向上的情绪。

　　总之，词的上阕写出了一派生机勃勃的秋天景象。江山如此多娇，引无数英雄竞折腰。这么好的大好江山，谁来主宰它呢？"问苍茫大地，谁主沉浮？"面对如画江山，作者提出谁来主宰江山的问题。下阕回答了这个问题没有？请同学们齐读下阕。

　　（学生声情并茂地齐读下阕）

　　师：同学们，作者回答了谁来主宰江山的问题没有？

　　生19：我认为回答了。主宰江山的就是我们，"恰同学少年"，我们这些年轻人。

　　师：这样的少年是怎样的少年呢？我们先来看这一句"携来百侣曾游"，我背成了"随同百侣曾游"，哪一句好？

　　生19：原句好。"随同"是别人为主，自己是跟随。"携来"就是以"我"为主。携，携带，体现了毛泽东的领袖气质。

　　师：理解得很好。所以，要主宰江山，一定要是有领袖气质的人。毛泽东在读书时就是学生领袖了。毛泽东自幼就有一种领袖情结，我曾经看过一首毛泽东小时候写的诗，这首诗在毛泽东诗集中一般看不到，算了，我也不给你们看了。

　　生（齐声大叫）：要看要看！

　　（教师利用逆反心理设置悬念，逗引学生，活跃课堂气氛）

　　师：那好吧！（教师出示毛泽东《咏蛙》诗幻灯片，并要学生齐读）

咏　蛙

独坐池塘如虎踞，
绿荫树下养精神。
春来我不先开口，
哪个虫儿敢作声。

　　师（指着幻灯片）：你们读后这首诗给你们的感觉是怎样的？

　　生20：有虎气！

　　生21：有霸气！

　　师：对了，有虎气，有霸气，有领袖气。所以，在毛泽东看来，要有领袖气质，才能主宰中国命运。同学们，除了要有领袖气质外，这些少年还要有什么特点才能主宰中国命运呢？

　　生22：要风华正茂，书生意气，即要年轻，要有活力，还要有才华、有能力，能文能武，是真正的风流人物！

师：说得好！要主宰江山，就必须有文化。因此，毛泽东早年外出求学离开家乡时，写了一首诗给父亲，一首什么诗呢？同学们想不想看？

生（齐）：想看！

师：好，那我们来看看吧！（教师出示幻灯片）

> 孩儿立志出乡关，
> 学不成名誓不还。
> 埋骨何须桑梓地，
> 人生无处不青山。

师：这些年轻人要有文化，用现在的话说，就是要有智慧。

生23：还要有德，"粪土当年万户侯"，把万户侯当作粪土。

师：理解得很好。除了要有领袖气质，要有德有智之外，还要有什么？

生24：还要身体好。"到中流击水，浪遏飞舟？"

师：对了，"到中流击水，浪遏飞舟？"同学们，"到中流击水"可不可以改成"到中流戏水"呢？

生25：不行，戏水，像鸳鸯戏水，有游戏人生的味道，与全诗感情基调不合。击水有力，体现了毛泽东的远大抱负和宏大气魄。

师：是的，毛泽东青年时代就有"自信人生二百年，会当击水三千里"的鸿鹄之志，毛泽东是激流勇进的革命家。综上所述，在词的下阕，毛泽东回答了上阕中提出的问题：问苍茫大地，谁主沉浮？只有德、智、体全面发展的人，有组织能力，有领袖气质的年轻人，才能主宰中国的命运、中国的江山。他这个想法在中华人民共和国成立后凝练成了这样一句话：（师出示幻灯片）

我们的教育方针，应该使受教育者在德育、智育、体育几方面都得到发展，成为有社会主义觉悟的有文化的劳动者。

师：好，以上我们从炼字的角度、从情与景的角度、从结构的角度基本上把握了词的意境与主题。下面我们来美读一下这首词：（教师出示经艺术化处理的《沁园春·长沙》一词幻灯片）

（单读）
> 独立寒秋，
> 湘江北去，
> 橘子洲头。

（齐读）
> 啊！看万山红遍，
> 层林尽染；
> 漫江碧透，
> 百舸争流。
> 鹰击长空，
> 鱼翔浅底，

	万类霜天竞自由。
（单读）	怅寥廓，
	问苍茫大地，
	谁主沉浮？
（齐读，声音由小到大）	谁主沉浮？
	谁主沉浮？
	谁主沉浮？
（单读）	携来百侣曾游，
	忆往昔峥嵘岁月稠。
（齐读）	耶！恰同学少年，
	风华正茂；
	书生意气，
	挥斥方道。
	指点江山，
	激扬文字，
	粪土当年万户侯。
（单读）	曾记否，
	到中流击水，
	浪遏飞舟？
（齐读，声音由小到大）	浪遏飞舟？
	浪遏飞舟？
	浪遏飞舟？

（学生按照教师要求美读这首词，感情充沛，气势高昂，将课堂教学气氛推向高潮）

师：今天，我们就学到这儿，谢谢同学们！

九、《荆轲刺秦王》悬念教学实录

第一课时

上课时间：2015年9月30日

上课地点：深圳市第二高级中学四楼考务室

上课班级：高一（18）班

（上课之前，播放许鹤缤演唱的电视剧《杀虎口》的片尾曲《侠》，同时用幻灯片打出《侠》的歌词）

江湖萧杀，英雄咫尺天涯，

夕阳下一人一马。

自古道，情义无价，一种精神叫作侠。

刀起剑拔，恩怨纷纷落下。

策马扬鞭，驰骋天下。

动静之间，等待命运的解答。

林立的远山，寂寞的湖畔。

内心的良善，一身的悲欢。

谈爱，谁比你更明白，走出一场生死的徘徊；

谈爱，谁比你更无奈，穿越一次漫长的等待。

（歌曲豪迈苍凉，这一环节营造了一种侠士精神的情感氛围）

师： 上课。

生： 起立。

师： 同学们好！

生： 老师好！

师： 请坐。上课之前，我出示一副对联，请同学们猜猜看这副对联歌咏的是谁。（教师幻灯出示对联并朗读对联）

身入狼邦壮志匹夫生死外，心存燕国萧寒易水古今流。

（采用导入型悬念，引来学生纷纷猜测，时有讨论，不一会儿，有不少学生举手）

生1： 是蔺相如。蔺相如深入秦国，将生死置之度外，完璧归赵。

生2： 不对，他只看了前半句，结合后半句综合考虑，应该咏的是荆轲。荆轲深入秦国，易水送别，他高吟"风萧萧兮易水寒，壮士一去兮不复还"。

师： 对，咏的是荆轲。身入狼邦，说的是荆轲只身深入秦国。荆轲干过一件什么事呢？

生（齐）： 刺秦王。

师： 对，（出示幻灯片，打出课文标题）荆轲刺秦王。

师： 秦王是什么人？

生3： 秦国的国君嬴政，也就是后来统一中国的秦始皇。

师： 说得完全正确，秦王嬴政，就好像现在的美国总统奥巴马，是当时最强大国家的元首。当时，有七个主要的国家，叫战国七雄。哪战国七雄呢？

生（齐）： 燕国、齐国、赵国、魏国、韩国、楚国、秦国。

师： 同学们历史学得不错，的确是这七个国家。其中，秦国经过商鞅变法后，力量最强大，相当于现在的美国。秦已于公元前230年灭韩，又于公元前228年破赵（秦灭赵是在公元前222年），秦统一六国的大势已定。于是，燕国的太子丹就派了一个名叫荆轲的职业杀手前去刺杀秦王嬴政，就好像现在派人要去刺杀奥巴马一样。这是一次著名的"斩首行动"，"斩首行动"是现代战争中常用的一种军事手段，其核心是斩杀最高军事指挥首脑。在2003年对伊拉克的战争中，美国就使用了这一手段。殊不知，在两千多年前的中国，荆轲就使用了这一"现代化战争手段"。

（饶有趣味的导入型悬念，引发学生学习这篇文章的兴趣）

师：我曾经跟同学们讲过推动中国历史前进的中国历史上的"十大狼人"。（幻灯片出示"十大狼人"）

狂傲不屈的烈狼	屈　原
吞并六国的霸狼	秦始皇
侠肝义胆的勇狼	荆　轲
力拔山兮的雄狼	项　羽
精于权变的诡狼	刘　邦
宽宏大度的圣狼	唐太宗
聪明果断的媚狼	武则天
还我河山的战狼	岳　飞
横扫欧亚的猛狼	成吉思汗
雄才大略的奇狼	毛泽东

师："荆轲刺秦王"这个标题中就出现了两头狼，这是一头狼去刺杀另一头狼。荆轲，我把他定性为侠肝义胆的勇狼。他是春秋战国时期有名的四大刺客之一。（教师出示幻灯片简介荆轲）

荆轲，春秋战国时期有名的四大刺客之一，祖先是齐国人，后迁居卫国，原叫庄轲，到了燕国以后，才叫荆轲。燕太子为了刺秦王，先找智勇双全的燕国处士田光。田光觉得自己老了，无法完成太子丹的重托，便向太子丹推荐了荆轲。荆轲接受了任务。

师：你想知道荆轲刺秦王的详细内容吗？那么就看看《荆轲刺秦王》吧。请同学们翻开教材，《荆轲刺秦王》这篇课文就详细地描述了荆轲刺秦王的情况。

（学生带着好奇心纷纷打开教材）

师：课文标题是《荆轲刺秦王》，请同学们想一想，课文重点会是在哪个字上做文章？

生（不假思索地齐答）：刺。

师：既然是围绕"刺"字做文章，那么，我估计在文章中会多次出现

"刺"字。下面请同学们认真阅读课文，在文章中遇到"刺"就画圈，看能圈出多少个"刺"字。

（这一巧妙的悬念设计激发了学生的阅读兴趣，学生迅速投入文本的探究，教师在下面巡视，约10分钟后，学生中有些骚动，有的学生窃窃私语起来）

师：下面，我们叫同学来说一说，看课文中到底出现了多少个"刺"字。

生4："刺"字在课文中一次都没有直接出现。

（其他学生七嘴八舌地说认真阅读了课文，反复找"刺"，但就是没有找到）

师：噢，是的，我也反复阅读了课文，课文共18个自然段，但在课文中，就是没有直接出现"刺"字。那么，课文中有没有与"刺"字意思一样的字词呢？

（这个悬念设置再次激起学生的探究欲望，学生再次认真阅读课文，有的还在书上写写画画。这两次悬念设置巧妙地引导学生阅读课文，弄清了课文大意）

师：同学们，你们发现课文中有没有与"刺"字意思一样的词语？

（学生纷纷举手）

生5：我发现在课文的第三段，有一个字与"刺"意思一样。

师：请你上台把这个字写出来。

（生5上台写出"揕"字）

师：这个字读什么音？

（生5承认自己不会读。这时，下面有学生大声说，这个字读"zhèn"）

师（微笑着对生5说）：是的，这个字读"zhèn"。下面，请你把第三自然段读一下，并把出现"揕"字的这句话翻译给大家听，好不好？

生5（先读第三自然段，接着翻译出现"揕"字的那句话"臣左手把其袖，而右手揕其胸，然则将军之仇报，而燕国见陵之耻除矣"）：我用左手抓住他的衣袖，右手拿刀去刺他的胸部，那么，将军的仇也报了，而且也洗了燕国的耻辱。

师：前两个分句翻译得还好，但后两个分句，关键词没有落实到位。"然则将军之仇报"，"然则"怎么翻译？"而燕国见陵之耻除矣"的"见"字又怎么翻译？有谁知道？

生6（举手并站起来）："然"，应该翻译成"这样"；"则"就是"那么"的意思。这句话应该翻译成"我这样做，那么将军的仇也就报了"。"而燕国见陵之耻除矣"中的"见"字根据语境，应该翻译成"被"，表被动，这句话应该翻译成"而燕国被欺凌的耻辱也洗除了"。

师：请坐，（指着生5）你也回到座位上去。王东同学说得好，在古代汉语中，除"为""为所""为……所"等词可以表被动外，"见""见……于"也可以表被动。"而燕国见陵之耻除矣"的"见"字就是表被动的。好，通过同学们的探究，我们发现了一个"揕"字与标题中的"刺"字意思相同。还找到与"刺"这个字意思相同或相近的字吗？

生7：老师，第十六段有一个"提"（tí）字，就是"刺"的意思。

师（在黑板上板书"提"，并指着它）：这个字读"tí"吗？

（其他学生：应该读"dǐ"）

师：对了，在这里应该读"dǐ"。（教师指着生7说）请你把第十六自然段读出来，并翻译出现了"提"字的那句话。

生7：是时，侍医夏无且以其所奉药囊提轲。［教师更正学生把"夏无且"的"且（jū）"读成"且（qiě）"的错误］秦王方还柱走，卒惶急不知所为。左右乃曰："王负剑！王负剑！"遂拔以击荆轲，断其左股。荆轲废，乃引其匕首提秦王，不中，中柱。秦王复击轲，被八创。（读完，生7接着翻译出现"提"字的那句话）荆轲废，乃引其匕首提秦王，不中，中柱。荆轲受伤，于是拿着匕首刺向秦王，没有刺中，匕首掷向柱子。

师：课文中还有没有与"刺"意思相同的字词？（学生摇头）的确，全文共十八段，文中就是没直接出现一个"刺"字。整篇文章出现与"刺"意思相近的也才这么两处，但是，我要说，全文十八个自然段，却是处处围绕"刺"字来做文章的。下面，请同学们第三次阅读课文，对每一段的意思进行概括，概括的句子中一定要带一个"刺"字。

（面对教师提出的这个挑战性命题，学生再次投入到对课文的探究之中，并且不时拿起笔来，在书上写写画画，10分钟后，学生跃跃欲试）

师：下面，我叫几位同学将自己概括的内容说一下。

（生纷纷响应教师召唤，手举得高高的）

生8：我对第一自然段的概括是"秦国大举入侵赵国"。

（教师将学生概括的内容板书到黑板）

师：同学们，他这个概括准不准确，符不符合我的要求？

生9：不太准确，也不符合老师的要求。老师要求概括中要有一个"刺"字。我的概括是"荆轲刺秦王的背景"。

（教师将学生概括的内容板书到黑板）

师（幻灯片出示第一自然段原文）：

秦将王翦破赵，虏赵王，尽收其地，进兵北略地，至燕南界。

师（指着两位学生概括的内容）：单就第一自然段而言，两位同学的概括都没有错。但我们对文段意思的概括，要有一个原则，就是词不离句、句不离

175

段、段不离篇。要从文章整体来考虑文段意思的概括。从这个角度来看，我认为"荆轲刺秦王的背景"这一概括更符合作者的写作意图，而且出现了我所要求的"刺"字。下面，请同学们把第一自然段齐读一遍。

（生读）

师：同学们，你们刚才齐读了第一自然段，在读的时候，这段话给了你什么信息，给你什么感觉？

生10：秦国太强大，咄咄逼人。

生11：燕国危在旦夕。

生12：文笔有气势，势如破竹。

师：你们的感觉挺准确。英雄所见略同，我也是这个感觉。那么，这种感觉，你们是从什么地方看出来的呢？

生13：语气短促。

生14：连用几个动词"破""俘""收""进""略""至"，写出秦军所向披靡，燕国危如累卵的紧张气氛。

师：同学们讲得太好了。这是一篇传统的优秀课文，我在读高中时，就知道这篇文章。我记得有一次期中考试，老师就拿这篇文章出题目，其中拿第一段出了一个填空题。题目是这样出的：（出示幻灯片）

根据语境，在下面文段横线处填上一个恰当的动词。

秦将王翦破赵，虏赵王，尽____其地，进兵北略地，至燕南界。

师：当时我们就填了好几个动词。同学们，假如你没看过这篇文章，你会填哪些词呢？

（学生抢着回答，一个接一个地说）

生15：夺。

生16：掠。

生17：霸。

生18：抢。

生19：占。

生20：拿。

生21：取。

生22：得。

生23：攻。

师：同学们真厉害呀，比我们那时想的还多，当时我们主要是填了占、得、攻、取这么几个动词。但请同学们想想看，我们填的这些词，与原文比较一下，表达效果如何？

生24：占，尽占其地，占，可能通过与对方的激烈抵抗才占领。战争双方可能实力相当，那就没有写出秦王扫六合的霸气。得，尽得其地，可能就是坐享其成，没有了摧枯拉朽之势。攻，尽攻其地，可能还没打下来。取，尽取其地，也还是没有势如破竹的气势。

师：你的分析还是比较准确的。是的，原文用的"收"字，尽收其地，这个"收"字表现力极强，就好像土地就是他的，现在要把它收过来，你给也是收，不给我也要收，没道理可讲，这就写出了秦国的霸气，写出了秦国排山倒海的气势，也写出了秦国的蛮横与贪婪。所以，这个词确实用得挺好。下面，我们来美读一下这段文字：（幻灯片出示经过美读处理的第一自然段）

> 秦将王翦破赵，　　破！破！破！
> 虏赵王，　　　　　虏！虏！虏！
> 尽收其地，　　　　收！收！收！
> 进兵北略地，　　　略！略！略！
> 至燕南界。　　　　至！至！至！

师（指着幻灯片分配美读任务）：一个男生读左边原文，全体学生读右边重复的字，要读出气势来。

（学生按照教师要求读，读出摧枯拉朽之势，读得排山倒海）

师：好，这一段写了荆轲刺秦王的背景。秦国咄咄逼人，燕国危如累卵，面对这样的危局，燕国怎么办？下面，我们来看第二段，这一段写了什么？我们是怎样概括的？

（学生举手）

师：好，你说。

生24：怎么刺秦王。

生25（自己站起来主动说）：商讨刺秦王的对策。

师：他们两人的概括谁更准确？

生26：第二位概括得更准确。因为怎么刺秦王，似乎"已经"在刺秦王了，已经付诸行动了。而课文却是写燕太子丹与荆轲商量要去刺秦王，怎样才能接近秦王。"太子丹恐惧，乃请荆卿曰"，一个"请"字说明太子丹要求见荆轲，且有商量的姿态。"今行而无信，则秦未可亲也"这句话表明，荆轲希望得到信物，没有信物，就无法取信于秦王，进而接近秦王。可见，他们在商量刺秦王的事情。

师：对了，你分析概括得十分准确。"商讨刺秦王的对策"，中间也包含一个"刺"字，符合老师的概括要求。下面，请同学们把第二自然段齐读一遍。

（学生齐读）

师：我们阅读文言文，对一些关键词句要准确把握，有的还要字字落实地翻译出来。（教师出示翻译题幻灯片）下面，请同学们找出一下下列画线句子翻译正确的一项。

太子丹恐惧，乃请荆卿曰："秦兵旦暮渡易水，则虽欲长侍足下，岂可得哉？"荆卿曰："A. 微太子言，臣愿得谒之。 B. 今行而无信，则秦未可亲也。夫今樊将军，秦王购之金千斤，邑万家。诚能得樊将军首，与燕督亢之地图献秦王，C. 秦王必说见臣，臣乃得有以报太子。"太子曰："D. 樊将军以穷困来归丹，丹不忍以己之私，而伤长者之意，愿足下更虑之！"

A. 即使太子不说，我也要请求行动。

B. 现在行动却不讲信用，那就无法接近秦王。

C. 秦王一定会说可以接见我。

D. 樊将军因为家里经济困难而来归附我。

（学生思考，然后举手回答）

生27：我选A项。

师：你为什么选A？

生：B项"无信"翻译错误，不是"不讲信用"，而是"没有信物"的意思。C项，"说"是一个通假字，通"悦"，"高兴"的意思。全句的意思应该是"秦王一定会高兴地接见我"。D项，"樊将军以穷困来归丹"中的"穷困"翻译错误，不是"经济困难"，而是"走投无路，处境艰难"的意思。

师：选择正确。尤其是D项中的"穷困"，它是一个古今异义词，现在是"经济困难"，而在古代，它却是"走投无路，处境艰难"的意思。"穷"往往与"达"相对，不是有一句名言吗？"穷则独善其身，达则兼济天下"。

（教师通过这个环节巧妙地落实了第二自然段中关键字词的翻译，同时又避免了由教师一味串讲，学生被动接受的传统教学方式）

师：同学们，第二自然段中有一句话讲得十分含蓄，是哪句话呢？请同学们找一找，看谁先找到。

（学生在书上找，同座位的同学还不时商量）

师：找到了吗？找到了的同学请举手。

（有不少学生举手）

生28：诚能得樊将军首。

师：这句话含蓄吗？这句话十分直截了当啊。

生29：秦兵旦暮渡易水，则虽欲长侍足下，岂可得哉？

师：对了，就是这句话。那你是怎么理解这句话的呢？

生29：这句话的表面意思是说秦国的军队早晚要渡过易水，太子不能长久地侍奉荆轲了，其实，他是委婉地表达出希望荆轲尽早地去刺秦王。

师：理解十分准确。中国人讲话总是比较含蓄的，不直说。在西方大街上，一位男士看见前面有一位小姐很漂亮，他会直接对这位小姐说：

Beautiful！（笑声）这位小姐往往会怎么说？

生（齐）：Thank you！

师：但是你要是在中国大街上，比如在深圳大街上，你看见一个小姐很漂亮，你要是走上前去对她说："小姐，你很漂亮！"对方一定会认为你不怀好意。那么，太子丹这句话，要是欧洲的丹麦王子，他就会直接说，荆轲，你快给我去刺秦王吧。好了，第二自然段是写商量刺秦王的对策。那么第三自然段写了什么呢？

生30：做好刺杀秦王的准备。

师：这个做好准备，下文好多地方都是说的做好准备，概括还太宽泛，你可以把这个准备再说具体一点吗？

生30：为刺秦王说服樊於期自刎。

师：这就对了。我们说，要读懂文言文，除了要弄懂文中的实词外，还要弄懂文中的虚词。这个文段中，有很多重要的虚词。请同学们做一做下面的题目（教师出示幻灯片）：

荆轲知太子不忍，乃遂私见樊於期，曰："秦之遇将军，可谓深矣。父母宗族，皆为戮没。今闻购将军之首，金千斤，邑万家，将奈何？"樊将军仰天太息流涕曰："吾每念，常痛于骨髓，顾计不知所出耳！"轲曰："今有一言，可以解燕国之患，而报将军之仇者，何如？"樊於期乃前曰："为之奈何？"荆轲曰："愿得将军之首以献秦，秦王必喜而善见臣。臣左手把其袖，而右手揕其胸，然则将军之仇报，而燕国见陵之耻除矣。将军岂有意乎？"樊於期偏袒扼腕而进曰："此臣日夜切齿拊心也，乃今得闻教！"遂自刎。

下列句子中加点的虚词在用法和意义上相同的一组是（　　）。

A. 秦之遇将军，可谓深矣　　　　今闻购将军之首

B. 乃遂私见樊於期　　　　　　　樊於期乃前曰

C. 今有一言，可以解燕国之患　　愿得将军之首以献秦

D. 臣左手把其袖，而右手揕其胸　樊於期偏袒扼腕而进曰

（学生认真思考题目，同座位的同学也不时商量）

师：同学们想好了没有？

生31：我选了B答案。

师：为什么选B？

生31：因为B项中的"乃"都是连词，"于是，就"的意思。A项中，两个"之"字意义和用法不同，第一个"之"是结构助词，用在主谓之间，取消句子的独立性。不需要翻译，就翻成"秦国对待将军"。而第二个"之"是助词，表偏正关系，整句话翻译成"现在听说悬赏将军的脑袋"。

师：解释得很好。那么C项为什么不同呢？

生31：C项，我是凭直觉把握的，觉得它们不同，但究竟怎样不同，我没办法说清楚。

师：谁能帮他说清楚？

生32：我来说说吧。我觉得"今有一言，可以解燕国之患"这个"可以"是一个古今异义词，"可"就是"能够"的意思，"以"就是介词，"用，凭借"的意思。而"愿得将军之首以献秦"中的"以"则是一个表目的的连词，"来"的意思。

师：解释完全正确。

生31：D项还由我来说吧，"臣左手把其袖，而右手揕其胸"中的"而"是一个表并列关系的连词。而"樊於期偏袒扼腕而进曰"中的"而"是一个表修辞关系的连词，这句话翻译成"樊於期脱下一只衣袖，扼住手腕走上前说"。

师：能够把这些虚词解释出来，说明同学们读得很细。这一段，有精彩的人物对话。我们刚刚学过《烛之武退秦师》，那篇课文中也有人物对话。下面，我们比较一下。（教师出示有比较文字的对话片段）

《荆轲刺秦王》片段：荆轲知太子不忍，乃遂私见樊於期，曰："秦之遇将军，可谓深矣。父母宗族，皆为戮没。今闻购将军之首，金千斤，邑万家，将奈何？"樊将军仰天太息流涕曰："吾每念，常痛于骨髓，顾计不知所出耳！"轲曰："今有一言，可以解燕国之患，而报将军之仇者，何如？"樊於期乃前曰："为之奈何？"荆轲曰："愿得将军之首以献秦，秦王必喜而善见臣。臣左手把其袖，而右手揕其胸，然则将军之仇报，而燕国见陵之耻除矣。将军岂有意乎？"樊於期偏袒扼腕而进曰："此臣日夜切齿拊心也，乃今得闻教！"遂自刎。

《烛之武退秦师》片段：佚之狐言于郑伯曰："国危矣，若使烛之武见秦君，师必退。"公从之。辞曰："臣之壮也，犹不如人；今老矣，无能为也已。"公曰："吾不能早用子，今急而求子，是寡人之过也。然郑亡，子亦有不利焉！"许之。

师（指着幻灯片）：我们从细节描写的角度观察一下，这两段对话哪段更生动传神？你们先个人思考，然后前后左右同学进行讨论。

（学生按教师要求，先个人思考，在书上写写画画，然后与同学讨论交换意见）

师：想好了没有？

（学生纷纷举手，希望回答问题）

生32：我觉得《荆轲刺秦王》这段对话更生动传神。

师：为什么？

生32：因为《烛之武退秦师》这段话就是简单写了他们对话的语言，而《荆轲刺秦王》这一段对话过程中有对人物的动作、神态等细节描写。

师：完全正确，《荆轲刺秦王》有了小说的雏形，注重细节描写。下面，请同学们朗读这段对话，并且请两位同学根据这场对话来演一场戏。（出示演示对话的幻灯片）

荆轲知太子不忍，乃遂私见樊於期，曰："秦之遇将军，可谓深矣。父母宗族，皆为戮没。今闻购将军之首，金千斤，邑万家，将奈何？"

樊将军仰天太息流涕曰："吾每念，常痛于骨髓，顾计不知所出耳！"

轲曰："今有一言，可以解燕国之患，而报将军之仇者，何如？"

樊於期乃前曰："为之奈何？"

荆轲曰："愿得将军之首以献秦，秦王必喜而善见臣。臣左手把其袖，而右手揕其胸，然则将军之仇报，而燕国见陵之耻除矣。将军岂有意乎？"

樊於期偏袒扼腕而进曰："此臣日夜切齿拊心也，乃今得闻教！"

遂自刎。

师（指着幻灯片，分配任务）：以上文段中，加点的词语就是细节描写。我们让两个同学上台来，根据加点词语来做动作，好不好？

（学生读，台上两个学生根据加点词语做动作，动作惟妙惟肖，尤其是当学生读到"樊将军仰天太息流涕曰"一句，一个学生抬头然后用手抹眼睛，而另一学生则抬头然后用手抹鼻子时，引得学生哈哈大笑）

师：刚才同学们读得挺好，两位在台上的同学也表演得十分精彩。但当同学们读到"樊将军仰天太息流涕曰"一句时，两位同学的表演就不同了，一位往鼻子上抹，一位往眼睛上抹。那他们谁表演正确？

生33（马上站起来）：往眼睛上抹泪的表演正确。

师：为什么？

生：因为"仰天太息流涕"中的"涕"是一个古今异义字，在这里应该是眼睛里流出来的水，而不是鼻子里流出来的水。

（师生为学生生动幽默的回答热烈鼓掌）

师：是的，在这里的"涕"应该是"眼泪"的意思，在古汉语中，"涕"往往是眼泪。我们学过陈子昂的《登幽州台歌》：前不见古人，后不见来者，念天地之悠悠，独怆然而涕下。如果"涕下"的"涕"翻译成"鼻涕"，那形象多不美呀！

（学生大笑）

师：刚才同学们的分角色朗读和细节表演，生动形象地再现了荆轲和樊将军这两个人物形象的个性风貌：两人都是燕赵慷慨之士，一个侠肝义胆、果敢勇决、擅长辞令、老于心计，侠士风度跃然纸上；一个义勇刚烈、热肚直肠，武将形象栩栩如生。这节课，我们重点概括了一、二、三自然段的内容，落实了一些重要实词和虚词，并分析了一、二、三自然段的写法，通过对话描写、人物动作神态描写来塑造人物形象，使这篇传记有了小说的笔法，后面，我们再叫同学把其他自然段的内容概括说一下。

（语文课代表站起来，一口气说出了其他段落的概括）

师：不愧为课代表，概括得很好，且概括中都有一个"刺"字。她的概括与我的概括基本相同。（教师出示自己概括的幻灯片）（见下图）

第一段：荆轲刺秦王的原因	
第二段：商量刺秦王的对策	行刺缘起（开端）
第三段：为刺秦王说服樊於期自刎	
第四段：为刺秦王收盛樊於期之首	行刺准备（发展）
第五段：准备刺秦王的匕首	
第六段：找到刺秦王的副手	
第七段：等待刺秦王的朋友	
第八段：荆轲激怒决定出发刺秦王	
第九段：易水送别荆轲出发刺秦王	
第十段：贿赂蒙嘉寻找刺秦王机会	
第十一段：蒙嘉被蒙为刺秦王说话	
第十二段：秦王被蒙接见刺客荆轲	行刺经过（高潮）
第十三段：荆轲镇定靠近刺杀目标	
第十四段：荆轲图穷匕见刺杀秦王	
第十五段：荆轲神勇追逐刺杀秦王	
第十六段：秦王刺杀荆轲	
第十七段：荆轲说明刺杀失败原因	行刺结果（结局）
第十八段：荆轲被刺死	

师（指着幻灯片）：可见，《荆轲刺秦王》具备了小说的雏形。它既有人物，又有情节，还有环境描写。因此，我把它定义为中国早期小说。这节课，我们熟读了课文，理出了故事梗概，这节课就讲到这里。下节课，我们重点把握荆轲形象。

第二课时

上课时间：2015年10月8日

上课地点：深圳市第二高级中学四楼考务室

上课班级：高一（18）班

师：上课。

生：起立。

师：同学们好！

生：老师好！

师：同学们请坐。上节课，我们熟读了课文，理出了故事梗概，从小说的视角探究了荆轲刺秦王的情节和环境。这节课，我们就重点探究荆轲的形象。荆轲这个人，历史上对他有褒有贬。褒也好，贬也好，他总是至今还留在人们的记忆深处。唐代骆宾王有一首咏荆轲的诗歌：（教师幻灯出示诗歌并朗诵）

此地别燕丹，壮士发冲冠，昔时人已没，今日水犹寒。

这首诗明显地对荆轲是持一种赞美的态度。下面请同学们讨论一下，看荆轲是一个具有什么性格特点的人，你指出他的特点以后，要到课文中找到依据。

（学生热烈讨论，有佩服荆轲的，也有不佩服荆轲的，时不时还发生争执，争得面红耳赤）

师：下面请同学们说说荆轲是一个具有什么性格特点的人，并从教材中找到依据。

（学生热烈响应教师召唤，纷纷举手）

生1：荆轲是一个勇敢的人。

师：你从哪儿看出他是一个勇敢的人呢？

生1：他进入秦廷后，和他同行的秦武阳与他形成了鲜明的对比。课文是这样写的：荆轲捧着装着樊於期头颅的匣子，秦武阳拿着地图匣跟随，来到了秦王坐的大殿之下。这时，秦武阳的脸色就改变了，浑身发抖，秦国的大臣对秦武阳的表现非常奇怪，在这千钧一发之际，"荆轲顾笑武阳"，荆轲回过头来，对秦武阳微微一笑，一个"顾"字，一个"笑"字，可以看出荆轲表情是这样自然，态度是如此镇定，然后"前为谢曰"，走向秦王身边，替秦武阳谢罪说，一个"前"字，一个"谢"字，动作有条不紊，不慌不乱，神态自若。他在秦王面前替秦武阳说话也十分得体：北方边远地方的见识短浅的人，从来没有见过天子，所以害怕得浑身发抖。"愿大王少假借之"，说得秦王是心花怒放，从而一场紧张瞬间化解。

师：请你把"愿大王少假借之"这句话再翻译一下。

生1：希望大王少给他点——，"假借"我不知道怎么翻译？

师："假借"在这里应该是"宽容"的意思，它是一个古今异义词，现在的"假借"是以某种借口达到某种目的的意思。"少"也不是读"shǎo"，而是读"shāo"，通"稍"，希望大王稍稍宽容他。（学生点头）你继续说。

生1：从这里就可以看出荆轲是一个十分勇敢的人。这里是用衬托手法，即以秦武阳的害怕来衬托荆轲的勇敢。

师：说得好，既指出了荆轲勇敢的特征，还说出了作者表现荆轲勇敢特征的手法。那么，我要问你，秦武阳是不是一个胆小鬼？

生1：我认为不是，因为在那样的场合，胆大的人也会变得胆小。荆轲可不是一般的胆大，一般的勇敢。

生2（主动站起）：老师，对这个问题我来做点补充。秦武阳绝不是一个胆小鬼，燕国绝不会派一个胆小鬼去刺杀秦王。课文第六段中明明写道：燕国有勇士秦武阳，年十二，杀人，人不敢与忤视。这段话中明确说了，秦武阳是燕国的勇士，而且他十二岁就杀过人，别人不敢与他正眼对视。可见，秦武阳也是一个勇敢的人，可是，这样一个勇敢的人，到了秦廷，却害怕了，可见当时秦廷的威势与威严，可见秦廷的戒备森严。

师：这里我插一句，原文中有没有暗示写秦廷的威势与威严的环境的？

生2：老师的提示使我有所感悟，大概有两处吧。一处是第十二自然段中的"乃朝服，设九宾，见燕使者咸阳宫"，这句话应该暗示了秦廷的庄重与威严。"朝服"，就是秦王穿上上朝的衣服。"设九宾"，应该是最隆重的礼节吧。这有礼节的一面，同时也显示出秦国的威势与威严。

师："设九宾"为什么是指最隆重的礼节呢？

生2：好像"九"为大吧。具体我也说不清。

师：你的感觉是对的。按照中国传统文化，"九"为阳数的极数，即单数最大的数，帝王之位称"九五"。"九"就是最高，"五"是居中，中心。天的最高处，我们叫九天，形容极高。可见"设九宾"的确是最隆重的礼节。

生2：由此看来，秦廷十分威严。然而，在这样的场合，荆轲却镇定自若，可见荆轲的神勇。我以为，原文用了衬托，而且用的是正衬手法，巧妙地把荆轲的神勇表现出来了。

（听课师生为以上学生的精彩分析热烈鼓掌）

生3：对于荆轲的神勇，我也来补充说一说。荆轲的神勇不仅表现在他怎么说，更表现在他怎么做上。具体说，荆轲的神勇可从他廷刺秦王这个场景中充分地体现出来。

师：你能把廷刺秦王这个片段读给大家听吗？

（生读。学生读错"图穷而匕首见"中的"见"，教师更正，并指出是通假字，通"现"）

师：读得还不错，就是这句话（教师板书），"图穷而匕首见"中的"见"字读错了，这个字应该读"xiàn"，它是通假字，通"现"，图穷匕见，就是地图全部打开后，匕首露出来的意思。这段话给你以什么心理感受？

生3：波澜起伏，惊心动魄。作者很厉害，他通过对一系列动作的描写，为我们刻画了一个惊心动魄、一波三折的画面。

师：你能把这些动词找出来吗？

生3：写荆轲廷刺秦王的动作有"取""奉""发""把""持""揕""逐""提"，作者通过这些动词，写出了荆轲的临危不惧、镇定自若的神勇。同时，这个场面也用了对比手法来表现荆轲的神勇。

师：你能说具体点吗？

生3：这里不仅写了荆轲主动出击的动作，也用"惊""引""起""拔""走"这些动词写出了秦王惊慌失措的反应，在看似强大的秦廷，秦王极尽丑态，一正一反，在对比中体现了荆轲的神勇。

师：同学们真了不起呀，对荆轲神勇的特征分析十分细致，还分析了表现荆轲神勇的写作手法。好，我们结合课文说出了荆轲的第一个特征（教师板书：神勇）。除了神勇，荆轲还有什么特征呢？

生4：老师，我认为荆轲还是一个擅长辞令的人？

师：你从哪里看出他擅长辞令？

生4：从第三自然段他劝说樊於期自刎一段可以看出。

师：荆轲是怎样劝说樊将军心甘情愿献头的呢？

生4：他凭他的三寸不烂之舌，用三个步骤成功劝说了樊将军献头。

师：哪三步，你能结合文本详细说说吗？

生4：第一步，动之以情，激起樊对秦不共戴天之仇："秦之遇将军，可谓深矣，父母宗族，皆为戮没。"樊将军的父母族人都被秦国杀了，或没收为奴。这可是深仇大恨啊，怪不得樊将军听后仰天叹息流泪。"痛于骨髓"，痛到骨头里去了，这就是动之以情。

师（板书"动之以情"）：第一步，动之以情，分析得有道理。第二步呢？

生4：第二步，就是晓之以理。"今有一言，可以解燕国之患，报将军之仇者，何如？"说明此举一可报仇，二可解燕国之患。

师（板书"晓之以理"）：分析到位，请问，"可以解燕国之患"一句中的"可以"做何解释？

生4："可以"是一个古今异义词，在这里，"可"就是"能够"，"以"就是"用"的意思。

师：解释正确。那么第三步呢？

生4：第三步，就是告之以谋。"愿得将军之首以献秦王，秦王必喜而善见臣。臣左手把其袖，而右手揕其胸，然则将军之仇报，而燕国见陵之耻除矣。将军岂有意乎？"荆轲说这些话，就是让樊於期明白自己的行动计划。而且这三步，每一步荆轲都是采用与对方商量的口吻，"将奈何？""何如？""岂有意乎？"充分尊重对方，毫无强求之意，让对方心悦诚服地献出头颅，这充分证明荆轲老于心计，擅长辞令。

师（板书"告之以谋"）：你分析得十分细致，且有条有理。以上两位同学已经发现了荆轲的勇敢、擅长辞令两个特点，有人还发现荆轲的其他特点吗？

生5：荆轲是一个机智的人，他勇敢，但不是匹夫之勇。

师：不错，又是一个新发现，你从哪里看出荆轲机智？

生5：机智的第一个表现就是他谋事周密，他在与燕太子丹商量刺杀秦王时，提出要有凭信之物。"诚能得樊将军首，与燕督亢之地图，奉献秦王，秦王必说见臣"，提出如果能得到樊将军的首级和燕国督亢一带的地图，秦王就会高兴地接见他，可见他做事不鲁莽。机智的第二个表现是他办事周全。他知道光有凭信之物还不能接近秦王，于是，他"持千金之资币物，厚遗秦王宠臣中庶子蒙嘉"［学生读错"遗"，把"遗"（wèi）读成"yí"，教师更正］拿丰厚的礼物送给了秦王宠爱的臣子蒙嘉，结果，蒙嘉果然替他说话。"燕王诚振怖大王之威，不敢兴兵以拒大王，愿举国为内臣。比诸侯之列，给贡职如郡县，而得奉守先王之宗庙。"燕王的确害怕大王的威势，不敢发兵来抗拒大王，愿意全国上下都做秦国的臣民，排在诸侯的行列里，像秦国的郡县那样贡纳税赋，只要能够守住祖先的宗庙。机智的第三个表现是能随机应变。当秦武阳色变振恐时，他能当机立断，一顾一笑、一前一谢，滴水不漏地为秦武阳掩饰开脱，表现得十分机智。

师：有道理，现在同学们已经说出荆轲的第三个特点了——机智。（同时教师板书"机智"）

生6：荆轲是一个敢于担当，以天下为己任的人。

师：你这个发现了不起，看你能从教材中找到依据吗？

生6：当秦国咄咄逼人，燕国处于危难时，他挺身而出，"微太子言，臣愿得谒之"。

师："微"是什么意思？

生6：即使没有。整句话的翻译是，即使没有太子的话，我也会去。

师："微"翻译成"即使没有，如果没有"是对的。"微"，我们以前学过没有？

生6：学过，《岳阳楼记》中"微斯人，吾谁与归？"还有前面的《烛之武退秦师》也有。

师：不错，从这里可以看出荆轲是一个有担当的人。（教师板书"有担当"）

生6：荆轲为了这种担当，他可以舍生取义，他可以义无反顾。

师：你从哪里看出他舍生取义、义无反顾？

生6："易水送别"这一段可以看出。"风萧萧兮易水寒，壮士一去兮不复还！"为了拯救国家，荆轲视死如归，义无反顾。

师：对了，她抓得很准，而且这一段我认为是全文写得最出彩的一段。我们来细细品味一下这一段。先请同学们齐读这一段。

［学生齐读，有学生将"高渐离击筑，荆轲和而歌"中的"和"（hè）读成（hé），教师更正，并解释其义为"伴随着，唱和"］

师：同学们刚才读了这一段，有什么疑问没有？

生7："太子及宾客知其事者，皆白衣冠以送之"，为什么穿白衣服？

师：谁能帮他回答这个问题？

生8："白衣冠"，白，一种孝服，送别的人知道自己国家所处的境地，也知道荆轲这次闯入秦国，不论成功与否，都很难活着回来，这是一场生离死别，是永诀。因此，穿白衣服，戴白帽子。

师：他说得挺好。大家都意识到，荆轲这一次深入虎穴就不可能回来了，白衣服，在中国文化中属于一种丧服，在这里，送别的人穿上白衣服，给人一种悲壮感。仿佛看到一群白衣士子，临江站立，一片凄凉，个个神情严肃。下面，我们来美读一下这个自然段：（教师出示美读幻灯片材料）

（单读）太子及宾客知其事者，皆白衣冠以送之。至易水上，既祖，取道。高渐离击筑，荆轲和而歌，为变徵之声，士皆垂泪涕泣。又前而为歌曰：

（单读）风萧萧兮！风萧萧兮！风萧萧兮！（齐读）易水寒，易水寒，易水寒，壮士一去兮不复还！不复还！不复还！不复还！

（单读）复为慷慨羽声，士皆瞋目，发尽上指冠。于是荆轲遂就车而去，终已不顾。（齐读）不顾。不顾。不顾。不顾。

（学生按照教师要求齐读，一种悲壮的气氛弥漫整个教室）

师：以上同学已经说出了荆轲的四个特点：勇敢、机智、善于言辞、敢于担当。荆轲还有什么特点吗？

生9：他们说的都是他好的一面。下面我指出他的不足之处。

师：好啊，畅所欲言嘛！

生9：我认为荆轲是一个不识时务的人。

师：为什么这样说？

生9：秦统一六国是历史发展的趋势，这是个人或少数人的愿望改变不了的，他逆历史潮流而动，只能以悲剧告终。

生10：我也有同感。荆轲建议持樊将军首级和都亢地图以取信于秦王，表明他不乏策略智慧。但他却昧于战国大势和强国条件，虽深知太子丹"刺秦"动机为"除见凌之耻"，刺秦决策轻率而粗疏，却无条件接受并忠实执行，足见他并无战略思维之大智，他不顾后果，只对雇主太子丹负责，其所为"大勇"，不过是"士为知己者死"的匹夫之"勇"。

师：你们这个问题提得很有深度啊，这可以说是一个专家层次的问题了。对荆轲的评价历来见仁见智。（教师出示幻灯片并解说）北宋苏洵非议荆轲"始速祸焉"，南宋鲍彪说"轲不足道也"，朱熹认为"轲匹夫之勇，其事无足言"。但肯定荆轲的人也很多,第一个是司马迁。《史记·刺客列传》结尾说:"然其立意较然,不欺其志,名垂后世,岂妄也哉。"左思的《咏荆轲》称颂他"虽无壮士节,与世亦殊伦""贱者虽自贱,重之若千钧"。陶潜说他"其人虽已没,千载有馀情"。近代龚自珍赞扬他"江湖侠骨"。评者大都认为,荆轲虽不懂得以一人之力难以挽狂澜于既倒的道理,也不懂得秦国统一中国是历史发展的必然趋势,但他不畏强暴、不怕牺牲,在国家多事之秋挺身而出、不避艰险的精神和气概还是值得称道的。

由于时间关系,我们对荆轲形象的探究暂时就到这里。荆轲的性格是在情节发展的矛盾和冲突中逐渐展现出来的。取樊於期头,触动樊的怨愤,可见荆轲的"深沉";易水告别,送行者的高歌,可见荆轲的"激昂慷慨";咸阳宫中,秦王的惶恐狼狈更衬出荆轲的英勇壮烈。以上三个画面通过语言、神态、表情描写,栩栩如生地刻画了荆轲这一人物形象,如见其人,如闻其声。文中运用间接描写的方法渲染气氛,衬托荆轲的镇定自若、英雄虎胆、威武壮烈的英雄形象。荆轲虽然死了,但我们仿佛还能看到他穿着白衣服,戴着白帽子,看到他高唱着"风萧萧兮易水寒,壮士一去兮不复还"的千古绝唱从战国时候向我们走来。

下面布置作业:在中国古代侠客身上,闪耀着中国传统的英雄主义光芒。如果以下列陈述来概括英雄主义的内涵,你认为荆轲身上具备了几点?请以课文为依据,写一篇《我看荆轲》的小论文。

① 侠:路见不平,拔刀相助。

② 忠:忠于主人,以死相报。

③ 诚:剖肝沥胆,以诚相见。

④ 信:重践诺,守信用。

⑤ 武:身怀绝技,武艺高强。

⑥ 智:智慧卓著,谋略过人。

⑦ 节:士可杀不可辱。

⑧ 情:广交豪杰,惺惺相惜。

⑨ 毅:沉勇刚毅,坚韧不拔。

⑩ 直:直率磊落,光明正大。

⑪ 义:讲义气,为朋友两肋插刀。

⑫ 勇:万人丛中吾往矣,视死如归。

⑬ 度:量小非君子,无度不丈夫。

⑭ 仁:同情弱小,不乘人之危,不打倒敌手。

⑮ 豪:大行不顾细谨,大礼不辞小让,豪迈慷慨,不拘小节。

《荆轲刺秦王》一文就讲到这里,谢谢同学们!

十、《鸿门宴》悬念教学实录

第一课时 合情合理的违背
——从文化角度细读《鸿门宴》

上课时间：2015年10月20日

上课地点：深圳市第二高级中学四楼考务室

上课班级：高一（18）班

（上课之前，先播放屠洪刚演唱的歌曲《霸王别姬》，营造一种英雄、悲壮的气氛）

师： 上课，同学们好。

生： 老师好。

师： 请坐。今天，我们学习《鸿门宴》。《鸿门宴》这课书我计划用三个课时来讲。（教师出示幻灯片）

第一课时：合情合理的违背——从文化角度细读《鸿门宴》

第二课时：性格决定命运——从语言角度细读《鸿门宴》

第三课时：第三只眼睛看樊哙——从文学角度细读《鸿门宴》

今天，我们讲第一课时"合情合理的违背——从文化角度细读《鸿门宴》"。上课之前，我有个要求，请同学们不要打开书，把书合上，谁偷看书，我就追究谁的法律责任。同学们，你们听说过《鸿门宴》的故事吗？

生（齐）： 听过。

师： 鸿门宴与哪些人物有关啊？

生： 项羽、刘邦、张良、樊哙等。

师： 对了，鸿门宴是中国历史上最著名的饭局。"宴"是什么意思啊？

生（齐）： 宴会。

师： 那么既然是宴会，肯定有请的和被请的。请客的人是谁？

生（齐）： 项羽。

师： 项羽是主人，是吧？被请的是谁？

生（齐）： 刘邦。

师： 对了，刘邦是客人。因此，宴请主人是项羽，赴宴客人是刘邦。那么，为什么会有这么一场宴会呢？我们学过历史，刘邦、项羽都是秦朝末年农民起义的将领。但是，在他们之上，还有一个名义上的农民起义最高首领，那个人是谁呀？

生（齐）：楚怀王。

师：楚怀王当时跟刘邦、项羽等农民起义将领有一个约定，谁最先打下秦国的首都咸阳，谁就可以在关中称王。最后是谁先打入秦国首都咸阳的呢？

（教师停顿，制造悬念，引起学生猜想议论，有的说是项羽，有的说是刘邦）

师（指着生1）：你说说看？

生1：是刘邦。

师：回答正确。本来最有把握最先攻入秦国首都咸阳的人是兵强马壮的项羽，没想到，率先攻进秦国首都的人却是刘邦，而且刘邦攻入秦国首都后，约法三章，杀人者判处死刑，彻底废除秦的严刑酷法，远离珠宝和美女，打算称王。这就惹怒了项羽，项羽决定攻打刘邦。鸿门宴开头一段是这么写的：（出示幻灯片）

沛公军霸上，未得与项羽相见。沛公左司马曹无伤使人言于项羽曰："沛公欲王关中，使子婴为相，珍宝尽有之。"项羽大怒曰："旦日飨士卒，为击破沛公军！"当是时，项羽兵四十万，在新丰鸿门；沛公兵十万，在霸上。范增说项羽曰："沛公居山东时，贪于财货，好美姬。今入关，财物无所取，妇女无所幸，此其志不在小。吾令人望其气，皆为龙虎，成五采，此天子气也。急击勿失！"

师（指着幻灯片）：我们叫一位同学读一下这个自然段。

（生1读，声音洪亮，但有几个字音读错）

师：读得不错，但有些字音读得有问题。哪些地方有问题啊？

生2："沛公欲王关中"的"王"，在这里应读"wàng"。

师：为什么读"wàng"？

生2：因为词类活用，名词做动词，在这里是"称王"的意思。

师：对了。[教师板书：王，名词做动词，读王（wàng）]还有读得有问题的地方吗？

生3："飨"字读错，不读"sí"，而读"xiǎng"。

师："飨"是什么意思？

生3：用酒食款待，这里是"犒劳"的意思。

师：不错，还有吗？

生4："范增说项羽曰"中的"说"她读成了"shuō"，这里应该读"shuì"。

师：为什么？

生4：因为这里是"劝说"的意思。

师：刚才同学们订正了第一自然段中一些关键字词的读音，并在字义上做了解释。下面，我们对第一自然段来一个创造性朗读。（教师出示创造性朗读文本幻灯片）（见右图）

沛公军霸上，未得与项羽相见。沛公左司马曹无伤使人言于项羽曰："沛公欲王关中，使子婴为相，珍宝尽有之。"项羽大怒曰："旦日飨士卒，为击破沛公军！"

嘿嘿嘿！击破沛公军！嘿嘿嘿！击破沛公军！嘿嘿嘿！击破沛公军！

当是时，项羽兵四十万，四十万，四十万，在新丰鸿门；沛公兵十万，在霸上。范增说项羽曰："沛公居山东时，贪于财货，好美姬。今入关，财物无所取，妇女无所幸，此其志不在小。吾令人望其气，皆为龙虎，成五采，此天子气也。急击勿失！"

勿失！勿失！勿失！

师（指着生1）：还是由你来单独读黑字，全班同学齐读红字，而且在齐读时，声音要由小到大，可以说不是读，而是吼，要吼出一种气势来。

（学生按教师要求朗读）

师：刚才同学们读得真好，读出了鸿门宴前的紧张氛围。同学们，在项羽要进攻刘邦的千钧一发之际，刘邦通过项羽的叔父项伯知道了这个消息，于是决定到项羽的驻地鸿门向项羽请罪，说明情况。项羽手下的人给项羽出了一个主意，决定在项羽驻地鸿门这个地方宴请刘邦，即著名的鸿门宴，决定在宴会上杀掉刘邦。此时的刘邦，权衡利弊，决定赴宴。那么，刘邦和项羽到底是两个什么样的人呢？

两人都是农民起义领袖：

公元前209年（秦二世元年）7月，陈胜、吴广在大泽乡起义，各地纷纷响应。楚国旧贵族项梁率侄儿项羽于会稽起义，泗水亭长刘邦也在沛县起义。

两人都有奇特的相貌：

项羽：重瞳（tóng）子，就是一个眼睛里面有两个瞳孔，我们一般人是一个瞳孔，在中国传统文化中，重瞳是一种异相、吉相，象征着吉利和富贵，往往是帝王的象征。上古神话里记载，有重瞳的人一般都是圣人，中国史书上记载有重瞳的只有八个人：仓颉、虞舜、重耳、项羽、吕光、高洋、鱼俱罗、李煜。

刘邦：七十二黑子，《史记·高祖本纪》中说："高祖为人，隆准而龙颜，美须髯，左股有七十二黑子。"所谓黑子就是黑痣，在中国传统文化中，被认为是帝王相。

两人都有远大志向：秦始皇喜欢外出巡游，有一次，项羽与刘邦两人都看到秦始皇巡游庞大的、威武雄壮的仪仗队。

项羽说了一句话：彼可取而代也！

刘邦也说了一句话：大丈夫当如此也！

两人都有豪迈的气概：

项羽《垓下歌》：力拔山兮气盖世，时不利兮骓不逝。骓不逝兮可奈何，虞兮虞兮奈若何！

刘邦《大风歌》：大风起兮云飞扬，威加海内兮归故乡，安得猛士兮守四方。

项羽：27岁。

刘邦：54岁。

请同学们猜猜看，刘邦赴宴，见到项羽以后，第一句话会怎么说？会怎样称呼项羽？会怎么称呼自己？不准看书，你们相互之间可以讨论一下。

（采用故事法和开合教材法设置课堂悬念，引发学生强烈的兴趣。学生热烈讨论，猜想种种说法，教师在学生中巡视）

师：按照中国传统文化，长幼有序、尊卑有别。下面，同学们试着说一下，谁先说？

生5：我觉得刘邦见到项羽以后，会称项羽为项王，称自己为鄙人。

师：为什么？

生5：因为刘邦这个人比较狡猾，他来鸿门，是为了消除误会，他会考虑讨好项羽。

师：有道理。这符合当时的情境，因为此时项羽兵强马壮，刘邦只好委曲求全。

生6：中国传统文化中提倡长幼有序、尊卑有别。既然刘邦比项羽大那么多，刘邦见到项羽后，会称项羽为项弟，称自己为愚兄，以兄弟相称，来拉近关系。

师：也有道理，而且也符合中国传统文化中的长幼有序。

生7：我觉得刘邦见到项羽后，会称对方为大将军，称自己为老夫。

生8：我觉得称项羽为大将军符合情理，但称老夫不可能，有一种倚老卖老的味道。

师：你说称项羽为大将军合情合理，称自己为老夫则倚老卖老不可能，那刘邦会称自己为什么呢？

生8：会称自己为"在下"。

师：同学们想象力挺丰富，猜想也基本合情合理。下面，我们来看电视剧，看电视剧的改编符不符合我们的传统文化。

（教师播放刘邦赴鸿门见项羽的电视剧片段，学生兴致勃勃地观看）

师：电视剧中的这段对话很精彩，我把它整理出来了。电视上，刘邦赴鸿门宴，见到项羽是这样说的。（教师出示幻灯片）

我与将军同力攻秦，受怀王之命，将军战河北，我战河南，虽是两路并进，但仰赖项弟领兵神勇，力挫秦军主力，我才得以侥幸先入关中，剿灭暴秦。今日亲见项弟到来，我心愿已了，一切就全凭将军定夺了。问我何罪？罪在小人在中间大进谗言，诬告我有谋反项军之心，令将军与我有了隙嫌，我刘季可算是心比日月啊，信与不信，也只有项弟明察了。

师（指着幻灯片）：我们请一个同学把刘邦对项羽说的这段话再读一遍。

（生9读，读出了刘邦复杂的心态，赢得了同学热烈的掌声）

师：他真有表演天赋，读出了刘邦的性格，不错。请问，以上刘邦的这段话，按中国传统文化，所谓"长幼有序，尊卑有别"的人伦关系，符不符合这种传统文化？（指着生10）你说说看？

生10：符合。

师：为什么？

生10：他们两人的地位，表面是平等的，都是农民起义领袖，但实力悬殊，项羽军队40万，刘邦才10万，因此刘邦称项羽为将军。但刘邦比项羽大24岁，刘邦称项羽为项弟，也应该符合中国传统文化中长幼有序的人伦关系。

师：那你的意思是说，这段话既照顾到了尊卑，也照顾到了长幼，符合中国的传统文化？

生10：就是这个意思。

师：好，也就是说，电视上刘邦对项羽说的话，与同学们猜想的大体差不多，符合中国传统文化中长幼有序、尊卑有别的规定。刘邦对项羽说的话应该是合情合理的（教师板书"合情合理"四个字）。那么，现在请同学们翻开书，看第三自然段，看书上司马迁是怎样写刘邦见到项羽后怎么说的。我们先叫一位同学朗读一下这个自然段。

（生读）

师：读得不错。不过有几个字读错了，同学们，有谁注意到没有？

生11："沛公旦日从百余骑来见项王"中"骑"读错了，她读的是"qí"，应该读"jì"。

师：还有吗？

生12："范增数目项王"中的"数（shuò）"，她读成了"shù"。

师：什么意思？

生12：在这里是"多次"的意思。

生13：还有一个字，她也读错了。

师：是吗？说出来。

生13："不者，若属皆且为所虏！"中的"不（fǒu）"她读成了"bù"。

师：为什么这样读？

生13：因为它是通假字，通"否"。

师：不错，理解十分到位。好，下面我们上台分角色朗读一下这个自然段。

（同时出示第三自然段幻灯片）

沛公旦日从百余骑来见项王，至鸿门，谢曰："臣与将军戮力而攻秦，将军战河北，臣战河南，然不自意能先入关破秦，得复见将军于此。今者有小人之言，令将军与臣有郤。"项王曰："此沛公左司马曹无伤言之。不然，籍何以至此？"项王即日因留沛公与饮。项王、项伯东向坐；亚父南向坐，——亚父者，范增也；沛公北向坐；张良西向侍。范增数目项王，举所佩玉玦以示之者三，项王默然不应。范增起，出，召项庄，谓曰："君王为人不忍。若入前为寿，寿毕，请以剑舞，因击沛公于坐，杀之。不者，若属皆且为所虏！"庄则入为寿。寿毕，曰："君王与沛公饮，军中无以为乐，请以剑舞。"项王曰："诺。"项庄拔剑起舞。项伯亦拔剑起舞，常以身翼蔽沛公，庄不得击。

（学生分角色朗读，配以动作，表演很精彩，引得听课师生大笑）

师：同学们读得不错，表演更是精彩。从刚才同学们的表演可以看出，同学们已初步读懂了这段话。那么，这段话到底是什么意思呢？我们先从字面意思上理解一下。我们先来做一个小练习（出示幻灯片）：

阅读下面这段文字，做后面的题目：

A. 沛公旦日从百余骑来见项王，至鸿门，谢曰："臣与将军戮力而攻秦，B. 将军战河北，臣战河南，然不自意能先入关破秦，得复见将军于此。今者有小人之言，C. 令将军与臣有郤。"项王曰："此沛公左司马曹无伤言之。不然，籍何以至此？"D. 项王即日因留沛公与饮。

文段中画线句子翻译正确的一项是（　　）。

A. 沛公第二天，跟着一百多人马来见项王

B. 将军在河北省作战，我在河南省作战

C. 命令将军和我产生隔阂

D. 项王当天就留下沛公，和他饮酒

师（指着幻灯片）：请同学们思考一下这个题目，可以讨论。

（学生响应教师召唤，认真思考、相互讨论）

师：谁来说说这个题目的正确选项？

生14：我认为答案应该是D项。

师：那A项错在哪儿？

生14：A项，"从百余骑来见项王"，那个"从"字翻译错误，这里应该是使动用法，使……跟随。全句正确的翻译应该是"第二天早晨，沛公带着一百多人来见项王"。

师：哈，翻译得很好。那么第二项B又错在哪儿呢？

生14：B项，"河北""河南"翻译错误，它们是古今异义词，应该是"黄河以北，黄河以南"的意思。

师：理解非常好，那C项的问题在哪？

生14："令"是"使"的意思，全句意为"使将军和我产生隔阂"。

师：好，刚才我们从翻译的角度理解了这段话的字面意思。下面，我们再来做一道题目，从关键实词和句子翻译的角度来进一步理解这段话的意思。（教师出示如下幻灯片）

阅读下面文段，回答后面的问题。

范增数目项王，举所佩玉玦以示之者三，项王默然不应。范增起，出，召项庄，谓曰："君王为人不忍。若入前为寿，寿毕，请以剑舞，因击沛公于坐，杀之。不者，<u>若属皆且为所虏</u>！"庄则入为寿。寿毕，曰："君王与沛公饮，军中无以为乐，请以剑舞。"项王曰："诺。"项庄拔剑起舞。项伯亦拔剑起舞，常以身翼蔽沛公，庄不得击。

1. 下面句子中加点的词与"沛公军霸上"中的"军"字用法相同的一项是（ ）。

A. 范增数目项王

B. 举所佩玉玦以示之者三

C. 项王默然不应

D. 常以身翼蔽沛公

2. 翻译文段中画线的句子

若属皆且为所虏：

_____

师（指着幻灯片）：请同学们先思考一下以上题目，也可以相互讨论。

（学生认真思考，同座位的同学有时相互讨论，约2分钟后，有学生举手）

生15：第一题，我认为是A项。

师：为什么？

生15：因为例句"沛公军霸上"中"军"字的用法是名词做动词，"驻军"的意思。"范增数目项王"一句中的"目"是"用眼睛看"的意思。B、C两项中的"示""应"分别是"暗示""反应"，没有活用。

师：完全正确。那D项呢？

生15：D项中的"翼"尽管是活用，但是是名词做状语，"像翅膀一样"的意思。"常以身翼蔽沛公"，项伯总是用自己的身体像鸟的翅膀一样遮蔽沛公。

师：解释完全正确。高考除了考实词外，还考翻译哟。而且不是我前面讲到的判断式的翻译的句子，而是要自己动手，字字落实地翻译。我们来看第二题，翻译"若属皆且为所虏"一句。谁来翻译这句话？

生16：你们这些人都成为他的俘虏。

师：假如这个题目是4分，他翻译的能得多少分？

生17：我认为只得1分。

（师生十分惊讶）

师：为什么？

生17：老师说过，高考翻译要字字落实。这个句子的得分点在"若属""且""为所"上，"若属"翻译成"你们这些人"，这里落实了，但"且"字他没有落实，"且"翻译成"将""将要"。还有一个更重要的，"为所"，是一个表被动的标志格式。事实上，这是一个被动句。

师：对了，这是一个很重要的发现。现在你翻译一下这个句子。

生17：你们这些人都将被他俘虏。

师：他的翻译字字落实，抓住了得分点，且十分准确。因此，我们翻译时一定要做到字字落实，不要只追求一个大概。好了，刚才我们主要从字词句的角度理解了第三自然段的内容。下面，我们从传统文化的角度，从长幼有序、尊卑有别的人伦关系的角度来审视一下电视上与原文说话有什么不同？（教师出示比较内容幻灯片）

（电视）项弟，为兄未知将军入关，有失远迎。今特来谢罪。我与将军同力攻秦，受怀王之命，将军战河北，我战河南，虽是两路并进，但仰赖项弟领兵神勇，力挫秦军主力，我才得以侥幸先入关中，剿灭暴秦。今日亲见项弟到来，我心愿已了，一切就全凭将军定夺了。问我何罪？罪在小人在中间大进谗言，诬告我有谋反项军之心，令将军与我有了隙嫌，我刘季可算是心比日月啊，信与不信，也只有项弟明察了。

（原文）臣与将军戮力而攻秦，将军战河北，臣战河南，然不自意能先入关破秦，得复见将军于此。今者有小人之言，令将军与臣有郤。

师（指着幻灯片）：请同学们仔细对比，看原文与电视在称呼上、语气上有什么不同？同座位同学可以相互讨论。

（学生讨论热烈，教师在学生中巡视）

师：谁先说？

生18：电视上主要以兄弟相称，而原文好像是以上下级的关系来称呼的。称项羽为"将军"，称自己则为"臣"。

师：那这样称呼符不符合长幼有序、尊卑有别的人伦关系呢？

生18：我觉得不太符合。

师：为什么？

生18：首先，从年龄的角度来说，刘邦比项羽整整大24岁，称项羽为项弟，应该比较合理，这里没有。更为违背常理的是，在项羽面前称"臣"。

师：为什么不能称"臣"？

生18：我们说，在"君王"面前才称"臣"，项羽与刘邦同是农民起义领袖。

　　师：你的意思是说，在称呼上，明显违背了长幼有序、尊卑有别的人伦关系，对不对？说得有道理。（教师在"合情合理"的后面板书加上"违背"二字）"臣"是个象形文字，《说文解字》是这样解释的：事君者也。"臣"像屈服之形，像一个人弯曲自己的身体，低眉顺眼。（教师板书"臣"的象形文字）项羽这个时候还不是君王，在比自己小24岁的同是农民起义的领袖的项羽面前称臣，明显有违长幼有序、尊卑有别的中国传统人伦关系。那么，电视上的话与书上的话，到底哪段话更符合当时历史的真实？更符合刘邦的性格？请同学们讨论。

　　（学生积极响应教师的召唤，展开了热烈的讨论，教师在下面巡视，不时参与学生讨论）

　　师：下面，请同学们来回答我的问题。谁先说？

　　生19：我觉得电视剧改编更符合历史的真实，也更符合刘邦的性格。

　　师：为什么？

　　生19：因为每个人都是生活在一种文化中，文化总是会对他有一种潜移默化的影响。刘邦不可能脱离中华传统文化对他的影响，他自己比项羽整整大24岁，其实属于两代人，他与项羽称兄道弟，已经是十分委屈自己了。

　　生20（忍不住站起来）：正因为刘邦能委曲求全，所以，他不是一个普通人。我觉得教材更符合历史真实，也更符合刘邦的性格。这时的刘邦十分明白，此时的他不可能也不敢与项羽称兄道弟。项羽也绝不可能让刘邦与他称兄道弟，平起平坐。他此时称臣，以臣下之身份，尽力满足项羽自尊自大的心理，更能保全自己。因此，原文表面看不合情理，其实更合理，既符合当时两军对垒的实力状况和刘邦一方的斗争策略，又符合人物当时的心理状态，符合人物性格。这是一种合情合理的违背。

　　师：说得真精彩。我也同意你的看法，当时，项羽兵40万，刘邦才10万，刘邦只能委曲求全，这样写也更符合刘邦大丈夫能屈能伸的个性。刘邦这一番话果然效果明显。他解除了项羽对刘邦思想上的防范。项羽不经意间就把告密者说出来了。（出示幻灯片）

　　此沛公左司马曹无伤言之。不然，籍何以至此？

　　师（指着幻灯片）：读到这里，我就想，刘邦听了这话后会不会有反应呢？同学们说，会不会有反应？

　　生21：按常理会有反应。

　　师：为什么？

　　生21：因为曹无伤告密，背叛了他。中国传统文化中提倡忠孝义节，曹无伤对自己不忠不义，刘邦应该会十分愤怒。

师：对了，我也总觉得刘邦应该会有反应。但原文中司马迁没写这个反应，我觉得违背常理，违背了有仇不报非君子的中国文化，于是，在这里我加了一句：（出示幻灯片）

沛公闻之，大惊，切齿曰："曹无伤，吾必诛尔九族！"

师：到底是我加得好，还是原文写得好？

生22：我觉得老师加得好。人都是有感情的，面对部下对自己的背叛，刘邦应该会愤怒，这是情感的自然流露。

生23：我觉得原文不写刘邦有所反应，更好。如果刘邦在宴会上反应出来，就会显得没修养，像个土匪。

生24：他说的只是表面现象，而且一般来说，刘邦是个无赖，他才不会管什么有没有修养。我并不反对刘邦会有所反应，刘邦一定有反应，但不会大惊表露出来，更不会说出来。这更符合情理，这是一种合情合理的违背，这样写，更符合刘邦的个性。刘邦老谋深算，城府很深，城府深到即使有内心反应，也不会表露出来，换了项羽就会表露出来，会说出来。

师：分析得很深刻。刘邦内心一定有反应，但内心有想法，能做到不形于色，可见城府很深，深到深不可测。是的，刘邦是脸皮非常厚，厚到连内心有什么反应，也不能透过脸皮表现出来。有一个叫李宗吾的人，写过一本《厚黑学》，他认为，刘邦最终能打败项羽，取得天下，就是因为他比项羽脸皮要厚，心要黑。司马迁真是写人的高手。刘邦与项羽的对话表现了人物个性。这番对话，从表面上看，违背常理，但仔细琢磨，更符合当时历史的真实，更符合人物的个性，这是一种合情合理的违背。接下来，就是写他们坐下饮酒了。饮酒，有座位安排。按中国传统文化与礼仪，客人来了，在座位安排上，客人应该是坐最尊贵的位置。刘邦这时是项羽的客人，应该坐最尊贵的位置。下面我们来看看《鸿门宴》中的座位安排。（教师出示幻灯片）（见右图）

师（指着幻灯片）：下面请两位同学根据左边原文的介绍，上台把项羽、刘邦他们安排到右边的桌子上，哪两位同学上来？

（有十多个学生举手，有的学生把手臂举得高高的，嘴里还不停地叫着："老师，我呀！""老师，这里！"最后教师指定生25、生26上台）

师：其他同学也拿出纸笔，在纸上画一张桌子，给他们安排座位。

（台上、台下的学生根据教师要求给刘邦、项羽等人安排座次，约2分钟后，生25、生26画出了自己安排的座次，如下图所示）

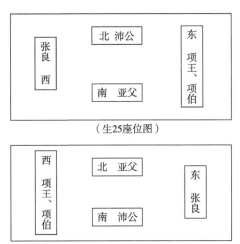

（生25座位图）

（生26座位图）

师（指着学生安排的座位图）：他们两个人安排的位置不一样。哪个同学来说一下，谁安排的与司马迁介绍的位置是一致的？

生27：我认为詹嘉璇（生26）同学跟作者介绍的位置安排一致。"东向"应该是"向东""朝东"的意思，而不是"东边"；同样，"南向""北向""西向"分别是"朝南""朝北""朝西"的意思，李振（生25）同学之所以安排反了，是因为他把"东向""南向""北向""西向"理解成"东边""南边""北边""西边"了。

师：对了，的确是詹嘉璇同学的座位安排与司马迁的介绍一致。要安排好这个座位，必须理解原文中的"东向""南向""北向""西向"这几个关键词。那么，按这样的座位安排，刘邦是坐在第几位？是不是坐了最尊贵的位置呢？请同学们在下面讨论一下。

（面对教师采用问题诱导法设置的悬念，学生展开热烈讨论，教师在下面巡视）

师：哪一组派代表说说讨论的结果？

生28：我们这一组认为，沛公坐了第二座，亚父坐了首座，项羽、项伯坐的第三座，张良坐的是末坐。

师：理由呢？

生28：因为亚父是项羽对范增的尊称，认为范增仅次于自己的父亲，因此，项羽让他坐在首位，南向，是坐北朝南，中国古代帝王不也是坐北朝南吗？而刘邦北向坐，就是坐南朝北，北向不是称臣吗？至于张良，从一个"侍"字可以看出，他是末座，他连坐的资格都没有，所以用"侍"。

师：他这样说有没有道理？

生29：我们认为，他们的说法有些问题。他们没有注意礼仪的场合，这里不是朝会。按古代礼仪，帝王与臣下相对时，帝王面南，臣下面北；宾主之间相对，则为宾东向，主西向；长幼之间相对，则长者东向，幼者西向。在这里，刘邦与项羽之间，应该是宾主关系。宴席的四面座位，以东向最尊，次为南向，再次为北向，西向侍坐。鸿门宴中"项王、项伯东向坐"，是最上位，范增南向坐，是第二位，再次是刘邦，张良则为侍坐。

师：你对中国传统文化礼节还是知道得不少啊！我同意你的分析。那么，按你的说法，刘邦应该坐哪个位置？

生29：应该坐在东向，即项羽这个位置，而作为宴会的主人，项羽应该坐在西向，宾主相对。

师：这样看来，《鸿门宴》的位置安排违背了中国传统文化中的待人接物的礼仪之道。但这样坐恰好反映了项羽此时自高自大，不把刘邦放在眼里的个性，这更符合项羽沽名钓誉的性格，这是一种合情合理的违背。

这节课，我们从传统文化的角度分析了《鸿门宴》中项羽与刘邦的言行举止。他们的言行举止表面违背了我们中国传统文化中的待人接物之礼仪，但仔细琢磨，这是一种合情合理的违背，这种违背，更符合人物个性，更符合历史的真实。司马迁不愧是写人的高手。所以鲁迅先生对《史记》有一个评价——

生（齐）：史家之绝唱，无韵之离骚。

师：意即它既是史学巨著，又是文学巨著。所以《史记》被列为博大精深的中华文化典籍中二十四史中的第一部。（出示幻灯片，介绍《史记》）

《史记》全书一百三十篇，包括十二本纪、三十世家、七十列传、十表、八书。

师（指着幻灯片）：本纪是专门写帝王的，项羽没有做帝王，但司马迁把他放到了本纪之中。我们说，不以成败论英雄，项羽虽然失败了，但他的人格的确十分有魅力。所以，宋代女词人李清照非常欣赏项羽，她有一首绝句：同学们知道吗？

生（齐）：
　　　　　　　　生当作人杰，
　　　　　　　　死亦为鬼雄。
　　　　　　　　至今思项羽，
　　　　　　　　不肯过江东。

师：到此，我们这节课主要从文化的角度解读了《鸿门宴》，重点把握了刘邦与项羽的个性。下节课，我们从文学的角度解读《鸿门宴》。这节课就讲到这里，谢谢同学们。

第二课时 性格决定命运
——从语言角度细读《鸿门宴》

上课时间：2015年10月21日

上课地点：深圳市第二高级中学四楼考务室

上课班级：高一（18）班

师：上课，同学们好！

生：老师好！

师：请坐！上节课，我们从文化的角度解读了《鸿门宴》。项羽与刘邦的言行举止从表面上看违背了我们中国传统文化中的待人接物之礼仪，但仔细琢磨，这是一种合情合理的违背，这种违背，更符合人物个性，更符合历史的真实性。司马迁不愧是写人的高手。这节课，我们从语言的角度来解读《鸿门宴》。（教师出示幻灯片）

第二课时 性格决定命运
——从语言角度细读《鸿门宴》

师：塑造人物的手段有外貌描写、动作描写、心理描写、语言描写等。什么样的人，就说什么样的话。语言描写要符合人物的个性、气质。在《鸿门宴》中，司马迁笔下的对话描写，就表现了人物个性。课文的第一、二自然段主要是人物的语言描写。请同学们打开教材。

下面，请同学们朗读第一、二自然段。（教师同时出示经过艺术化处理的第一、二自然段幻灯片）

沛公军霸上，未得与项羽相见。沛公左司马曹无伤使人言于项羽曰："沛公欲王关中，使子婴为相，珍宝尽有之。"尽有之。尽有之。尽有之。项羽大怒曰："旦日飨士卒，飨，飨，飨，为击破沛公军！"

当是时，项羽兵四十万，在新丰鸿门；沛公兵十万，在霸上。范增说项羽曰："沛公居山东时，贪于财货，好美姬。美姬。美姬。美姬。今入关，财物无所取，妇女无所幸，此其志不在小。吾令人望其气，皆为龙虎，成五采，成五采，成五采，成五采，此天子气也。急击勿失！"

师（指着幻灯片）：我们请一位同学来读，遇到画线的重复的句子，就全体同学读。好不好？

（学生见到这样奇怪的读法，显得十分兴奋，生1主动要求领读，于是学生兴致盎然地读起来）

师：刚才同学们读得很好。我为什么要同学们把这些画线的词语重复读，因为这些词语是文中重要的词语。下面，请同学解释一下这些词语。

师（指着幻灯片）：珍宝尽有之，"尽"是什么意思？

生2：全部。

师：解释正确。我们在读的时候，这个字要加重、拖长。（教师示范读："珍宝尽——有之"）怪不得项羽听后会愤怒。（教师指着幻灯片：旦日飨士卒）飨，是什么意思？

生3：用酒食款待宾客，这里是"犒劳"的意思。

师：理解正确。（教师指着幻灯片）贪于财货，好美姬。那么"美姬"是什么意思呢？

生4：美女。姬，是古代对妇女的美称。

师：你懂得还真不少。（教师指着幻灯片）皆为龙虎，成五采。"成五采"是什么意思？

生5：呈现五彩的颜色。

师：对了，望其气，观望他那里的云气。这是迷信，说是"真龙天子"所在的地方，天空中有一种异样的云气，会望气的人能够看出来。在《史记·高祖本纪》中有记载，刘邦走到哪里，哪里就有一股云气，所以刘邦是不用带雨伞的，他带天意。（生笑）刚才我们师生互动，理解了文中一些文化常识，什么"美姬"啦，"云气"啦，等等。现在，我们再从实用的角度来理解开头一段话中的关键实词，我按照高考题型出了一道题目：（教师出示幻灯片）

沛公军霸上，未得与项羽相见。沛公左司马曹无伤使人言于项羽曰："沛公欲王关中，使子婴为相，珍宝尽有之。"项羽大怒曰："旦日飨士卒，为击破沛公军！"当是时，项羽兵四十万，在新丰鸿门；沛公兵十万，在霸上。范增说项羽曰："沛公居山东时，贪于财货，好美姬。今入关，财物无所取，妇女无所幸，此其志不在小。吾令人望其气，皆为龙虎。成五采，此天子气也。急击勿失！"

下列句子中加点的词解释正确的一项是（　　）。

A. 沛公军霸上　军队　　　　　　B. 沛公欲王关中　大王

C. 沛公居山东时　崤山以东　　　D. 妇女无所幸　幸运

师（指着幻灯片）：哪个同学来做一下这个题？

生6：我认为答案是第三，即C项。

师：说出理由。

生6：第三项，"山东"是古今异义词，解释成崤山以东是对的。而A

项，"军"是驻军的意思，用成分分析法，它处在主语"沛公"和宾语"霸上"之间，应该做谓语动词，因此在这里，"军"应该是词类活用，"驻军"的意思。

师：采用成分分析法，很巧妙。的确是"驻军"的意思。那你说说B项的问题。

生6：B项其实也可以从成分分析。"沛公欲王关中"的"王"也应该做谓语动词，也是名词做动词，"称王"。D项，"幸"不是"幸运"，而是"宠幸"的意思，封建君王对姬妾的宠爱叫"幸"。

师：分析得很好，古文功底不错。以上我们主要从文化常识、实词、翻译的角度阅读分析了第一段的内容。下面，我们从虚词的角度，来审视一下第二段的内容。我们知道，高考有对虚词的考查，下面我们再来看一道题目：（教师出示幻灯片）

阅读下文，做后面的题目。

楚左尹项伯者，项羽季父也，素善留侯张良。张良是时从沛公，项伯乃夜驰之沛公军，私见张良，具告以事，欲呼张良与俱去，曰："毋从俱死也。"张良曰："臣为韩王送沛公，沛公今事有急，亡去不义，不可不语。"良乃入，具告沛公。沛公大惊，曰："为之奈何？"张良曰："谁为大王为此计者？"曰："鲰生说我曰：'距关，毋内诸侯，秦地可尽王也。'故听之。"良曰："料大王士卒足以当项王乎？"沛公默然，曰："固不如也。且为之奈何？"张良曰："请往谓项伯，言沛公不敢背项王也。"沛公曰："君安与项伯有故？"张良曰："秦时与臣游，项伯杀人，臣活之；今事有急，故幸来告良。"沛公曰："孰与君少长？"良曰："长于臣。"沛公曰："君为我呼入，吾得兄事之。"张良出，要项伯。

下列加点虚词意义和用法相同的一项是（　　）。

A. 项伯乃夜驰之沛公军　　为之奈何

B. 具告以事　　　　　　　料大王士卒足以当项王乎

C. 谁为大王为此计者　　　君为我呼入

D. 君安与项伯有故　　　　秦时与臣游

师（指着幻灯片）：请同学们阅读思考一下这个题目。

（学生阅读思考）

生：我选D，即最后一项答案。

师：为什么选这个答案？

生7：因为A项中的第一句"之"是动词，"到"的意思；第二句"之"是代词，"这件事"的意思。B项中的两个"以"也不同。第一句中的"以"是介词，"把"的意思；第二句中的"以"是连词，"用来"的意思。C项中的

"为"意义和用法也不同。第一句中的"为"是动词，"设计""做出"的意思；第二句中的"为"是介词，"替""给"的意思。

师： 很好，虚词把握得不错。为了进一步弄懂这段话的意思，我们再来看一个翻译题目：（教师出示幻灯片）

阅读下面文段，做后面的题目。

楚左尹项伯者，项羽季父也，A. 素善留侯张良。张良是时从沛公，项伯乃夜驰之沛公军，私见张良，具告以事，欲呼张良与俱去，曰："毋从俱死也。"张良曰："臣为韩王送沛公，沛公今事有急，亡去不义，不可不语。"良乃入，具告沛公。沛公大惊，曰："为之奈何？"张良曰："谁为大王为此计者？"曰："鲰生说我曰：'B. 距关，毋内诸侯，秦地可尽王也。'故听之。"良曰："料大王士卒足以当项王乎？"沛公默然，曰："固不如也。且为之奈何？"张良曰："请往谓项伯，言沛公不敢背项王也。"沛公曰："君安与项伯有故？"张良曰："秦时与臣游，C. 项伯杀人，臣活之；今事有急，故幸来告良。"沛公曰："孰与君少长？"良曰："长于臣。"沛公曰："君为我呼入，D. 吾得兄事之。"张良出，要项伯。

对文中画线句子翻译正确的一项是（   ）。

A. 一向同留侯张良友善

B. 距离函谷关不远，不要让诸侯进来

C. 项伯杀人，而我则活了下来

D. 我让兄长来侍奉他

师（指着幻灯片）：哪位同学来做一下这个题目？

（学生纷纷举手，生8站起来，主动回答问题）

生8： 我认为是A项翻译正确。

师： 那其他几项哪里有错误？你能指出来吗？

生8： B项"距关"的"距"字翻译错误。"距"不是"距离"的意思，而是"占据"的意思。C项"臣活之"中的"活"翻译错误，这个"活"字应该是词类活用。

师： 具体是什么活用？

生8： 应该是使动用法，"使……活下来"。D项，"兄"字翻译错误。它也是活用。

师： 说具体一点。

生8： 应该是名词做状语，像兄长一样。

师： 你对这道题回答得很好。以上，我们从实用的角度读懂了这两段对话的字面意思，下面，我们再从审美的角度来鉴赏一下这两段对话。性格决定命运，昨晚，我研究第一和第二自然段，越读越觉得项羽会以悲剧结局，刘邦最

终会由弱到强，会以胜利告终。这两个自然段都写到了主帅面对间谍带来的信息时的表情、语言和谋士的语言。（教师出示幻灯片）

项羽与谋士范增对话	刘邦与谋士张良对话
沛公军霸上，未得与项羽相见。沛公左司马曹无伤使人言于项羽曰："沛公欲王关中，使子婴为相，珍宝尽有之。"项羽大怒曰："旦日飨士卒，为击破沛公军！"当是时，项羽兵四十万，在新丰鸿门；沛公兵十万，在霸上。范增说项羽曰："沛公居山东时，贪于财货，好美姬。今入关，财物无所取，妇女无所幸，此其志不在小。吾令人望其气，皆为龙虎，成五采，此天子气也。急击勿失！"	良乃入，具告沛公。沛公大惊，曰："为之奈何？"张良曰："谁为大王为此计者？"曰："鲰生说我曰：'距关，毋内诸侯，秦地可尽王也。'故听之。"良曰："料大王士卒足以当项王乎？"沛公默然，曰："固不如也。且为之奈何？"张良曰："请往谓项伯，言沛公不敢背项王也。"沛公曰："君安与项伯有故？"张良曰："秦时与臣游，项伯杀人，臣活之；今事有急，故幸来告良。"沛公曰："孰与君少长？"良曰："长于臣。"沛公曰："君为我呼入，吾得兄事之。"张良出，要项伯。

师（指着幻灯片）：请同学们认真比较一下这两段对话中的人物在表情、语气上有什么不同，大家可以讨论。

（学生响应教师召唤，针对这两段对话中人物的表情、语气等方面展开热烈的讨论，约4分钟后，学生踊跃发言）

生9：我重点关注了两位主帅得到敌方情报后不同的表情反应。项羽得到曹无伤"沛公欲王关中"的情报后，表情反应是"大怒"，刘邦得到项伯说项羽要攻打他时的情报后，表情反应是"大惊"，项羽是不假思索做出决断，"大怒曰"，刘邦则有一个思考的过程，"大惊，曰"。从这里不同的表情反应，可以看出他们不同的性格。

师：什么不同的性格，能说具体一点吗?

生：项羽"大怒曰"，说明项羽遇事比较冲动，不冷静，寡谋轻信，刚愎自用。刘邦"大惊，曰"，说明他办事较沉稳，临危不乱，三思而后行。

师：分析得很仔细，连标点符号都关注到了。是的，这里的标点符号也能反映人的性格。项羽是"大怒"，后面没有标点符号，马上"曰"，说明他做决断十分草率；刘邦是"大惊"，后面有标点符号，再"曰"，说明他有思考过程。分析得很好，谁接下来再说？

生10：我重点关注了项羽与刘邦两人说话的语气。从不同的语气上，可以看出他们不同的性格。

师：说得很好，可以再具体展开，给大家分享你的看吗？

生10：我认为，项羽与谋士范增对话，其实他们没有对话。

（同学们听后十分惊讶，都带着期待的目光看着生10）

师：你这个说法挺有意思的。理由是什么？

生10：写项羽与谋士范增的那段所谓对话，没有一个问号，句尾用的是感叹号，这说明主帅与谋士之间，没有什么信息交流，都是自说自话，这也说明项羽集团的人，缺乏周密考虑，办事情绪化。

师：有道理，请继续说。

生10：而刘邦与张良的对话，没有一个感叹号，或用句号，或用问号，这说明主帅与谋士之间有丰富的对话交流，面对意外事件，他们不是情绪化，而是理性思考。

师：这是一个很重要的发现。对了，我们来看刘邦对张良说话的语气。"为之奈何？""且为之奈何？"对这件事，怎么办？对这件事，那该怎么办？说话的语气、态度都显得十分诚恳。请同学们分角色朗读刘邦与张良对话的段落。（教师出示幻灯片）

良乃入，具告沛公。沛公大惊，曰："为之奈何？"张良曰："谁为大王为此计者？"曰："鲰生说我曰：'距关，毋内诸侯，秦地可尽王也。'故听之。"良曰："料大王士卒足以当项王乎？"沛公默然，曰："固不如也。且为之奈何？"张良曰："请往谓项伯，言沛公不敢背项王也。"沛公曰："君安与项伯有故？"张良曰："秦时与臣游，项伯杀人，臣活之；今事有急，故幸来告良。"沛公曰："孰与君少长？"良曰："长于臣。"沛公曰："君为我呼入，吾得兄事之。"张良出，要项伯。

师（指着幻灯片分配朗读任务）：一位同学读叙述的文字，一位同学扮演沛公，一位同学扮演张良，三位同学上台来读，要读出人物的表情与个性。谁上来？

（有三位同学赶快上台进行表演性朗读，朗读声情并茂，引得学生大笑）

师：刚才同学们朗读得很好，形象地再现了刘邦与张良的对话情境。所谓对话，应该要有信息交流，刚才有同学说，项羽与范增的那段对话其实没有对话，我也是这个感觉。因此，我把项羽与范增说的那段话，改了一下。（教师出示幻灯片）

沛公军霸上，未得与项羽相见。沛公左司马曹无伤使人言于项羽曰："沛公欲王关中，使子婴为相，珍宝尽有之。"项羽大惊，曰："亚父，为之奈何？"范增说项羽曰："沛公居山东时，贪于财货，好美姬。今入关，财物无所取，妇女无所幸，此其志不在小。吾令人望其气，皆为龙虎。成五采，此天子气也。"项羽曰："且为之奈何？"范增曰："急击勿失！"项羽曰"诺，旦日飨士卒，为击破沛公军！"当是时，项羽兵四十万，在新丰鸿门；沛公兵十万，在霸上。

师（指着幻灯片）：现在，我请同学们分角色朗读一下我改的这段对话，哪个扮演项羽？

（生11主动上）

师：哪个扮演范增？

（生12主动上）

师：哪个来读叙述性文字？

（生13主动上）

（三位学生进行了表演性的朗读）

师：刚才这几个同学读了我改写的这几句对话。同学们想想看我这样改，改得好不好？

生14：这样改，自然项羽与范增之间就有信息交流了，然而，项羽好像不是项羽了，不够霸气了，没有强者风范了。

生15：是的，这段对话没有真实地反映项羽刚愎自用的性格，倒有点像刘邦的性格了。

师：同学们说得挺好，假如项羽真的按我改写的那段话，冷静而又诚恳地征询谋士意见，项羽就不可能兵败乌江，历史就可能改写了，所以，性格是能决定命运的啊！什么样的人，就说什么样的话。我觉得司马迁是写人的高手，所以，塑造人物的手段有外貌描写、动作描写、心理描写、语言描写。语言描写要符合人物的个性和气质。人物对话要体现人物的身份、地位、修养、个性特点。下面，我们来做一个小练习：（教师出示幻灯片）

根据材料回答问题，语言要符合每个人特定的身份，字数总共不超过60字。

从前，一个村子里有4个能说会道的人，他们分别是裁缝、马夫、船夫、厨师。谁家有红白喜事、打架抬杠，都愿意找他们办事和解。一次村里哥俩分家，请这4人去说和。4人便在裁缝家开碰头会。裁缝说："我们办事不能偏，要针过去，线也要过去才行。"

车夫接过话茬："＿＿＿＿＿＿＿＿＿＿＿＿＿＿＿＿。"

船夫说："＿＿＿＿＿＿＿＿＿＿＿＿＿＿＿＿＿。"

最后，厨师说："＿＿＿＿＿＿＿＿＿＿＿＿＿＿＿。"

师（指着幻灯片）：同学们可以先思考，想好以后，可以说给同桌听，然后我会叫同学说一说。

（这个题目引发学生极大的兴趣，学生根据教师要求，窃窃私语，然后跟同学分享，约3分钟后，教师叫学生说）

师（指着生16）：你来说说。

生16：我不能全部说出来，我是说车夫的。

师：好，你说吧。

生16：但我们办事要稳，车稳人安。

师：她知道从车夫的角度、用车夫的思维说话，可不可以呀？

生（齐）：可以。（鼓掌）

生17：我也来说车夫。我是这样说的：咱们也不是没管过这号事，前有车后有辙，别太出格就行。

师：两位同学说得真好，都有车夫思维，而且都是围绕前面提供的语境来说话的。还有谁要说？

生18：我是说船夫的。我们做事要注意让人一帆风顺，要让他们兄弟俩同舟共济。

师：说得很好，围绕"说和"兄弟俩话题展开，说话又结合了自己的职业特点。

生19：我也是说船夫的。我是这样模拟船夫口吻的：咱们到那儿见风使舵，看情况办，实在不行，就来个顺水推舟。

师：不错不错，看来同学们都是语言大师啊！还有谁想说？

生20：我是说厨师的。毛主席说，别吵吵，干脆一锅端算了。

师："一锅端算了"，"一锅端算了"干什么呢？把他们兄弟俩一网打尽吗？

（学生笑）

师：尽管没有围绕前面提供的语境展开，但是厨师的行话。

生21：我来说一下厨师吧。我是这样模拟厨师口吻的：我看咱们去了，要快刀斩乱麻，别锅啦碗啦分不清。

师：说得非常好。可见，说话要符合人物身份，什么样的人，就说什么样的话。什么性格的人，也就会说什么性格的话，做出符合性格的事。人物性格决定人物命运。可以说，从开头对话，我们就看到了项羽的悲剧命运。这节课，我们从语言的角度分析了《鸿门宴》。明天，我们将讲第三课时：第三只眼睛看樊哙——从文学角度细读《鸿门宴》。这节课就讲到这里，谢谢同学们！

第三课时　第三只眼睛看樊哙
——从文学角度细读《鸿门宴》

上课时间：2015年10月22日

上课地点：深圳市第二高级中学四楼考务室

上课班级：高一（18）班

师：上课，同学们好！

生：老师好！

师：请坐！上两节课，我们一是从文化角度细读了《鸿门宴》，重点从中华传统文化的角度把握了鸿门宴中刘邦与项羽的性格特征；一是从语言角度细读《鸿门宴》，重点分析了项羽与范增、刘邦与张良的对话，把握了鸿门宴中刘邦与项羽的性格特征。那么这节课，我们从文学角度细读《鸿门宴》。（教师出示幻灯片）

第一课时：合情合理的违背——从文化角度细读《鸿门宴》

第二课时：性格决定命运——从语言角度细读《鸿门宴》

第三课时：第三只眼睛看樊哙——从文学角度细读《鸿门宴》

师：在分析樊哙之前，我们来看看《鸿门宴》中项羽与刘邦两大军事集团双方出来的人物，他们有一种高度的对应关系。这边有主帅项羽，那边有主帅刘邦；这边有谋士范增，那边有谋士张良；这边有武士项庄，那边有武士樊哙；这边有告密者项伯，那边有告密者曹无伤。（教师出示人物对应图幻灯片）

项羽集团　　　　　刘邦集团

主帅：项羽　　　　主帅：刘邦

谋士：范增　　　　谋士：张良

武士：项庄　　　　武士：樊哙

告密者：项伯　　　告密者：曹无伤

师（指着幻灯片）：这个宴会是刘、项两个政治集团之间的矛盾由潜滋暗长到公开明朗的生动表现，是漫长的"楚汉相争"的序幕。"鸿门宴"实际上是两大军事集团的斗争。"鸿门宴"暗藏杀机，是一场杀刘与保刘的斗争，项羽集团要杀刘，刘邦集团要保刘，两个集团都采用了各种手段。我以为，刘邦赴"鸿门宴"没有死，最终安全返回，樊哙起了巨大的作用。这节课，我们将以第三只眼睛看樊哙。我们先从高考的角度来审视课文中写到的有关樊哙这个人的文字。

（一）析读，从高考的角度审视樊哙闯帐

师：请同学们翻到课文第23页，看看樊哙闯帐这个情节。我们先叫一个同学读一下这段文字。（教师用手拍拍生1）你来读，好不好？请同学们认真听，读完后，我要叫同学评价一下读得怎样。

（生1读）

师：哪个同学评价一下？

生2：声音洪亮，读得流畅，也读出了樊哙的个性，但有几个地方读音错误。

师：哪些地方错误？你能说说吗？

生2：一个地方是"交戟之卫士欲止不内"的"内"（nà）字，他读成了"nèi"。

师："内"字在这里为什么要读"nà"而不能读"nèi"？

生2：因为它是通假字，通"纳"，让人进去的意思。

师：正确。还有什么地方读音错误？

生2："刑人如恐不胜"的"shēng"字，他读成了"shèng"。

师：为什么这里要读"shēng"呢？

生2：因为这里是"尽"的意思，惩罚人好像怕不能用尽酷刑。

师：对了，"胜"这个字有"shēng"和"shèng"两种读音，在这里应该读"shēng"。好，下面我们先从实用角度，从高考出题的角度，来审视一下樊哙闯帐这个情节。（出示幻灯片）

阅读下面文字，做后面的题目。

哙即带剑拥盾入军门。交戟之卫士欲止不内。樊哙侧其盾以撞，卫士仆地。哙遂入，披帷西向立，瞋目视项王，头发上指，目眦尽裂。项王按剑而跽曰："客何为者？"张良曰："沛公之参乘樊哙者也。"项王曰："壮士！——赐之卮酒。"则与斗卮酒。哙拜谢，起，立而饮之。项王曰："赐之彘肩。"则与一生彘肩。樊哙覆其盾于地，加彘肩上，拔剑切而啖之。项王曰："壮士！能复饮乎？"樊哙曰："臣死且不避，卮酒安足辞！夫秦王有虎狼之心，杀人如不能举，刑人如恐不胜，天下皆叛之。怀王与诸将约曰：'先破秦入咸阳者王之。'今沛公先破秦入咸阳，毫毛不敢有所近，封闭宫室，还军霸上，以待大王来，故遣将守关者，备他盗出入与非常也。劳苦而功高如此，未有封侯之赏，而听细说，欲诛有功之人，此亡秦之续耳。窃为大王不取也！"项王未有以应，曰："坐。"樊哙从良坐。坐须臾，沛公起如厕，因招樊哙出。

师（指着幻灯片）：现在的高考对文言文考查一般有这些考点：一个是对文言实词的考查，一个是对文言虚词的考查，还有对文化常识的考查，还有就是对句子翻译的考查，等等。现在，假如我们是高考命题者，我们就以这段文言文作为命题材料，来设计四个考查题目。题干如下：（出示幻灯片）

1. 下列句中实词解释错误的一项是（　　）。

2. 下列句中虚词意义与用法相同的一项是（　　）。

3. 下列对文中加点词语的相关内容的解说，不正确的一项是（　　）。

4. 翻译文中画线的句子。（找两个句子）

师（指着幻灯片）：四个题目，每组设计一个。第一组设计第一个题目，第二组设计第二个题目，第三组设计第三个题目，第四组设计第四个题目。各组先讨论，到文中找好设计点，然后出好题目，5分钟后，每组派代表上台展示设计成果。

（学生面对这个创造性的教学环节兴致盎然，各组展开讨论，设计题目，约5分钟）

师： 下面请各组派代表把自己设计的题目展示出来。

第一组生3上台展示题目如下：

1. 下列句中实词解释错误的一项是（　　）。

A. 刑人如恐不胜　施加肉刑，名词做动词

B. 先破秦入咸阳者王之　称王，名词做动词

C. 欲诛有功之人，此亡秦之续耳　后继者，动词做名词

D. 沛公起如厕，因招樊哙出　往，去，动词

第二组生4上台展示题目如下：

2. 下列句中虚词意义与用法相同的一项是（　　）。

A. 怀王与诸将约曰　备他盗出入与非常也

B. 夫秦王有虎狼之心　欲诛有功之人

C. 先破秦入咸阳者王之　故遣将守关者，备他盗出入与非常也

D. 劳苦而功高如此　未有封侯之赏，而听细说

第三组生5上台展示题目如下：

3. 下列对文中加点词语的相关内容的解说，不正确的一项是（　　）。

A. 项王按剑而跽　跪直身子，一种预备的姿态

B. 沛公之参乘樊哙者也　古时乘车，站在车右担任警卫的人。乘，四匹马拉的车

C. 则与斗卮酒　大酒杯

D. 樊哙覆其盾于地　古代打仗用来进攻的一种武器

第四组生6上台展示题目如下：

4.翻译文中画线的句子。

（1）臣死且不避，卮酒安足辞！

_____

（2）故遣将守关者，备他盗出入与非常也。

_____

师（指着学生设计的题目）：同学们设计的题目都很好，有点像高考题了。下面，就请同学做一下这些题目，我们交换做题。第四组的同学做第一题，第三组的同学做第二题，第二组的同学做第三题，第一组的同学做第四题，好不好？

（学生非常高兴，看到自己设计的题目被当作试题考查别人，充满成就感，同时自己又是被考查的对象，充满挑战精神，个个都在认真做题）

师：我看到同学们都做完了，下面请同学回答问题。（教师指着学生板书的第一题）谁来说第一题？

1.下列句中实词解释错误的一项是（　　）。

A.刑人如恐不胜　施加肉刑，名词做动词

B.先破秦入咸阳者王之　称王，名词做动词

C.欲诛有功之人，此亡秦之续耳　后继者，动词做名词

D.沛公起如厕，因招樊哙出　往，去，动词

生7：我认为第一题的答案是B。

师：为什么？

生7：B应该是活用，但不是名词作动词，而是名词的使动用法，"使……称王"。如果是一般的名词做动词，就翻译不通，不可能是"称王他"的意思，应该是"使他称王""让他称王"。

师：请问第一组的同学，你们设计的这个题目是不是这个答案？

第一组生（齐）：是。

师：好，这个题目设计得好，的确考查了几个重要的实词。尤其关注了词类活用。下面我们来做第二个题目。第三组的同学谁来回答？（教师指着第二组题目）

2.下列句中虚词意义与用法相同的一项是（　　）。

A.怀王与诸将约曰　备他盗出入与非常也

B.夫秦王有虎狼之心　欲诛有功之人

C.先破秦入咸阳者王之　故遣将守关者，备他盗出入与非常也。

D.劳苦而功高如此　未有封侯之赏，而听细说

生8：我认为答案是C。

师：为什么？

生8：因为两个"者"都是"的人"的意思。"先破秦入咸阳者王之"，先攻破秦国进入咸阳的人让他称王。"故遣将守关者，备他盗出入与非常也"所以派遣守住函谷关的人，是为了防备其他盗贼进进出出和不正常的事件发生。

生9：他说得不对。C项"者"的用法是不同的。第一个"者"当然是"的人"的意思，第二个"者"，其实是与后面的"也"一起作为表判断的标志。"故遣将守关者，备他盗出入与非常也。"这句话的翻译应该是，特意派遣将领守住函谷关的原因是防备其他盗贼进进出出和不正常事件的发生。

师：那你认为是哪个答案呢？

生9：我觉得应该是答案B。这两个"之"都是助词"的"的意思。秦国有虎狼一样的心，想诛杀有功劳的人。

师（点点头）：那A项为什么不行？

生9：第一个"与"是介词"跟"的意思，怀王跟各位将领约定，第二个是连词"和"的意思。

师：那D项呢？

生9：D项，第一个"而"为连词，可以翻译成"并且"；第二个"而"是表转折的连词，"但""却"的意思。

师：请问第二组同学，他们回答得对不对？

第二组学生（齐）：回答正确。

师：同学们，这个虚词题设计得很好，有一定的区分度，而且他们所选的都是高考规定要考的18个虚词。好，下面我们来做第三题，（教师指着第三题）请第二组的同学回答。

3. 下列对文中加点词语的相关内容的解说，不正确的一项是（　　）。

A. 项王按剑而跽　跪直身子，一种预备的姿态

B. 沛公之参乘樊哙者也　古时乘车，站在车右担任警卫的人。乘，四匹马拉的车

C. 则与斗卮酒　大酒杯

D. 樊哙覆其盾于地　古代打仗用来进攻的一种武器

生10：我认为第三题的答案是D项。

师：为什么？

生10：因为盾是古代打仗用来防御的一种武器。我们有一个词叫"矛盾"，其中的"矛"才是古代打仗用来进攻的一种武器。

师：请问第三组同学，他的回答对不对？

第三组学生（齐）：对！

师：这个题目值得注意，它考查的是古代文化常识，是全国新课标卷中新

增加的一个考点，同时，我们如果能多了解一些古代文化常识，也有利于我们深度读懂古文。好了，我们来做最后一题，翻译题。（教师指着第四题）

4.翻译文中画线的句子。

（1）臣死且不避，卮酒安足辞！

_____

（2）故遣将守关者，备他盗出入与非常也。

_____

师：这个题目，在高考中有10分的分值，每句5分，是按点给分的。请第一组同学翻译这个题目，翻译完后，我们叫第四组同学评分，看能得多少分。哪个同学来翻译？

生11：第一句我是这样翻译的：我死将不怕，一杯酒还有什么说的。第二句的翻译是：特意派遣将领守住函谷关，是为了防备其他的盗贼进进出出和出现意外事故。

师：请第四组同学评判一下他能得多少分。

生12：我来改卷，第一句话，他只能得1分。

（师生听后十分惊讶）

师：为什么得1分？

生12："臣死且不避，卮酒安足辞！"我们之所以选这个句子，是因为它考点很多。我们在设计这个题目的时候，"且"是一个得分点，他翻译成"将"，不对，这里应该是"尚且"的意思；"安"是一个得分点，是"怎么"的意思，他翻译成"还有"，不能得分；"辞"是"推辞"，他翻译成"说"了；"足"，是"值得"的意思，他翻译时，没有落实。另外，句子大意1分。所以，他顶多只能得1分。全句的正确翻译应该是：我死尚且不怕，一杯酒怎么值得推辞。

师：分析得很细，确实也是如此，因此，我们在做翻译题时，千万不能只求个大概。好，第二句翻译他可以得多少分呢？

生12：第二句他翻译得好一些。5分，他可以得4分。

师：那他哪个地方丢分了呢？

生12："出入"翻译错误，不能翻译成"进进出出"，在这里应该是偏义复词，翻译成"进入"才对。

师：不错，刚才我们采用同学设计题目、解答题目这个环节，从实用的角度弄清了"樊哙闯帐"这个精彩片段的大意。下面，我们再从文学的角度审视"樊哙闯帐"。

（二）赏读，从文学的角度审视樊哙闯帐

师："樊哙闯帐"写得特别传神，特别生动，樊哙是两千年前的人物，但我们仿佛如见其人，如闻其声，司马迁笔下的樊哙活灵活现。我觉得他像《水浒传》中的李逵，但又不是李逵；我觉得他像《水浒传》中的鲁智深，但仔细琢磨，又不像鲁智深；我觉得他有点像《三国演义》中的张飞，但仔细琢磨，又不是张飞；我觉得他有点像《三国演义》中的关羽，但又不完全是关羽；我觉得他有点像《三国演义》中的赵子龙，但又不完全是赵子龙。我从樊哙身上看到了他们的影子，但樊哙确实只能是樊哙。我们看到了一个性格丰富多彩的樊哙。请同学们认真阅读一下第四自然段，评价一下樊哙。在"樊哙"前面加形容词，什么样的樊哙，你加的定语，一定要在文中找到依据。（教师出示幻灯片）

（采用填空法设置课堂悬念，引起学生探究课文的兴趣。学生积极响应教师召唤，认真阅读文本，不时用笔在书上写写画画，不一会儿，前后左右的学生开始交换意见，展开讨论）

师：我在下面看到许多同学说出不少樊哙了。谁先说？

生12：不怕死的樊哙。

师：从哪儿看出来的？

生12："臣请入，与之同命。"请允许我进去，我要跟他们拼命。

生13：翻译有些错误。"与之同命"，是跟沛公同呼吸、共命运的意思。

师：对了，在关键时刻要与主人同生共死，说明他不怕死、勇敢。（教师板书：勇敢的樊哙）

生14：粗犷豪迈的樊哙。

师：从哪儿看出来的？

生14：从"哙拜谢，起，立而饮之。项王曰：'赐之彘肩。'则与一生彘肩。樊哙覆其盾于地，加彘肩上，拔剑切而啖之"这些描写可以看出。你看，项羽赏他喝酒，他二话不说，"立而饮之"，站在那儿，就把酒喝完了；项羽赏他一个生猪腿，他把猪腿放在盾上，拔出宝剑切下来就吃。他大碗喝酒、大块吃肉，而且吃的是生猪腿，十分粗犷豪迈，从这里，我看到他有点像《水浒传》中的李逵。

师：分析得很不错，而且联想到李逵。（教师板书：粗犷豪迈的樊哙）

生15：武艺高强的樊哙。

师：从哪里可以看出？

生15：从"哙即带剑拥盾入军门。交戟之卫士欲止不内。樊哙侧其盾以撞，卫士仆地。哙遂入"看出他武艺高强。项羽手下那么多手拿武器的卫士要阻止他进去，樊哙用盾牌把他们撞倒在地上，谁也不能阻止他进去，那些卫士不是他的对手，可见樊哙武艺高强，有点像《三国演义》中的赵子龙。

师：说得很不错，刘邦手下有那么多战将，为什么挑樊哙跟随，这当然与

他的武艺高强有关。（教师板书：武艺高强的樊哙）

生16：能言善辩的樊哙。

师：这是一个新发现，说具体一些。

生16：樊哙闯入项羽军门后，项羽对他赏赐有加，连称"壮士"，又是赐酒，又是赐肉，樊哙瞅准机会，醉酒抒怀，慷慨陈词，说出了刘邦想说而又不敢说的话。他先述秦之暴虐："杀人如不能举，刑人如恐不胜"，意谓天下共愤；接着夸刘邦之功，"先破秦入咸阳"，又述刘邦"封闭宫室，还军霸上，以待大王"，以此为刘邦表功，期待封侯之赏，虽是指责而又寓尊项羽之意，最终满足了项羽沽名钓誉、自矜功伐之心，刚愎自用之志，完全使项羽当初的怒火和霸气消退。

（学生鼓掌）

师：说得真好，樊哙的确是一个能言善辩之人。

生17：忠诚的樊哙。

师：说出依据。

生17：当得知"项庄舞剑，其意常在沛公"时，樊哙迫不及待请命，"此迫矣！臣请入，与之同命"。只言片语，字字千金。其心忠、心切、情急，跃然纸上，充分显示了樊哙与刘邦生死与共的手足之情。随后，奋不顾身闯军门，足见其耿耿忠心。

师：分析透彻。

生18：机警的樊哙。当刘邦在宴会中身处危机之中时，张良至军门见樊哙，未等张良之言出口，樊哙似已从张良之匆忙中觉察到鸿门宴上的形势，一时剑拔弩张，于是关切之情溢于言表："今日之事何如？"开门见山，没有客套，流露出一份责任，一种机警。

师：对文本研究很深很细。

生19：鲁莽冲动的樊哙。

师：哪里看出他鲁莽冲动？

生19：樊哙闯入军门，"目视项王，头发上指，目眦尽裂"，对项羽侃侃而谈，一种刚强、勇猛、暴躁的莽汉形象写得须眉毕现。

师：我不太同意你的看法。樊哙的性格很明朗，看起来似乎是一根肠子通到底、肌肉发达、头脑简单的鲁莽之士，然而实际，他却粗中有细。同学们，樊哙进去时带了什么武器？

生20：从"哙即带剑拥盾入军门"一句可以看出，樊哙是带了剑和盾两样武器的。

师：他在闯入项羽军营的时候，最终动用的是哪个武器？

生20："樊哙侧其盾以撞"，用的是盾。

师：为什么用盾，而不用剑呢？

生20：用盾就不会死人吧。

师：对了，这说明樊哙在使用武器的时候，还是有所考虑的。要是换了李逵，他就不会考虑那么多，一把板斧杀过去。假如樊哙在这里使用剑，结果就会不一样了。我写了一段樊哙使用剑入军门的一段话。（教师出示原文与改写的对话片段）（见右图）

> 哙即带剑拥盾入军门。交戟之卫士欲止不内。樊哙侧其盾以撞，卫士仆地。哙遂入，披帷西向立，瞋目视项王，头发上指，目眦尽裂。项王按剑而跽曰："客何为者？"张良曰："沛公之参乘樊哙者也。"

> 哙即带剑拥盾入军门。交戟之卫士欲止不内。樊哙拜其剑以刺，卫士仆地，须臾而死。其余卫士蜂拥而至，哙不得入，项王闻帐外杀声震天，按剑而跽曰："帐外何事者？"范增曰："沛公之参乘樊哙欲行刺大王也！"项羽大怒。瞋目视沛公曰："刘邦，竖子也！"拜剑刺向沛公，沛公身首异处。

师（指着幻灯片）：请同学们齐读右边我改写的那段文字。

（生读，大笑）

师（指着幻灯片）：假如樊哙用剑刺过去，杀死卫士，其结果，可能激起项羽大怒，刘邦、樊哙就会身首异处。可见，樊哙办事粗中有细，所以樊哙这个人很厉害，鸿门宴上，刘邦转危为安，化险为夷，留有东山再起之势，这一切无不与樊哙舍生忘死、机智巧妙地应变密切相关。他使用武器有分寸，刘邦手下有那么多战将，比樊哙武艺高强的也不少，为什么单挑他，我认为他不仅仅是一介武夫，他更有智慧，樊哙不简单。（教师板书：粗中有细的樊哙，同时，教师出示总结樊哙形象的幻灯片）（见下图）

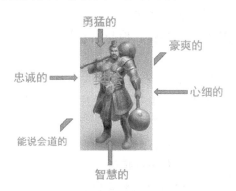

师：司马迁写人，不只写人物的类型，同时也写出了人物的多面性，写出了人物丰富多彩的性格，这一点，比《三国演义》要强。《三国演义》写孔明，是智绝；写关羽，是义绝；写曹操，是奸绝；写张飞，是猛绝。这里的樊哙却是一个血肉丰满的圆形人物。这节课，我们主要从文学的角度把握了樊哙这个人物形象。这节课就讲到这里，谢谢同学们！

十一、《记梁任公先生的一次演讲》悬念教学实录

上课日期：2015年10月27日

上课地点：高一（17）班教室

上课班级：高一（17）班

师：上课。

生：起立。

师：同学们好！

生：老师好！

师：今天我们学习一篇文章，《记梁任公先生的一次演讲》，梁任公是谁？

生（齐）：梁启超。

师：对了。（出示梁启超简介的幻灯片）梁启超是中国近代著名的政治活动家、启蒙思想家、资产阶级宣传家、教育家、史学家、文学家（这里采用"烘托渲染法"设置课堂悬念，学生一声"哇塞"，产生敬佩之情）。大家学过历史，应该知道他干过一件最出名的事情，就是——

生（齐）：公车上书、戊戌变法。

师：对了，他是康有为的学生，他与康有为一道公车上书，主张变法。我们学过他的文章吗？

生：学过，《少年中国说》。

师：对了，我们一起来朗诵少年中国说片段。（教师出示幻灯片）

> 少年智则国智
>
> 少年富则国富
>
> 少年强则国强
>
> 少年独立则国独立
>
> 少年自由则国自由
>
> 少年进步则国进步
>
> 少年胜于欧洲
>
> 则国胜于欧洲
>
> 少年雄于地球
>
> 则国雄于地球
>
> ——梁启超《少年中国说》

师：今天我们学的《记梁任公先生的一次演讲》是一篇写人的记叙文，文章篇幅不长，在讲之前，先请同学们在下面自由朗读一下这篇文章，并想想梁任公是一个怎样的人。

（学生在下面按教师要求自由朗读，教师巡视）

师：同学们，这篇文章通过写梁任公的一次演讲，把梁任公的形象活生生地展现在了我们的眼前。我们如闻其声，如见其人。那么，梁任公到底是一个怎样的人呢？今天，我们采用一种评点法（教师板书"评点法"三字）来把握梁任公的形象。评点法古已有之，它是一种传统的读书方法，古人有不动笔墨不读书的习惯，这个习惯就是边读、边想、边记的方法。明清以来，对四大名著的评点可以说是异彩纷呈，流派众多。人们公认的比较好的四种评点本是：（教师出示幻灯片）

脂砚斋评点《红楼梦》

金圣叹评点《水浒传》

毛宗岗评点《三国演义》

李卓吾评点《西游记》

从某种意义上说，他们的评点是另一种极具价值的名著。那么，什么是评点法呢？（出示幻灯片）

评点法是一种研究性的学习方法。在阅读过程中，圈圈点点，心有所感，笔墨追录，三言两语，生动传神。可以评点字词，也可评点句段；可以评点人物，也可评点情节、环境；等等。

师：举几个例子，如《红楼梦》中，当贾宝玉出现时，脂砚斋对这个人物做了如下点评：（出示幻灯片）

说不得贤，说不得愚，说不得不肖，说不得善，说不得恶，说不得正大光明，说不得混帐恶赖，说不得聪明才俊，说不得庸俗，又说不得好色好淫，说不得情痴情种，恰恰只有一颦儿可对，令他人徒加评论，总未摸着他二人是何等脱胎、何等心臆、何等骨肉。

师（指着幻灯片）：这是对贾宝玉这个人物形象的点评。下面再以《记梁任公先生的一次演讲》一文第三段为例，我和同学们一起来进行一次尝试性的点评。（教师出示幻灯片并让学生齐读）

我记得清清楚楚，在一个风和日丽的下午，高等科楼上大教堂里坐满了听众，随后走进了一位短小精悍秃头顶宽下巴的人物，穿着肥大的长袍，步履稳健，风神潇洒，左右顾盼，光芒四射，这就是梁任公先生。

师（指着幻灯片）：下面我们就这段文字进行点评。前面说了，我们可以点评字词。那么，我们可以针对"高等科楼上大教堂里坐满了听众"一句中的"满"字进行点评，哪个同学来点评一下？

生1：说明来听演讲的人很多。

生2：我觉得这是侧面描写，以此表现梁任公先生演讲的魅力。

师：两位同学评点得很好。（教师出示点评幻灯片）

以美的效果，表现美的本身，一个"满"字，侧面写出了梁任公演讲的魅力。

生3：下面我来评点一下人物。我着力于"短小精悍秃头顶宽下巴"这段人物描写。这段是外貌描写，梁任公其貌不扬。

生4：我从"穿着肥大的长袍"一句，点评梁任公不拘小节、随性洒脱。

师：我们同学的点评是越来越娴熟了。

生5：我从"步履稳健，风神潇洒，左右顾盼，光芒四射"的描写，得出点评结论：气度不凡！好一个气宇轩昂、神采飞扬的梁任公，梁任公的风采，可谓夺人眼球。

（学生"哇"的一声，为他的精彩点评而赞叹不已）

师：刚才我们以第三自然段为对象尝试点评，没想到同学们点评得如此精彩。既然同学们学会了点评，下面我就请同学们对后面的段落进行点评。先请选准点评点，然后用笔在点评点旁边加上点评内容。给大家5分钟时间。

（学生认真点评，纷纷拿笔在书上写评语，教师在下面巡视，不时与学生交流）

师：我看到同学们认真阅读课文，并且都在课本上写下了自己的点评。下面请同学们来分享一下自己的点评。

（学生热烈响应教师召唤，纷纷举手）

生6：我先说吧。我研读了第四自然段。

师：好，你来说说你对第四自然段的点评。（教师出示第四自然段幻灯片）

他走上讲台，打开他的讲稿，眼光向下面一扫，然后是他的极简短的开场白，一共只有两句，头一句是："启超没有什么学问——"眼睛向上一翻，轻轻点一下头，"可是也有一点喽！"这样谦逊同时又这样自负的话是很难得听到的。他的广东官话是很够标准的，距离国语甚远，但是他的声音沉着而有力，有时又是宏亮而激亢，所以我们还是能听懂他的每一字，我们甚至想如果他说标准国语其效果可能反要差一些。

生6："'启超没有什么学问——'眼睛向上一翻，轻轻点一下头，'可是也有一点喽！'"写梁任公演讲的开场白，写出了其独特的表情特点和既谦逊又非常自信的性情。"翻""点"两个动词让我感到梁任公的幽默，感受到他老顽童的形象。

师：既谦逊又自信又幽默，点评很到位。我要夸夸你啊！你认为梁任公像一个老顽童一样，你的这种观点居然跟胡适先生对梁任公的评价是一样的。

胡适先生就认为梁任公一团孩子气，毫无城府，老顽童的形象。非常遗憾啊。当时没有留下什么影音资料，我们无缘一睹先生的风采，也无缘聆听他的声音。但是同学们可以试着来模仿一下梁任公当时的语气，来读这两句开场白，传达梁任公的魅力。咱们两人一组，一个同学读，一个同学听，然后交流你们的感受。开始吧。

（学生朗读，交流）

师：梁任公是广东人，下面我们请一个男生上台，用广东话读"'启超没有什么学问——'眼睛向上一翻，轻轻点一下头，'可是也有一点嘍！'"这个生动的细节，同时配以表演好不好？

（学生热烈响应，十几个男生举手要求上台表演，这时，有一学生自动走上讲台）

师：好好好，你来说吧。

（生7用标准的广东话朗读"'启超没有什么学问——''可是也有一点嘍！'"这句开场白，同时眼睛向上一翻，然后点头，惟妙惟肖地把梁任公自信而又自负的特点表现出来了，引得同学哈哈大笑）

师：你表演得就像一个活着的梁启超。我再问你，把"启超没有什么学问——"这句话中的"启超"换成"鄙人"好不好？

生7：我觉得不好，"鄙人没有什么学问——"不够亲切。"启超没有什么学问——"这样讲，既平等又亲切。

师：你的语言感受能力特别强，的确是这样。其他同学对这一段还有什么点评的吗？

生6：老师，我还没说完呢。

师：喔，对不起，请你继续说。

生6："他走上讲台，打开他的讲稿，眼光向下面一扫"，"扫"字写出了他眼光的力度与渗透力，一个"扫"字，写出了他的极度自信与自负。

师：你点评得很细致，"扫"的确十分传神，不能换成"看"字，更不能换成"瞥"字。到此，我们看到了一个自信的梁任公，一个谦逊的梁任公，一个幽默的梁任公，一个亲切的梁任公，一个气度不凡的梁任公。（教师将以上特点同时板书到黑板上）好，这是对第四段的点评。

生8：老师，我对第七段进行了点评。

师：好，我把第七段的原文展示出来，看他是怎么点评的。（教师出示幻灯片）

先生博闻强记，在笔写的讲稿之外，随时引证许多作品，大部分他都能背诵得出。有时候，他背诵到酣畅处，忽然记不起下文，他便用手指敲打他的秃头，敲几下之后，记忆力便又畅通，成本大套地背诵下去了。他敲头的时候，我们屏息以待，他记起来的时候，我们也跟着他欢喜。

师（指着幻灯片）：请你把这个自然段先读给大家听听。

（生8读，当读到"他便用手指敲打他的秃头"一句时，也用手敲打自己的头，引得同学大笑）

师：你读得很好，表演也到位。你说说你的点评吧。

生8："成本大套"地背诵，足见先生的博闻强记；先生是个公众人物，但"用手指敲秃头"，不拘小节，全无城府，可亲可敬。

师：你读得很细，尤其关注了梁任公敲打秃头这个细节。梁实秋先生用这个细节，写活了一个人物，写出了这个大人物的平凡和不平凡之处。你还有什么补充没有？

生8：暂时没有了。

生9：我有补充。这段中有个"酣畅"一词，用得特别传神。一般我们会用"酣畅"来形容喝酒，还有睡觉。这里写先生背书"酣畅"，可见先生背书的时候，不是为背而背，而是一种享受。

师：对，"酣畅"这个词点评得特别好！我们看到梁任公是那样得博闻强记，果然是学界泰斗；梁任公又是那样的平易亲切，仿佛邻家老者。点评得太好了。梁任公的形象更加丰满了。我们看到了一个自信的梁任公，一个谦逊的梁任公，一个幽默的梁任公，一个亲切的梁任公，一个气度不凡的梁任公，一个不拘小节的梁任公，一个学识渊博的梁任公。请同学们继续点评。

生10：我点评第八自然段。

师：好，在你点评之前，我们先来花样朗读这一自然段：（教师出示第八自然段幻灯片）

先生的讲演，到紧张处，便成为表演。他真是手之舞之足之蹈之，有时掩面，有时顿足，有时狂笑，有时叹息。听他讲到他最喜爱的《桃花扇》，讲到"高皇帝，在九天，不管……"那一段，他悲从中来，竟痛哭流涕而不能自己。他掏出手巾拭泪，听讲的人不知有几多也泪下沾襟了！又听他讲杜氏讲到"剑外忽传收蓟北，初闻涕泪满衣裳……"，先生又真是于涕泗交流之中张口大笑了。

师（指着幻灯片）：同学们齐读这一自然段。同学们读的同时，我们叫一位同学上台，当同学们读这些加点的文字时，他就要表演，看他表演得如何，能不能再现梁任公的神韵，好不好？

（学生十分兴奋，纷纷举手要当那个表演者，一学生赶快跑上了讲台表演）

师：同学们齐读时，有同学上台做了表演，表演惟妙惟肖，很成功。

生11：老师，他的确表演得活灵活现，但有一个地方表演出现了差错。

师：哪个地方？

生11：当我们读到"痛哭流涕"这个地方时，他拿着手帕在鼻子上重重地擦了几下，显然他将"痛哭流涕"的"涕"字理解成"鼻涕"了，这有损梁任公的形象。（学生大笑）"涕"应该是古今异义字，"泪"的意思。

师：他观察十分仔细，对文本内容理解也很细。刚才的表演的确在这个地方有点失误，但总的来说，表演成功，让我们感受到了梁任公演讲的风采。（教师指着生10）好，你开始点评吧。

生10：一个感情丰富、至情至性的梁任公，一个毫不掩饰、个性率真的梁任公。

师：你是从文本中哪些地方得出这个点评结论的？

生10：我是从"有时掩面，有时顿足，有时狂笑，有时太息"这些地方得出这个点评的。一段短短的演说，竟有如此丰富而又起伏变化的感情，可见梁任公感情丰富，而且这种感情表露于外，显得十分率真。

师：理解得不错，但我要问你，梁任公的感情为什么这么夸张呢？梁任公的感情为什么起伏这么大、变化这么快呢？

生10：这一点我还没想好。

师：请坐。请同学们讨论一下，梁任公的感情为什么会这样夸张，这样丰富，这样起伏变化？

（学生热烈讨论，教师在学生中巡视，不时参与学生讨论，约3分钟后，学生回答问题）

生12：我认为，要理解先生感情为什么会这样夸张，这样丰富，这样起伏变化，关键要注意文段中提到的《桃花扇》《闻官军收河南河北》两个作品。我看过《桃花扇》，这是写南明的历史剧。梁启超由南明的历史悲剧联想到自己生活的时代。他想要光复自己的祖国，进行变革。

师：由南明的灭亡想到自己国家的事，所以就动感情了。

生12：因为梁任公是爱国的，所以讲杜甫的诗也特别有感情。

师：杜甫的那份欢心他感受到了，是吧？

生12：我觉得，当时中国是半殖民地半封建社会，正处在水深火热之中，作者正在积极寻找救国的出路。因此，当他读到《桃花扇》的时候，因亡国而感到悲痛；而当读到《闻官军收河南河北》时，为官军收复失地而感到非常激动。

师：谢谢你，说得特别好。梁任公是感同身受的。同学们能理解吗？不管是《桃花扇》里的沉痛，还是《闻官军收河南河北》里的欢心，梁任公原本心里就有，对吗？所以，他读到这些，触及内心，才会这样痛哭流涕而不能自已，才会涕泗交流，开口大笑。是这样吧？如果我们真的能够理解到这一层，就能算是梁任公的一个知音了。可见，梁任公还是一个"内外皆热，心系天下"的梁任公。

生13：老师，文章第五和第六自然段我有些看不懂，他提到那首古诗《箜篌引》，与表现梁任公有什么联系？

师：你这个问题提得好，我在阅读这篇文章时，也产生过这样的疑问，说明我们的同学在读文本时很动脑筋。（教师出示《箜篌引》幻灯片）

公无渡河。

公竟渡河！

渡河而死；

其奈公何！

师（指着幻灯片）：我们请同学读一下这首诗。

（生14读）

师：声音还算洪亮，但还是感觉少了点味，少了点情感。这首诗表现的是一出悲剧还是一出喜剧？同学们觉得在读这首诗的时候应该以什么样的情感读？

生（齐）：悲剧。应有悲伤（悲痛）感。

师：你们看，这首诗当中有两个人，一个硬要渡河，一个劝他不要渡河。那这个要渡河的人结果渡河没？

生（齐）：渡了。

师：最后呢？

生（齐）：死了。

师：哪有这样的人？你们觉得这个渡河人怎么样？

生15：自作自受，活该。

生16：有勇气，有一种"明知山有虎，偏向虎山行"的执着。

师：嗯，我倾向于你（手指向生16）的观点。我觉得他就像飞蛾，扑向的是火苗，向往的却是光明。我觉得他是真的猛士。因为真的猛士，敢于——

生（齐）：直面惨淡的人生，敢于正视淋漓的鲜血。

师：非常好。《人间词话》的作者王国维曾对此诗做了这样的评价："这十六字构成中国诗坛最悲壮凄惨的一幕，是用血写成的。"我们的梁任公在演讲时，讲着这首诗，感受着这种直面死亡的勇气，我想他之所以有万般感慨，之所以讲得如此真切，以至于作者二十年后都记忆犹新，可能更是因为他想到了昔日一起战斗过的有着相同经历的战友——"戊戌六君子"当中的——

生17：谭嗣同！

师：谭嗣同是为了变法而主动赴死的。当初，变法失败，他把自己的书信、文稿交给梁任公，要梁任公东渡日本避难，并慷慨地说："不有行者，无以图将来，不有死者，无以召后起。"梁任公劝他（师抓住一生胳膊）（生笑）："公无渡河。壮飞兄，你还是跟我一起去日本避避风头吧，留得青山在，不怕没柴烧。"但谭嗣同断然拒绝前往。他说："我要渡河！各国变法，无不从流血而成，今日中国未闻有因变法而流血者，此国之所以不昌也。有之……［生（接）：请自嗣同始］"于是，公竟渡河！后来，谭嗣同果然被捕，在狱中写下绝命诗。其中两句是"我自"——

生（接）：我自横刀向天笑，去留肝胆两昆仑。

师：在临刑前，他仍意态从容，镇定自若，说："有心杀贼，无力回天，死得其所，快哉快哉！"那一刻，梁任公自是悲伤感慨，因为他曾经与谭嗣同一起为国家变法图强而努力。而面对友人的逝去，面对变法的失败，又无可奈何。"渡河而死，其奈公何"。好，了解了这些，我们再读此诗，就应该把感情融入进去。语气要沉重点，感情上显得悲痛而无奈，把握好起承转合、抑扬顿挫。

（生齐读两遍）

师（指着生13）：现在应该知道第五、第六段为什么提到那首古诗《箜篌引》了吧，它其实也是为了表现梁任公的爱国与担当的精神。是的，梁任公先生距离我们有100多年了，但通过文本，我们仿佛看到了一个呼之欲出的梁任公，一个活生生的梁任公。（教师出示幻灯片，归纳梁任公的形象）（见右图）

师（指着幻灯片）：到此，我们通过点评法，通过师生互动，终于立体地把握了梁任公的形象。梁任公是一个"风神潇洒、神采焕发、严谨认真、修养很高、谦逊自负、独特风趣、学识渊博、旁征博引、情感强烈、率真酣畅、自由洒脱、一派天真、内外皆热、心系天下"的大写的人，那么。梁实秋先生又是采用什么手段塑造出这样一个生动丰富的形象的呢？请同学们讨论一下，然后说一说。

（学生热烈讨论，约3分钟后，学生回答问题）

生18：作者采用了肖像描写的手法来塑造梁任公的形象，也可以说是画外貌吧：短小精悍秃头顶宽下巴的人物，穿着肥大的长袍，步履稳健，风神潇洒，左右顾盼，光芒四射，这就是梁任公先生。相貌别致、稳健潇洒、神采照人。

生19：作者采用了语言描写的手法来塑造梁任公的形象，也可以叫描绘语言："'启超没有什么学问——'眼睛向上一翻，轻轻点一下头：'可是也有一点喽！'"风趣自信，令作者钦佩不已。

生20：我觉得作者还运用了动作描写来表现梁任公，即"有时候，他背诵到酣畅处，忽然记不起下文，他便用手指敲打他的秃头，敲几下之后，记忆力便又畅通，成本大套地背诵下去了"。这里的"敲秃头"是一个非常传神的动作，写出了梁任公的小孩子气。

师：同学们说得不错，那么这些描写在写法上有怎样的共同特点呢？

生21：我觉得作者都是抓住演讲时细微而又具体的地方来写的，都是细节描写。

师：说得很好。细节描写是指抓住生活中的细微而又具体的典型情节，加以生动细致地描写，它具体渗透在对人物、景物或场面的描写之中。一个个传神的细节，犹如人身体上的细胞，没有了它，人就失去了生命；文章少了细节，也就缺少了血肉和神采。好的文章总是于细微处见精神。这就是细节之美，细节的魅力。通过细节来刻画人物，生动传神，可以作为我们同学写作上的借鉴，可以写出独特的"这一个"。好，这节课我们主要采用评点法把握了梁任公的形象，接着采用讨论法探究了此文塑造人物形象的方法。好，"他山之石，可以攻玉"，下面布置一个小作业：写一篇300字左右的作品，记一记我们班任何一位老师的任何一个上课片段。我们再在明天的单元作文"写人要凸显个性"教学中进行交流。谢谢同学们！

十二、《锦瑟》悬念教学实录

上课时间：2016年4月15日

上课班级：高一（19）班

上课地点：深圳市第二高级中学四楼考务室

听课教师：校内外共80多位教师听课。其中，广东省阳江市两阳中学40名语文教师专程来学校听深圳市名师工作室主持人、语文特级教师何泗忠老师的语文课。何老师为校内外师生献上了李商隐的朦胧诗《锦瑟》。

2016年4月15日，何泗忠老师（前排左7）与前来听课的广东省阳江市两阳中学部分教师合影

师：上课。

生：起立。

师：同学们好！

生：老师好！

师：请坐。

师：今天，阳江市两阳中学40多名教师专程来我校听课，而且点名要听我的课，我相信同学们一定能够展示我们深圳二高学生的风采，让我们以热烈的掌声欢迎校内外教师莅临课堂指导！（学生热烈鼓掌）

师：上课之前，我们先来听一首歌。（教师出示李商隐《无题》诗幻灯片）

无　题

相见时难别亦难，东风无力百花残。

春蚕到死丝方尽，蜡炬成灰泪始干。

晓镜但愁云鬓改，夜吟应觉月光寒。

蓬山此去无多路，青鸟殷勤为探看。

（教师接着播放《别亦难》一曲，同时用浑厚的男中音演唱，边演唱边打节拍，要学生一起唱，营造了一种凄美忧伤的课堂氛围，师生迅速进入课堂教学情境）

师：这首歌好不好听啊？

生（齐）：好听！

师：是我唱得好还是这首词写得好？

生（齐）：老师唱得好。

师：刚才我唱的这首歌，听来凄美忧伤，一往情深，歌词就是我们看到的《无题》，这首诗是谁写的呢？

生（齐）：李商隐。

师：对了，作者是李商隐。（教师出示幻灯片）

李商隐（约813—约858年），晚唐诗人。字义山，号玉溪生。

师：对于唐朝诗人，大家认为最著名的会是谁？

生（齐）：李白。

师：是的，大家会认为是李白或是杜甫吧。但是同学们，人们对李商隐的评价其实也是挺高的啊！（教师出示幻灯片并读幻灯片内容）

清·吴乔：于李、杜后，能别开生路，自成一家者，唯李义山一人。

师：李义山就是李商隐。（教师再出示如下幻灯片，并读幻灯片内容）

李商隐不能说是最伟大的诗人，但我们可以说李商隐是对后世最有影响的唐代诗人，因为爱好李商隐诗的人比爱好李、杜、白诗的人更多。

师（指着幻灯片）：这可不是我说的哟，这是当代著名诗人、学者施蛰存说的。

师（拿出一本《唐诗三百首》）：在清代孙洙编选的这本《唐诗三百首》中，收录李商隐的诗作32首，数量仅次于杜甫（38首），居第二位，而王维的入选29首、李白的入选27首。这个唐诗选本在中国家喻户晓，由此也可以看出李商隐在普通民众中的巨大影响力。

（教师通过烘托渲染法制造悬念，强化了李商隐在学生心目中的印象，大大激发了学生学习李商隐诗歌的兴趣）

师：今天，我们就一起来学习李商隐的《锦瑟》。（教师出示李商隐《锦瑟》诗的幻灯片）

锦　瑟

李商隐

锦瑟无端五十弦，

一弦一柱思华年。

庄生晓梦迷蝴蝶，

望帝春心托杜鹃。

沧海月明珠有泪，

蓝田日暖玉生烟。

此情可待成追忆？

只是当时已惘然。

师：当一个诗人发表了一首诗以后，可能会引来众多粉丝与点评。深圳有一座塘朗山，有一位诗人，登了塘朗山后写了一首诗歌——《周末登塘朗山》（出示幻灯片并要学生齐读此诗）

周末登塘朗山

塘朗一长啸

清风万里春

拔山气盖世

豪气满乾坤

师： 诗歌一发表，结果引来众多点赞，你们知道这首诗歌的作者是谁吗？

（此处设置悬念，引起学生纷纷猜测，说出不少当代诗人名字）

师： 这位诗人就是——何泗忠。（学生听说是老师自己，欢快地笑起来，听课师生纷纷鼓掌）他把诗歌放在朋友圈，结果许多人点赞，还有评论。（教师出示幻灯片）（见下图）

塘朗一长啸
清风万里春
拔山气盖世
豪气满乾坤

写快了，"拨"应为"拔"

刘铁（海南）：湘之气魄也！

木易：👍

文亚杰：这么好的景致怎么一人独赏？

何泗忠回复文亚杰：文兄若来，我陪你攀登。

何泗忠回复刘铁（海南）：谢谢夸奖

刘尚源：何特雄风更胜当年！

首燕子：风景不错

冰子：诗人漫步👍

princess陈丽：第一张和第三张照片感觉是一体的，布局好巧妙啊👍

何泗忠回复刘尚源：男人登山，就是要有这样雄风啊！

何泗忠回复princess陈丽：谢谢你的发现。

首燕子：风景不错

冰子：诗人漫步👍

princess陈丽：第一张和第三张照片感觉是一体的，布局好巧妙啊👍

何泗忠回复刘尚源：男人登山，就是要有这样雄风啊！

何泗忠回复princess陈丽：谢谢你的发现。

何泗忠回复冰子：
一路春风一路景
一路登山一路诗

陈静：何特老骥伏枥

何泗忠回复陈静：还未气喘吁吁。

陈静回复何泗忠：您是正值壮年

何泗忠回复陈静：哈哈

龚志民：何特生活优雅，归于自然。

何泗忠回复龚志民：知我者，龚先生也。

龚志民：生活美是众美之大成。

森林无边：何特~恰同学少年

何泗忠回复森林无边：王特的夸奖让我更年轻😄😄😄

李克英：你只会爬山，哪能拔山😈😈😈

何泗忠：总回复：
一首登山诗

龚志民：何特生活优雅，归于自然。

何泗忠回复龚志民：知我者，龚先生也。

龚志民：生活美是众美之大成。

森林无边：何特~恰同学少年

何泗忠回复森林无边：王特的夸奖让我更年轻😄😄😄

李克英：你只会爬山，哪能拔山😈😈😈

何泗忠：总回复：
一首登山诗
众多点赞声
感谢各位朋友的点赞与评论。
登山则情满于山
观海则意溢于海
昨天，阳光明媚，春色正好。
一路石阶一路绿
一路春花一路痴
一路游人一路笑
一路高歌一路诗
你们的点赞使我感动
你们的点赞是最美的春天

陈霞：回复比原诗还要激情澎湃👍

何泗忠回复陈霞：谢谢鼓励！

（将生活引入教学，学生见到此幻灯片，兴致盎然，听课教师露出会心的微笑）

师：你看，我还不是一个什么著名诗人吧，也赢得这么多点赞。同学们，李商隐发表诗歌，那就好多粉丝啊！而且粉丝都是重量级的。他的《锦瑟》更是赢得了千百年来众多粉丝点赞。（教师出示幻灯片）

若令举一首诗为中国诗之代表，可举义山《锦瑟》。若不了解此诗，即不了解中国诗。

——笔记《顾随诗词讲记》，中国人民大学出版社，2006年版，第195页

师（指着以上幻灯片）：这是著名学者叶嘉莹对李商隐《锦瑟》诗歌的评价。（教师出示幻灯片）

这是一个陷阱。这是一种诱惑。这是锦瑟的魅力。这是中华诗词的奇迹。这也是一种遐想，一种精神的梦游。

——著名作家王蒙

师（指着以上幻灯片）：这是著名作家王蒙对李商隐《锦瑟》诗歌的评价。今天，我们就来学习这首赢得众多点赞的诗歌。诗歌，是语言运用的最高艺术，我们采用朗读的方式，来学习这首诗歌。著名教育家夏丏尊说过：（教师出示幻灯片）

读，原是很重要的，从前的人读书，大都不习文法，不重解释，只知在读上用死功夫。他们朝夕诵读，读到后来，文字也自然通顺了，文义也自然了解了。

师：可见朗读对于读书是多么重要。因此，我们今天采用以读为主的方式，来学习这首诗歌。

（一）初读《锦瑟》，直觉感受诗歌情调

师：古人读诗会摇头晃脑地读，下面请同学们初读《锦瑟》，读出诗歌的最初感受，然后我会叫同学说说这种感受。

（学生响应教师召唤，在下面摇头晃脑地读起来，感情饱满，抑扬顿挫）

师：刚才同学们十分投入地读了这首诗歌。下面请同学们读给同桌听一下，并互相评价。

（学生按照教师要求，兴致勃勃地读给同桌听，并认真评价，有的学生禁不住为对方鼓掌，教师走进学生，不时与他们交流）

师：同学们自由读了这首诗，又读给同桌听了，好，下面我们请同学来说一说，你读了诗歌后，这首诗给你最初的感受是什么？

（学生纷纷举手，热烈响应教师号召，有的学生把手举得高高的，生怕老师不能发现他而丧失表达的机会）

师：好，你先说。

生1：有对时光流逝的怅惘。

师：我们知道李商隐写这首诗的时候应该是五十多岁，有对华年的追思

之感。

生2：写得很美，"庄生晓梦迷蝴蝶"，虽然是虚无缥缈的，但依然很美丽。

生3：我觉得这是一首悲伤、忧愁的诗。

师：喔，悲伤、忧愁。这是你最直接的感受。她这个感觉怎样？

生4：比较准确。但我觉得有些悲而不怨、哀而不伤。

师：感觉很准确。好，那请你按你的直接感受把这首诗歌读一下好不好？

（生4读，读完，学生热烈鼓掌）

师：她读得怎样？哪个同学评价一下？

生5：她读得温柔，委婉，节奏比较舒缓。

生6：她把握住了诗歌的感情基调，读出了一种怅然若失的忧伤。

师：评价中肯。她的确是读出了自己的最初感受。下面，我叫一位男同学读一下，因为李商隐是男的哦！你来读。

（生7站起来）

师：大家注意观察一下，看他读时，开口度是大还是小，还是适中，也就是说嘴巴是张得大，还是小，还是适中。好，你开始读吧！

（生7抑扬顿挫地读起来，感情十分投入，读完后学生热烈鼓掌）

师：他读得如何？

生8：别看他是位男同学，感情却十分温柔细腻，将我们带到了那种凄美忧伤的情境。

师：你的评价很准确，也很诗意。你注意观察没有，他读的时候，开口度是大还是小，还是适中？

生8：有时大，有时小，有时适中。

（生笑）

师：从整体来看，张嘴是大还是小，还是适中？

生8：整体来看，我觉得他开口度不大不小，比较适中。

师：你的观察还是比较仔细的。是的，他读这首诗时，嘴巴张得不大不小，确实是比较适中，这也是诗歌本身的韵脚决定的。诗人写诗，尤其是古代诗人写诗，是讲究声韵的。李商隐的这首诗，韵脚、开口度都比较适中。
（出示幻灯片）

弦（xián）、年（nián）、鹃（juān）、烟（yān）、然（rán）。

师（指着幻灯片）：读这些韵脚时，嘴巴要适度张开，即开口度比较适中，所以，李商隐写诗不是随意的，这种开口度适中的字眼，就适合表达一种比较温婉哀伤的情感。开口度大的，适合表现一种豪情，一种兴奋的情感。
（教师出示孟郊诗歌《登科后》幻灯片并要求学生齐读）

昔日龌龊不足夸，kuā

今朝放荡思无涯。yá

春风得意马蹄疾，

一日看尽长安花。huā

师（指着《登科后》诗歌的幻灯片）：这首诗歌的韵脚、开口度是大还是小，还是适中？

生（齐）：开口度大。

师：对了，开口度大，我们根本不需了解诗歌意思，只一读，就知道诗人的情感了。诗人的情感是什么？

生9：狂喜，有些得意扬扬，心花怒放。

师：感觉完全正确。这首诗是哪个人写的呢？原来是唐朝一个诗人孟郊。这首诗歌的标题叫《登科后》，即诗人"高考"考上后一种情感的流露。金榜题名，扬眉吐气，自由自在，这一情感，从诗歌韵脚夸（kuā）、涯（yá）、花（huā）的读音就可以体会到，这些字开口度都比较大。因此，著名学者朱光潜先生在《诗论》中说："情感最直接的表现是声音节奏，而文学意义反在其次。文学意义所不能表现的情调常可以用声音节奏表现出来。"李商隐正是用这样的韵脚，将自己的悲情人生加以审美化，情调才悲而不淫，哀而不伤。所以韵脚字眼读音轻重程度适中，发声时开口、合口程度适中，不是说随便选个字就放进诗歌中的，这里是有"来头"的。以上我们通过初读诗歌，直接感受了诗歌情调。诗言志是我国古代文论家对诗的本质特征的认识。诗言志即诗是抒发人的思想感情的，是人的心灵世界的呈现。下面我们再读诗歌，探究诗歌的思想内容。

（二）再读《锦瑟》，探究诗歌思想内容

师：人教版这个诗歌单元挺有意思的，你们发现没有，就是每篇课文中，给每个诗人配了一幅画像。你们看，在李白的《蜀道难》这首诗中，就给李白配了这样一幅画像。（教师出示李白画像幻灯片）（见右图）

李白

师（指着李白画像）：你们观察一下李白的外貌气质如何？

生10：眉毛上扬，杏眼，胡须飘逸，有仙气。

师：对了，你观察仔细，概括准确，这就是浪漫主义诗人。李白面对蜀道难，他可以大喊一声："噫吁嚱，危乎高哉！"哎呀呀，这蜀道好高好高呀！这一呼喊，充满浪漫精神。杜甫是喊不出来的。在杜甫《登高》诗中也配有一幅杜甫画像。（教师出示杜甫画像幻灯片）（见右图）

师（指着杜甫画像）：你们再观察一下杜甫的外貌气质如何？

生11：眉毛紧锁，眼睛充满忧郁，胡须下垂，愁眉苦脸，一副悲天悯人的样子。

师：同学们对两位诗人的外貌气质概括得很准确。李白是浪漫的，杜甫是现实的。然而，古代没有照相机，文人的许多画像是根据他们作品风格揣摩出来的。现在，我让你用《登高》中的诗句来概括杜甫这幅画像，你会用《登高》中的哪句诗？

生11：艰难苦恨繁霜鬓。

师：为什么用这句诗？

生11：因为"艰难苦恨"可以概括他的神，即内心愁苦；"繁霜鬓"可以概括他的形，即白发苍苍。

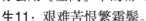

杜甫

师：不错，选得很好，这句诗的确非常适合配杜甫的这幅画，可以说是画龙点睛。前面说了，古代没有照相机，这些画其实都是后人根据他们作品的风格特点揣摩出来的。同样，教材在李商隐的《锦瑟》中配了李商隐的一幅画像。（教师出示李商隐画像幻灯片）（见左图）

李商隐

师（指着李商隐画像）：有人说，这幅画像就是根据《锦瑟》一诗画出来的。下面，请同学们仔细揣摩李商隐的画像，同时请你们用《锦瑟》中的诗句来描摹李商隐画像的神韵，好不好？想好后，同桌还可以讨论。

（教师采用图文对照法设置悬念，学生一下子被吸引住了，学生带着好奇心，认真钻研诗句，揣摩图画，不一会儿，各小组兴致勃勃地商讨交流起来。听课教师为这样奇怪的教学设计而惊叹不已）

师：刚才同学们讨论得很热烈，想必心中有了答案。下面，我叫同学来说一说你是用《锦瑟》诗中的什么诗句来描摹李商隐画像的神韵的。

（学生纷纷响应教师召唤，举手回答教师的问题）

生12：我觉得可以用"此情可待成追忆，只是当时已惘然"这两句诗歌来描摹李商隐画像的神韵。

师：你为什么用这两句诗来概括李商隐画像的神韵？

生12（边说边用自己的身体和手演示）：画像中的李商隐身躯微微弯曲，背着手，侧着身，双脚似乎要转动，给人一种回首一看的感觉，这回首，好像是在追忆什么。这一副神态不正可以用"此情可待成追忆"来描摹概括吗？

师：观察仔细，言之有理，那"只是当时已惘然"从画像中哪儿可以看出来呢？

生12：看李商隐回眸的眼神，他并不是回眸一笑，而是眼神中有些迷惘，有些怅然若失的感觉。

师：所以对应了诗中的哪个地方？

生12：只是当时已惘然。惘然，就是怅然若失。

师：你用这两句诗概括李商隐画像的神韵，有道理哟！不错。看看还有不同说法吗？

2016年4月15日，何泗忠老师采用图文对照法设置课堂悬念，学生兴致盎然地参与到《锦瑟》课堂教学之中

生13：我反复揣摩，我觉得用第一、二句"锦瑟无端五十弦，一弦一柱思华年"来描摹概括李商隐画像神态更妥帖。

师：为什么用这两句，你能说出道理吗？

生13：锦瑟无端五十弦，"五十弦"可以寓意李商隐年过半百。

师：那画像中可以看出这一点吗？

生13：画像中李商隐的背部有些弯曲，可见他年纪不小了。

师：人生七十古来稀，是不是，唔，从画像中隐约可以看出李商隐好像经历了人世沧桑。李商隐写这首诗时，多大年纪啦？

生（齐）：46岁。

师：所以《锦瑟》是李商隐诗歌最后的辉煌。"五十弦"寓意年过半百，不错。那"锦瑟无端五十弦"中的"无端"是什么意思？

生13："无缘无故，没来由"的意思。

师：那"无端"二字反映了诗人内心的一种什么情绪？

生13：有点对光阴消逝的无可奈何的味道。"一弦一柱思华年"，一个"思"，就是若有所思的样子。画像回头一望，一副若有所思的样子，那是对华年，即年轻时美好事物的回忆。

师：喔，李商隐回首一望，呵，我快五十了，是不是？回首一望，若有所思。你说得有道理。同学们，被他这么一说，我感觉就用第一、二句诗来概括描摹李商隐的画像比较恰当了。看看还有不同意见吗？

生14：我觉得第三、四句其实也可以。

师：为什么第三、四句也可以呢？

生14："庄生晓梦迷蝴蝶"，可以说是李商隐对美好事物的沉迷，对过去的怀念。

师："庄生梦蝶"，你知道用了什么写作手法吗？

生14：用了典故。庄周梦蝴蝶，蝴蝶梦庄周，有一种迷离、执着和向往之意。

师：那画中有体现庄周梦蝴蝶、蝴蝶梦庄周的意境吗？

生14：李商隐曾经像庄周梦蝴蝶一样，沉迷在对美好事物的追寻之中，那回眸的眼神，看上去也有些迷离、执着和向往。

师：说得很有道理，那"望帝春心托杜鹃"一句在画中有体现吗？

生14："春心"，在中国传统诗歌中所代表的是一种浪漫而热烈的感情的萌动。"望帝托杜鹃"，这也是一种至死不休的执着，是一种如痴如狂的热情和希望。他那要转动的身躯，他那微微伸出的脖子，仿佛在期待什么，希望什么。

师：揣摩得很细腻。经她这么一说，我又觉得她有道理哟！看还有不同说法吗？

生15：我觉得用"沧海月明珠有泪，蓝田日暖玉生烟"概括更好。

师：你又有新看法，能说出理由吗？

生15：这两句中的"珠"和"玉"用了比喻。他这么好的人才，却不被朝廷重用，像美丽的沧海明珠，不幸被采珠者遗落在苦海苍茫之中；像玲珑珍贵的蓝田宝玉，却幽闭埋没在岩石层中，怎能不流泪？

师：与这幅画有什么关系？

生15：看李商隐画像的神态，有如怨如慕、如泣如诉的感觉。回头一望，眼神蕴藏着苦闷与无奈之情，仿佛潸然泪下。

师：经他这么一说，我又感觉这两句能描摹李商隐画像的神韵。有人说，诗歌中的每一句话都可以对应描摹李商隐画像的神韵，仔细观察，确实有道理，刚才同学们的解读就证明了这一点。好，我们通过诗文配画像这个活动就基本上把这首诗歌的字面意思弄清楚了。

（图文对照教学环节，因为创设的情境给了学生极大的自主创造空间，同时又有细化的要求做导向，所以学生的学习既主动、热烈，又井然有序）

师：那么，根据诗歌，再参照李商隐的神态，这首诗歌到底是写什么内容的？抒发了什么情感？我们从诗中读出了一个怎样的李商隐呢？

（学生积极响应教师召唤，说出自己的见解）

生16：讲实话，这首诗歌其实我没怎么看懂。

师：没太看懂，这就对了。没太看懂，说明你还是看懂了一些。说说你看懂的部分。

生16：我认为当时诗人比较迷惘，并且把这种情感用典故表达出来。

师：诗人对往事感到迷惘，这往事也可能是具体的某种往事。到底是指什么往事呢？这就引起读者许多猜想。正如鲁迅先生所说，一部《红楼梦》，"因读者眼光不同而有种种：经学家看见《易》，道学家看见淫，才子看见缠绵，革命家看见排满，流言家看见宫闱秘事……"。作家王蒙认为，像《锦瑟》这类诗"没有定解也就是可以有多种解"。他认为："情种从《锦瑟》中痛感情爱，诗家从《锦瑟》中深得诗心，不平者从《锦瑟》中共鸣牢骚，久旅不归者吟《锦瑟》而思乡垂泪。"所以，刚才同学说没怎么看懂，不光是你没怎么看懂，一些大家也说看不懂。如梁启超在《饮冰室合集》里说："义山的《锦瑟》说的什么意思我理会不着，我就觉得它美，读起来愉悦。须知美是多样化的、神秘的。"所以，刚才这位同学跟梁启超水平差不多。

（生笑）

师：正所谓一千个读者就有一千个哈姆雷特。当然，我的解读是隐秘爱情说。（师出示幻灯片）

首联：锦瑟无端五十弦，一弦一柱思华年。

锦瑟琴为什么要有五十根弦，每根弦都让我追思美好青春。

颔联：庄生晓梦迷蝴蝶，望帝春心托杜鹃。

我曾经像庄周梦见蝴蝶一样沉迷在美好的爱情中，最终我只能像望帝那样，把自己的爱恋托付给杜鹃。

师（指着幻灯片）："庄生晓梦"句说恋上了一个女孩。"望帝春心"句说恋情的夭折与爱心的不死。据钟来茵先生考证，义山23岁于河南玉阳山东峰学道。而玉阳山西峰的灵都观里，有一位姓宋的女道士，她本是侍奉公主的宫女，后随公主入道。宋姑娘年轻、聪明、美丽，因两峰之间的来往，很快就与义山双双坠入情网。后来，他们的爱情结果怎么样呢？

（这里教师采用故事法设置悬念，引起学生无尽的想象，学生在下面小声议论）

师：他们的恋情曝光后，男的被逐下山，女的被遣返回宫。但真诚的相恋

往往终生难忘。义山晚年在长安还与宋氏相逢……于是写下这首诗。（教师出示幻灯片）

颈联：沧海月明珠有泪，蓝田日暖玉生烟。

我的爱情破灭，夜夜哭泣，流泪不止；我的如玉一般的爱人如烟似雾，可望而不可即。

"沧海月明"句说夜晚的痛苦，"蓝田日暖"句说白天的惆怅。

尾联：此情可待成追忆？只是当时已惘然。

这种悲欢离合的感情岂待如今追忆时才有，在事情发生的当时就已经感到惘然若失了。

师：其实，一些伟大的诗歌，都有一种召唤结构，不同的人可以读出不同的意义。一首《锦瑟》诗，一道千古谜。历来无人能解，所以众说纷纭，莫衷一是。伟大的作品往往给人以多种解读，这就是诗歌的永恒魅力，不需要有很多定解。《锦瑟》这首诗其实还有其他的说法，如"人生说"。（出示幻灯片）

首联：看见锦瑟陷入回忆。

颔联："庄生晓梦"句说人生如梦（美），"望帝春心"句说人生如寄（短）。

颈联："沧海月明"句说人生如泪（悲），"蓝田日暖"句说人生如烟（幻）。

尾联：自始至终令人惘然若失。

师：如"仕途说"。（出示幻灯片）

首联：看见锦瑟陷入回忆。

颔联："庄生晓梦"句说在党争中无所适从，"望帝春心"句说也曾努力，但没有人帮助自己。

颈联：用沧海遗珠比喻怀才不遇并为之哭泣，用美玉生烟暗喻自己不得志但文采声名闻于世。

尾联：自始至终令人惘然若失。

师（指着幻灯片）：一首锦瑟诗，一道千古谜。著名学者季羡林先生说：义山诗辞藻华丽，声韵铿锵。有时不知所言何意，但读来仍觉韵味飘逸，意象生动，……诗不一定要求懂。诗的辞藻美和韵律美直接诉诸人的灵魂。以上，我们探究了诗歌的思想内容。下面，我们来探究诗人内心的情感世界。

（三）三读《锦瑟》，深入诗人情感世界

师：现代文学史上曾流传这样一段佳话，北京大学的一位著名教授，一天在讲解《锦瑟》这首诗的一堂课上，从开始到结束，一直在饱含感情地朗诵，整整一堂课，读得教授最后老泪纵横、泪水涟涟。读到最后教室里仅剩下寥寥几个学生，却也已泣不成声。他们是李商隐的知音，估计他们读着读着，就走进了李商隐的情感世界。下面，我们也来走进李商隐的情感世界。首先，请同学们根据自己的理解，对诗歌进行创造性的朗读设计。

（学生热烈响应教师召唤，拿起课本轻轻地读起来，边读边在书上写写画画，纷纷设计自己的个性化朗读）

师：刚才，我在下面看到了不少成功的富于创造性的朗读设计，下面我们请同学来展示一下。谁先来？

生17（带着感情深情地朗读自己设计的《锦瑟》诗）：

> 锦瑟无端五十弦，
>
> 一弦一柱，一弦一柱啊思华年。
>
> 庄生晓梦迷蝴蝶，啊！迷蝴蝶，
>
> 望帝春心，望帝春心——托杜鹃。
>
> 沧海月明珠有泪，
>
> 蓝田日暖玉生烟，玉生烟。
>
> 此情，此情可待成追忆，
>
> 只是，只是，当时已惘然。

（生读着读着泪流满面，她的朗读感动了听课的全体师生，教室里出奇安静，一会儿，爆发出热烈掌声）

师：她的朗读为什么如此感人，她在设计时，进行了怎样的艺术化处理？

生18：加了叹词，同时用了停顿和反复来强化情感。

师：评价很准确，感受很深。刚才是一位女同学的创意朗读设计，哪位男同学来一个？

生19（满怀感情地朗读）：

> 锦瑟无端，
>
> 无端五十弦，
>
> 一弦一柱思华年。
>
> 思华年。
>
> 庄生晓梦迷蝴蝶，
>
> 迷蝴蝶，
>
> 望帝春心托杜鹃。
>
> 托杜鹃。
>
> 沧海月明珠有泪，
>
> 珠有泪，
>
> 蓝田日暖玉生烟。
>
> 玉生烟。

此情可待——可待成追忆，

只是当时——当时已惘然。

（学生读得如怨如慕、如泣如诉，赢得听课师生的热烈掌声）

师：朗读是一种再创造，他的设计又不同，哪个同学来说说他的设计特点。

生20：首先，他对一些重点字词进行反复强调，而且这种强调比较整齐，具有一种对称美。其次，用了停顿，使诗歌有了一种抑扬顿挫的节奏美。这样处理，很好地再现了李商隐的情感世界。

师：朗读精彩，评价同样精彩。十分欣赏《锦瑟》诗的梁启超是广东人，我们学过《记梁任公先生的一次演讲》，梁启超演讲用的是广东话，想必梁启超用广东话朗读《锦瑟》别有情趣。下面，我们也来叫一个同学用广东话朗读《锦瑟》诗歌，好不好？谁来读？

（由于深圳学生中有许多是广东人，这个创意设计正合学生特点，学生纷纷举手，一男生自动站起来用广东话朗读自己的《锦瑟》创意设计，学生热烈鼓掌）

师：他用广东话朗读别有风味，我估计他与梁启超心心相印。好，像《锦瑟》这样脍炙人口的诗歌高考是要考查背诵的。

（四）四读《锦瑟》，理解背诵名言名句

师：全国卷高考，背诵也是理解性背诵，我出了一道高考题目，当然现在还没考，（生笑）但今年高考有可能考喔。（教师出示幻灯片）

1.《锦瑟》中以锦瑟起兴，引起对华年往事的追忆的句子是"＿＿＿＿＿，＿＿＿＿＿"。

2.《锦瑟》中表达"华年往事"如梦般凄迷、如杜鹃啼春般伤感的诗句是"＿＿＿＿＿，＿＿＿＿＿"。

3. 古代文人擅长借典故寄托情思，李商隐《锦瑟》中借鲛人泣珠和良玉生烟的典故抒写世间风情迷离恍惚，可望而不可至的两句是"＿＿＿＿＿，＿＿＿＿＿"。

师（指着幻灯片）：下面，我们一起来默写一下这些句子。你们在下面默写，我在白板上默写，看我能得多少分，你们可不要偷看我的默写哟。

（听课师生因教师的风趣幽默情不自禁地笑了起来）

（教师在白板上默写，故意将一些字写错，用故意错误法设置悬念，以引起学生注意）

师（指着白板默写的内容）：下面请同学批改一下我默写的诗句，看我能得多少分。

生21：老师得了零分。

师：你为什么说我得零分。

生21：因为老师每句话里都有错别字。

师：说具体一点。

生21：老师将"锦瑟无端五十弦"的"弦"字默写成"炫"，将"一弦一柱思华年"的"弦"和"华"默写成"炫"和"花"。将"庄生晓梦迷蝴蝶"的"蝶"字默写成"碟"字，将"望帝春心托杜鹃"的"鹃"字默写成"娟"字，将"沧海月明珠有泪"的"沧"字默写成"苍"字，将"蓝田日暖玉生烟"的"蓝"字默写成"篮"字。

师：喔，我默写为什么会犯这样的错误？

生21：也许是因为这些字读音相近，字形也相近。

师：对了，我们汉字有大量的形声字，要弄清这些形近字和音近字的意义，最好弄清形旁，"弦""炫"，一个是"弓"，一个是"火"，前者与乐器有关，后者则是炫耀之意。

生21："蝶""碟"一个是"虫"，一个是"石"，前者与昆虫有关，后者与光碟有关。

师：因此，同学们在默写时要关注这些细微差别才不会犯错。好了，对于《锦瑟》这首诗歌，有人把它改成像楚辞一样：（教师出示幻灯片并手舞足蹈地读起来）

锦瑟无端兮五十弦

一弦一柱兮思华年

庄生晓梦兮迷蝴蝶

望帝春心兮托杜鹃

沧海月明兮珠有泪

蓝田日暖兮玉生烟

此情可待兮成追忆

只是当时兮已惘然

师（指着幻灯片）：这样改好不好？

生22：不好，加上"兮"字显得太舒缓而悠闲，不适合表达淡淡的忧伤的情感。

师：还有人把《锦瑟》改成五言诗：（出示幻灯片并读起来）：

锦瑟五十弦

弦柱思华年

庄生迷蝴蝶

望帝托杜鹃

沧海月明珠

蓝田玉生烟

此情成追忆

当时已惘然

师（指着幻灯片）：这样改好不好呢？

生22：也不好，少了许多意象，缺少一种迷离感和梦幻感。

师：对了。所以，李商隐的诗歌是不能删改的，它是内容与形式的完美结合，可以说是一字值千金。下面请同学们再带着感情把李商隐这首诗歌齐读一遍。

（学生齐读，声情并茂，将诗歌鉴赏推向高潮）

师：好，这节课就讲到这里，同学们再见！

（这节课将教学内容陌生化处理，变陈旧为新颖，变枯燥为生动，变被动为主动。同时，又贴近学生的现实生活，将教学生活化。可以说，新课标的达成、良好教学效果的实现，总是与教师的创意密切相关的。事实证明，巧导才会有巧学。诗歌教学除了应重视朗读、品味、分析外，还应培养学生感悟、体验、想象、探究、创造、应用等能力，让学生既能读出个人的感受和理解，入情入境，又能提高创造与应用能力。这节课之所以能达成如此美妙的教学效果，最重要的原因是运用了悬念教学法。悬念教学法，让学生感到其乐无穷）

2016年4月15日，广东省阳江市两阳中学教师与何泗忠老师（左1）热烈讨论悬念学法

第七章

何泗忠悬念教学法反思

　　一个教师写一辈子教案不可能成为名师，但一个教师写三年教学反思就有可能成为名师。

——华东师范大学教授叶澜

　　发展独立思考和独立判断的一般能力，应当始终放在首位，而不应把获得专业知识放在首位。如果一个人掌握了他的学科的基础理论，并且学会了独立思考和工作，他必定会找到他自己的道路，而且比起那种主要以获得细节知识为其培训内容的人来，他一定会更好地适应进步和变化。

——爱因斯坦

教学是一门遗憾的艺术,教师职业的特点决定了他在教育教学过程中要经常反思,不断成长、成熟。

一个教师,如果没有反思,即使工作30年,也是一年经验的30次重复,要想成为一位名师很难。故美国学者波斯纳认为,没有反思的经验是狭隘的经验,至多只能形成肤浅的知识,只有经过反思,自己的经验方能上升到一定的高度,并对后继行为产生影响。由此,他提出了教师成长的公式:教师成长=经验+反思。

参加工作32年来,尤其是提出语文悬念教学法后,我不断反思自己的教学,为自己的课堂把脉,促使自己不断成长,写下了不少教学反思,现将部分悬念教学法反思辑录如下,供读者参考。

一、一堂"危险"的公开课

——《孔雀东南飞》教学过程及反思

新课程理念强调"倡导自主、合作、探究的学习方式"。市里要求教师勇于实践新课程理念,"要最大限度地唤醒学生内在的学习热情与学习动力,最大限度地释放学生的潜能"。说实在话,对于学校要求实践新课程理念,当初,我一直不够主动、积极,我不敢尝试、不敢放手,生怕把学生的心放"野"了,收不回来,影响了教学成绩;我更怀疑学生的学习能力,小小年纪,他们懂得什么呢?一堂课,宝贵的40分钟,让学生"自主、合作、探究",这不是浪费时间吗?我还是习惯于"满堂灌"的教学模式。结果,有一天,我收到一个学生发给我的一条段子:你总是心太软,心太软,独自一个人讲课到铃响,你不厌其烦地分析那课文,可知道学生心里真勉强;你总是心太软,心太软,把所有问题都自己讲,教学总是简单,交流太难,不是你的,就不要多讲。看到这个段子后,我一笑了之,依然顽固,涛声依旧,直到有一天,一节语文公开课改变了我。

(一)请君莫奏前朝曲——没想到学生不迎合教师的想法

2004年10月,市里为了解"新课程背景下的课堂教学"课改模式实施情况,决定在我校举行全市公开课活动,公开课要体现新课程理念,并且点名让我上一节示范课。我听了心里不免一阵紧张,因为我上课还主要是"老一套",一言堂,满堂灌,从上课讲到下课,面面俱到,滔滔不绝。现在让我上一节体现"自主、合作、探究"理念的课，我还真不太习惯。但我是一个好面子的人，绝对不能让领导和别的教师知道，我还是在演"单口相声"。因此，我决定来一个"精心准备"。于是，在一堂课上，我把要举行公开课的事告诉了学生，并且说，公开课与平时的课不同，到时全市的教师都会来听课，还会进行现场录像，需要学生配合老师上课，要注意活跃课堂气氛，要积极参与老师的教学；还说为了把公开课上好，保证万无一失，我决定把已经讲过的朱自清的《荷塘月色》再讲一遍。我想，学过的课文，学生就心中有底，可以有问必答，不会出现冷场了，我还把回答老师提问的任务一一分配落实到了具体的学生身上，为了不露破绽，我还要求学生表现出听新课的样子，有时故意错答一两个题目……讲了一通后，发现学生的情绪好像不高，只懒懒地应了几声。不过，我相信到时候他们还是能尽力配合我"演"好这堂课的。

没想到，一下课，语文课代表找到我，说同学们都说这样"演"课不好，还不如讲新课。我一听，有些急了，到公开课举行只有一周时间了，准备一节课，得查资料，剪录像，写教案，制课件，这么多工作，哪能完成得了？再想想自己以前，又都是以讲为主，突然来个新课程，要想方设法让学生探究，我害怕到时把课上砸了，那时，自己的脸往哪儿放呢？想到这些，我简直头都大了！课代表见我面有难色，便试探说，学校图书馆有电脑，同学们可以帮我查资料，并且要我相信同学们的学习能力，不要事事包办。当时，我真有些灵光一闪的感觉：是啊，让学生主动参与、探究知识，相信学生的学习能力，不正是新课程大力提倡的教学理念吗？于是，我决定"不奏前朝曲"，决定"冒险"上一堂体现新课程理念的原生态的公开课，我要看看学生的潜力到底有多大。

（二）听唱新翻杨柳枝——没想到学生会有如此高涨的学习热情

第二天上语文课，我佯装很痛苦很无奈的样子对学生说："既然大家不愿意配合我'重温旧梦'，演绎《荷塘月色》，那你们就得帮助老师重新准备一节课，而且准备工作得由你们来完成，课堂上也由你们来展示自己的准备成果，也就是说，我把课堂这个'舞台'交给大家来表演怎么样？你们行吗？愿意帮老师这个忙吗？"

学生一听，顿时兴奋起来：帮老师上课可是从来没有的事啊！他们着急地问："那天上公开课，讲什么内容呢？"我说，我准备讲《孔雀东南飞》，接着，我把提前准备好的问题拿了出来：

1. 认真阅读《孔雀东南飞》，说说刘兰芝在你心目中是一个怎样的女性形象。

2. 焦母为何要焦仲卿休了刘兰芝？请谈谈你的看法。

3. 刘兰芝作为一个弃妇，为何还有那么多公子哥儿向她求婚呢？

4. 兰芝和仲卿非死不可吗？他们还有没有其他的路可走？

我要求学生围绕这些问题进行探究，学生便忙开了。他们拿着笔记本，一头扎进学校图书馆，有的在书架上找书，有的打开电脑上网，不到三天，学生们就拿着厚厚的笔记本在我面前炫耀，看见他们劲头十足的样子，我却并没有觉得轻松，不知道自己的这个做法到底对不对，更不知道这堂公开课能不能成功。

（三）听取蛙声一片——没想到学生会有如此大的学习潜力

终于要上公开课了。那天，学生都异常兴奋。

上课一开始，我一反过去由我串讲的习惯，决定借用小说戏剧中的悬念艺术，想方设法来引导学生探究：我抛出了第一个问题，说说刘兰芝在你心目中是一个怎样的女性形象。我先在黑板上板书"_____的刘兰芝"，让学生在刘兰芝前面加定语，让学生全面把握刘兰芝的形象。问题一提出，有一个女生马上站起来说：聪明能干的刘兰芝。我问她："你为何说她聪明能干？"于是，她到课文中找到了依据，说第二段表明刘兰芝既能织布，又能裁衣，还会弹琴，更会诵诗，这不是聪明能干的体现吗？接着，一个女生又说：勤劳善良的刘兰芝。一个学生学着我的样问道："你凭什么说她勤劳善良？"学生回答，书上明明说"鸡鸣入机织，夜夜不得息。三日断五匹，大人故嫌迟"，说明刘兰芝起早贪黑在织布，这是她勤劳的体现。焦母故意刁难她，但她临走前交代小姑子要"勤心养公姥，好自相扶将"，好好侍奉公公婆婆，这是她善良的体现。女生回答完，一个学生进行了小小的纠正："我同意她的看法，但刘兰芝只有婆婆，没有公公，'公姥'在这里是偏义复词。"这个学生刚说完，又一女学生站起来说：天生丽质的刘兰芝。这时，有男生问，刘兰芝长得漂亮，从课文中哪儿可以看出来？女生顺口背出原文：足下蹑丝履，头上玳瑁光。腰若流纨素，耳著明月珰。指如削葱根，口如含朱丹。纤纤作细步，精妙世无双。从这段外貌描写可以看出，刘兰芝长得美，而且是一个典型的封建社会的淑女。见到前面回答问题的多是女生，男生有些不服气，这时，一个男生站起来说：忠贞不渝的刘兰芝。"还家十余日，县令遣媒来。云有第三郎，窈窕世无双，年始十八九，便言多令才。""云有第五郎，娇逸未有婚。"被休回家后，追求她的人一个比一个年轻英俊，门第一个比一个高贵，要是换了别人，恰恰可能是一种报复和炫耀，但兰芝不为所动，想着的还是焦仲卿，其兄逼迫她改嫁，她势单力薄，在无可奈何之下，便答应了。答应之时，便抱死志，在夜深人寂之时，跳进清池，化作一颗明星，挂在天空。她用行动证明了自己对爱情的忠贞不渝。

男生的滔滔不绝，赢得了听课师生的热烈掌声。

女生：外柔内刚的刘兰芝……

男生：知书达理的刘兰芝……

就这样，学生在我的启发诱导下，终于立体地把握了刘兰芝这个血肉丰满的人物形象。

接着，我抛出第二个问题"焦母为何要焦仲卿休了刘兰芝？请谈谈你的看法"，并向学生提问：这么一个好媳妇，焦母为什么要赶走她？

话音未落，一个男生马上站起来指出：书上不是已经有焦母的理由了吗？就是"此妇无礼节，举动自专由"。

这时，一个女生马上站起来大声说："我反对！欲加之罪，何患无辞？刘兰芝'十五弹箜篌，十六诵诗书'，知书识礼，尽管焦母对她如此刻薄，临走时还'上堂拜阿母'，可知刘兰芝并非'无礼节'之人。我以为，焦母丧夫，儿子外出公干，女儿尚小，内心孤独郁闷无处诉说，兰芝正好成了她发泄苦闷的对象，所以，在她眼里，刘兰芝的一切都是'无礼节''自专由'。"

女生刚说完，一个男生好像发现了新大陆似的："老师，老师，我有一个重大发现，'共事二三年'表明焦仲卿与刘兰芝结婚达三年之久了，但还没有生育小孩，焦母要赶走刘兰芝是因为刘兰芝没生孩子，古代讲'不孝有三，无后为大'。"

刚一说完，所有男生都得意地鼓起了掌。

针对男生的得意，突然，一个女生走上讲台，她举起手中的书本，朗诵起两段诗歌来：

"还家十余日，县令遣媒来。云有第三郎，窈窕世无双，年始十八九，便言多令才。"

"云有第五郎，娇逸未有婚。遣丞为媒人，主薄通语言。直说太守家，有此令郎君，既欲结大义，故遣来贵门。"

如果按刚才这位男同学的猜测，刘兰芝不能生育，那为什么她被休后，县令的儿子、太守的儿子纷纷上门求婚呢？难道他们就不怕没有后代？

女生一说完，所有女生拼命地鼓起掌来。

……

整个这堂课，我改变以往"满堂灌"的做法，站在学生解读文本的角度设计学习流程，安排学习活动，设计小组合作学习的问题，运用悬念创设有利于学生展示与交流的情境。我真没想到，学生的学习潜力如此之大，由我讲的时间不到10分钟，学生纷纷响应我的"召唤"，积极"参与"，使课堂教学呈现出人与人相遇、灵魂与灵魂相撞、输出信息与反馈信息相融的美妙境界，使课堂教学呈现出一种"听取蛙声一片"的精彩生态，课堂教学真正实现了新课程的理念。这是我参加工作以来最为成功的一堂课，也是学生最喜欢、最投入的一堂课。

（四）问君那得清如许——终于想到这堂公开课为何上得如此精彩

接下来的几天里，有几个问题一直在我脑海里盘旋：为什么我这堂课能取得如此成功？为什么我这堂课能充分实现新课程理念？为什么学生对这堂课的投入程度会如此之深？

通过反思，我悟出如下几条原因。

1. 我转变了传统的教学观念

观念是教学的灵魂，教学观念对教学起着指导和统帅作用。过去，我认为教学就是教师讲，学生听，教师教教科书，学生学教科书，在规定的时间内教完教科书，教师就算完成了教学任务。课堂教学成了"我讲，你听；我问，你答；我写，你抄；我给，你收"的过程。课堂没有给予学生舞台，学生根本没有机会参与教师的课堂教学。其结果是束缚了学生的思想，挫败了学生学习的积极性，泯灭了学生的个性特征。阿基米德说："给我一个支点，我能撬起地球。"这次公开课，我注重设置悬念，由过去的注重"教"的过程转变到了注重学生"学"的过程。我给了学生支点，给了学生舞台，学生动起来了，活起来了，甚至"乱"起来了，自然就实现了"自主、合作、探究"的新课程理念。

2. 我充分相信学生，激发学生潜能

过去讲课，我不相信学生的能力，怕学生这也不懂，那也不会。课堂上，我讲得"太实""太满"，没有给学生留下思考与想象的空间，往往造成课堂的沉闷和学生思维的僵化。这堂课，我充分相信学生，围绕文本或学习内容，凡能让学生自己问的问题一定让学生自己主动问；凡能让学生自己回答的问题一定让学生自己回答；凡能让学生自己阅读的地方一定让学生自己阅读；凡能让学生相互讨论解决的问题一定让学生合作解决；该学生做的事我决不插手，努力做到"书"让学生自己读，"问"让学生自己提，"果"让学生自己摘，"情"让学生自己抒，"话"让学生自己说，"文"让学生自己评，最大限度地让学生在活动中学习，在主动中发展，在合作中进步，在探究中创新，运用悬念艺术，激发学生的学习兴趣，使他们兴致盎然地参与课堂教学。

3. 我营造了民主、平等的课堂氛围

过去我上课，显得过于严肃，正如郑杰在《给教师的一百条新建议》中所指出的那样："课堂已经神圣得如同教堂，那么宁静；教材神圣得如同经书，一字都不可更改；教学简直庄严得如同'布道'；对学习简直苛求得如同'苦修'了。"当"课堂"成为"教堂"时，学生就不敢"放肆"了，就不敢参与教学了。这节课，我一反过去的"满堂灌"，一反过去上课的严肃神态，学生便"放肆"了起来，学生充分思考问题；学生互相讨论问题；学生大胆展示自己的学习成果；学生与同学争辩，自由抢接话茬发表意见。民主、平等的课堂氛围激发了学生的学习兴趣，使学生由"被动学习"变为"主动学习"，由

"主动学习"变为"乐于探究"。

4. 我精心设问，引导学生思维

德国教育家第斯多惠曾提出："一个平庸的教师奉送真理，一个优秀的教师则教人发现真理。"这节课，我抓住教材的重点设计了四个问题，由浅入深、由表及里，把学生思维层层引向深入。我先让学生把握刘兰芝的形象；再让学生思考，这么一个完美的兰芝，焦母为什么要休她，从而引导学生把握焦母专横无理的封建家长的本性；第三问"刘兰芝一个弃妇，为何还有那么多公子哥儿向她求婚？"和第四问"刘兰芝和仲卿非死不可吗？他们还有没有其他的路可走？"目的是引导学生进一步认识造成兰芝和仲卿爱情悲剧的其实不是焦母个人，而是当时整个封建礼教。我的悬念设置、精心设问，提高了学生思维的广度和深度。当我提出"刘兰芝和仲卿非死不可吗？他们还有没有其他的路可走？"这个问题时，果然"一石激起千层浪"。有个学生说，他们可以私奔。话音刚落，有一个学生站起来说，我们不能用现代婚姻观念来看待他们，刘兰芝能私奔吗？他们能跑到哪里呢？在当时的时代背景下，整个社会都被封建礼教这张大网所笼罩，封建礼教和封建伦理已经无孔不入地渗透到每一个人的细胞，生活在这种环境中的刘兰芝、焦仲卿也不例外，他们是想不到私奔也不会私奔的，即使他们私奔了，社会舆论也不能容忍，即使是逃到天涯海角，他们也没有立锥之地，私奔之路被堵死了。这时，有个学生为兰芝和仲卿出主意说，他们可以拿起法律的武器，状告他们的家人干涉自己的婚姻自由，维护自己的合法权利……

唇枪舌剑，争论不休，这节课，我巧设悬念，学生思维被点燃，师生互动，把课堂探究活动推向深处，新课程理念得到了真正落实。

无限风光在险峰，这堂"危险"的公开课既成就了我，更成就了学生。这堂"危险"的公开课，促使我开始思考悬念教学法，并在以后的语文课堂教学中不断实践这种教学法。

（2005年11月5日于湖南郴州资兴可人书屋）

二、我是这样教柳永的《雨霖铃（寒蝉凄切）》的

——《雨霖铃（寒蝉凄切）》悬念教学反思

《诗·大序》言："诗者，志之所之也。在心为志，发言为诗。情动于中而形于言，言之不足故嗟叹之，嗟叹之不足故咏歌之，咏歌之不足，不知手之舞之，足之蹈之也。"这几句话从创作者的角度揭示出了诗歌抒发情感的本质；但从接受者的角度来看，其实也道出了我们领悟诗歌的秘诀。我在教柳永的《雨霖铃（寒蝉凄切）》一词时，深受启发，我的教学就基本上是按以上这段话传授的秘诀设计的。

第一步："发言为诗"——诵读《雨霖铃（寒蝉凄切）》

古人说："读书百遍，其义自见。"谓读得熟，则不待解释，自晓其义也。这实质上说明了诵读的重要性。从增强语感，到提高阅读能力，进而提高写作能力，诵读是基础。诵读把书面的文字语言转换成声情并茂的有声语言，是眼、口、耳、心并用，多种感官参与的活动。像《雨霖铃（寒蝉凄切）》这样文质兼美的词，第一步就要抓诵读。诵读包括个人自由读、全班齐读、个别范读、男生读、女生读，形式不等，其声也滔滔，其乐也融融，读个酣畅淋漓，读个忘乎所以，通过诵读，我让学生凭直觉把握《雨霖铃（寒蝉凄切）》一词的情感意境。

第二步："情动于中"——改写《雨霖铃（寒蝉凄切）》

柳永的《雨霖铃（寒蝉凄切）》虽是一首抒写离愁别绪的词，但它却叙述了一个完整的离别故事，暗含人物、情节、环境小说三要素，于是，在学生诵读"情动于中"的基础上，我让学生将此词改写成一篇微型小说。学生在改写的过程中初步理解了词的句意，把握了词的内容，感受了词的意蕴，体验到了再创作的快乐。

实施步骤：

（1）让学生将此词当成故事来读，并根据内容将这首词改成一篇微型小说。

（2）让学生朗读自己改写的作品。

（3）师生互动，结合原词来点评学生改写的作品，从而引导学生逐句理解此词的句意，并在学生作品与原词对应的基础上，归纳此词的内容。要点如下：

①离别时令（寒蝉凄切）；②离别时间和地点（对长亭晚）；③离别的天气（骤雨初歇）；④离别的心情（都门帐饮无绪，留恋处，兰舟催发。执手

相看泪眼，竟无语凝噎）；⑤离别去向（念去去，千里烟波，暮霭沉沉楚天阔）；⑥别后痛苦。

（4）组织学生重点讨论别后痛苦，并在学生讨论的基础上师生互动，归纳出别后的四重痛苦：

别后痛苦（"四无"）

- 无限伤感（多情自古伤离别，更那堪，冷落清秋节！）
- 无家可归（今宵酒醒何处？杨柳岸，晓风残月。）
- 无心赏景（此去经年，应是良辰好景虚设。）
- 无人倾诉（便纵有千种风情，更与何人说？）

第三步：有感而发——解读《雨霖铃（寒蝉凄切）》

对诗词的鉴赏不能停留在单纯的言语直觉、经验的低层次上，教师更应该创设宽松、民主的教学氛围，鼓励学生张开想象的翅膀，从不同的角度、不同的层面对同一部作品提出不同的见解，进行个性化解读。

在教学《雨霖铃（寒蝉凄切）》时，我让学生指出自己最喜欢的句子，并且说出喜欢的理由，然后在学生点评的基础上再次点评、深化，从而引导学生深入把握此词的意境，领悟此词情景交融的艺术特色。

（抓住学生的兴趣点设置悬念。兴趣点是一种兴奋剂，它激起了学生的阅读欲望，学生认真钻研诗歌，纷纷说出自己最喜欢的诗句，并加以分析）

课后补记：

师：柳永的《雨霖铃（寒蝉凄切）》以情景交融的艺术手法把离情别绪写得缠绵悱恻、动人心弦。通过前面的诵读、改写，同学们对此已有较深刻的体会。下面，请同学们根据自己的体会，说一说你最喜欢词中哪一句，并说出理由。同学们说，好不好？

生（齐）：好。

生1：我最喜欢"今宵酒醒何处？杨柳岸，晓风残月"这个句子。

师：你为何最喜欢这个句子？

生1：因为这一句中的"柳"被诗人赋予了一种愁绪。"柳"与"留"谐音，古人离别时有折柳送别的习俗。还有句中"晓风"给人凄冷的感觉，"残月"使人感到不圆满。

师：晓风残月，为何不写晓风圆月？

生1：圆月，意境就不同了，天上月圆，人间圆；天上月缺，象征人间之事不圆满。"人有悲欢离合，月有阴晴圆缺"啊。月是离合的象征，残缺不全的月最易引起词人的愁思。

师：很有品位，鉴赏得好。

生2：我最喜欢"执手相看泪眼，竟无语凝噎"这个句子。

师：为什么最喜欢？

生2：因为这句诗有"此时无声胜有声"的效果。流泪眼观流泪眼，断肠人送断肠人，满腹哀伤情，尽在不言中。这是心的交流，心的对话，心的感应。

师：这对恋人即将分别，作者只写他们"执手相看泪眼，竟无语凝噎"的动作情态，没有写他们千叮咛万嘱托的语言，假如他们这时说话了，那么，他们会说些什么呢？

（采用问题诱导法设置悬念，学生纷纷响应，学生有沉思者，有查阅资料者，也有互相讨论者。片刻，举手者众。教师示意作答）

生3：男方可能会说"在天愿作比翼鸟"，女方就说"在地愿为连理枝"，相互表达永不分离的美好愿望。

生4：女方说"时时为安慰，久久莫相忘"，男方说"誓不相隔卿……誓天不相负"。

（全体大笑）

生5：他们可能会对天盟誓："上邪！我欲与君相知，长命无绝衰。山无陵，江水为竭。冬雷震震，夏雨雪，天地合，乃敢与君绝！"

生6：我觉得这时用《上邪》来模拟他们的语言并不恰当。从表达忠贞不渝的爱情决心看，是讲得过去的，但它不符合本词的情调。这首词是婉约词，写得非常凄婉，主人公的情怀是缠绵的。《上邪》诗是豪放的，一泻千里，显得热烈而直率……

生7：那就说"君当作磐石，妾当作蒲苇，蒲苇韧如丝，磐石无转移"吧。

（热烈的掌声）

生8：我最喜欢"念去去，千里烟波，暮霭沉沉楚天阔"一句。暮霭朦胧，诗人内心的凄苦也像云雾一样缠绕，给人一种"剪不断，理还乱"的挥之不去之感。

师：可见，这句既是写景，同时也是写情。"去去"极言行程之远，"烟波"用"千里"形容，暮霭用"沉沉"描绘，"楚天"以"阔"来状写，这就是用空阔无边之景衬托游子零落天涯、孤苦无依之情。

生9：我喜欢"寒蝉凄切，对长亭晚，骤雨初歇"这句。

师：为什么喜欢？

生9：因为这一句一开始就给全诗定下了感情基调——凄切。

师：寒蝉凄切，诗人的心凄切不凄切？

生9：凄切，这其实也是诗人心境的反映。"感时花溅泪，恨别鸟惊心"，同是猿猴的叫声，在白居易笔下是"其间旦暮闻何物？杜鹃啼血猿哀鸣"，因为这是白居易贬居江州时写的，而在李白的笔下却是"朝辞白帝彩云间，千里江陵一日还。两岸猿声啼不住，轻舟已过万重山"，李白此时心情愉快。作者此时的心情是悲哀的，蝉的叫声本来就凄切，此时此刻此地此心听起来就更为凄切了。

师（总结）：通过以上互动点拨，我们把握了此词的意境，同时领会了此词情景交融的艺术特点，词的上阕主要是写景，下阕主要是抒情，情景交融，一切景语皆情语也。

第四步："故咏歌之"——听唱《雨霖铃（寒蝉凄切）》

诗词源于歌。词是可以合乐歌唱的，尤其是柳永，他通晓音律，创作的词在当时流传很广，"凡有井水饮处，皆能歌柳词"，可惜的是，远古神音早已失传。好在今人摩其古韵，把柳永的不少词再次谱成了曲加以传唱，多少弥补了这一缺憾。其中一首歌曲《雨霖铃》，忧伤的情调与柳永词《雨霖铃（寒蝉凄切）》凄切的情境十分吻合，在学生朗读、改写、个性化解读进而较好地把握了诗歌情境的基础上，我把歌曲《雨霖铃》播放给学生听，让学生在倾听中想象，在想象中沉思，体悟柳词的凄美意境，感受《雨霖铃（寒蝉凄切）》的艺术魅力，这种效用是其他形式所不能取代的。

实施步骤：

（1）播放歌曲《雨霖铃》，学生听唱。

（2）再次播放歌曲《雨霖铃》，学生跟唱。

第五步："手之舞之"——背诵《雨霖铃（寒蝉凄切）》

熟读成诵对诗词的学习鉴赏十分重要，它能帮助我们积累语言素材，更重要的是能形成语感，对学生今后继续学习诗词大有裨益。"熟读成诵"一词具有"多读自然能背诵"这个水到渠成的含义。在以上各个环节的基础上，特别是在诵读及改写的基础上让学生理解了词意和词的脉络之后，在课堂上，按照第二步理清的词的脉络让学生试读一到两遍，学生就能手之舞之地背诵了。

以上五个步骤我没有平均分配时间，而是根据学生实际，有所侧重，做到有机融合、互为补充、相得益彰。这节课，学生"读"之入情，"改"之用脑，"解"之用心，"听"之而浮想联翩，"背"之而手舞足蹈，真正把握了柳永《雨霖铃（寒蝉凄切）》一词的神韵，而且我在教学过程中使悬念迭生、精彩不断，取得了很好的教学效果。

（该文发表于中国教育学会中学语文教学专业委员会会报《语文报》2009年第1期）

三、每次教《祝福》，总有新感觉

——《祝福》课堂教学反思

清朝诗人张潮曾说："少年读书，如隙中窥月；中年读书，如庭中望月；老年读书，如台上玩月。"这句话说的是一个人随着年龄、身份、阅历的不同，往往对作品的解读也会不同。作家毕淑敏在《常读常新的"人鱼公主"》一文中叙述道：大约8岁的时候，读到《人鱼公主》的故事，泪流满面，被童话中的人物和故事情节深深打动；大约18岁的时候，也许是情窦初开，这一次很容易地就读出了爱情；到了28岁的时候，已经做了妈妈，读《人鱼公主》时，竟深深地关切起人鱼公主的家人来了；到了38岁的时候，因为开始写小说，读《人鱼公主》的时候，不由自主地探讨起安徒生的写作技巧来了；48岁，心平气和，仿佛天眼洞开，感觉到这是一篇写灵魂的故事。文章最后说："有时想，当我58岁……68岁……108岁的时候，不知又读出了怎样的深长？"阅读文章如此，我们备课上课又何尝不是如此呢？就如鲁迅先生的小说《祝福》，20多年来，我不知教过多少遍，但随着年龄的增长、时代的变化，随着教学理念的不断更新，每教一次，总有新感觉；每讲一回，都有新教法。

（一）20世纪80年代，刚参加工作时的我，教《祝福》主要是采用"喂鸡"式

有一次，陶行知先生在武汉大学演讲，他走上讲台，把一只大公鸡往讲台一放。台下的听众非常惊讶，不知陶先生葫芦里卖的是什么药。只见陶先生掏出一把米放在桌上，然后按住公鸡的头，强迫它吃米，可是公鸡只叫不吃。怎么才能让鸡吃米呢？陶先生又出一招，他掰开公鸡的嘴，把米硬往公鸡的嘴里灌，大公鸡拼命扑腾、挣扎，还是不肯就范。于是，陶先生轻轻地松开手，把公鸡放在桌子上，接着把米往桌子上一撒，自己向后退几步。这时，只见公鸡东张西望，左右徘徊一阵之后，慢慢靠近米粒，啄一两下，不一会儿，公鸡就悠然地吃起食来，一直把米吃完了，接着陶先生又把米往远处一扔，公鸡跳下讲台，自己就跑去寻米吃了。陶先生通过这一番演示后开始演讲："我认为，教育就跟喂鸡一样，先生强迫学生去学习，把知识硬灌给他，他是不情愿学的，即使学也是食而不化，过不了多久，他还是会把知识还给先生的。但是如果让他自由地学习，充分地发挥他的主观能动性，那效果将一定会好得多！"

上述陶先生的演示与解说实际包含三种教学法："喂鸡"式，即告诉式教学法，强迫学生学；"撒米"式，即启发式教学法，引导学生学；"寻米"

式，即探究式教学法，指导学生进行探究。

刚参加工作时，我教《祝福》主要是采用"喂鸡"式。参加工作不久，记得我上的第一堂公开课就是鲁迅先生的《祝福》，为上好那节公开课，我花了4天时间，写了30多页的详细教案，把课堂教学中要说的每一句话、每一个字都写下来，并且对着镜子排练教案，拿着手表计算时间，哪一个环节用几分钟，哪几句话用多少秒钟，我都计算到了。那一次公开课，我牵着学生按照课前制定的程序进行教学。一切顺着事先设计好的路线推进，但唯独没有考虑学生的感受，主要是我在台上讲，学生在下面听。我先从小说的环境描写讲起，顺着"典型环境中的典型人物"的思路，再分析小说中的人物形象，重点抓住鲁迅先生对祥林嫂的三次外貌描写分析了祥林嫂的形象，接着套用毛泽东讲到的压在中国妇女身上的"四大绳索"——政权、族权、神权、夫权的理论，指出祥林嫂就是被这四条绳索活活勒死的，最后揭示小说主题：小说通过祥林嫂的悲剧命运，控诉了封建礼教吃人的本质。我就这样一个内容接着一个内容地讲，讲得非常详细，讲得眉飞色舞，可是学生却听得昏昏欲睡，课堂教学陷入"三隔"境地：隔心，师生之间，各思其事，心不能"领"，神不能"会"。隔情，师生虽心系同处，但情感不通，教师悲之欲泣，学生无动于衷；教师慷慨激昂，学生漠然旁观。隔智，教师以为易如反掌，学生视之难于登天；教师滔滔不绝，学生如闻天书。课后，我问学生，你们听懂了吗？学生果然说，老师理论高深，我们却没听懂。这种教法不正像陶先生"按住公鸡的头，强迫它吃米"吗？虽然我自我感觉精彩，但完全是自我表演。之所以采用这种教法，主要是受了德国赫尔巴特"五步教学法"和苏联凯洛夫式教育学的影响：教师精心设计每一句话，准确计算每一环节的时间分配，使课堂教学变成了以教案为剧本的行动，上课成了完成教案的过程，课堂成了教案剧，教师是主角，学生是配角甚至是观众。后来我逐渐认识到，课堂不是舞台，学生不是观众，教案不是剧本，教学不是表演。我一直在不断探索着。

（二）20世纪90年代，积累了一定教学经验的我，教《祝福》主要是采用"撒米"式

宋代著名文学家苏东坡有首《琴诗》：

> 若言琴上有琴声，放在匣中何不鸣？
> 若言声在指头上，何不于君指上听？

这首诗是说，单有琴，不能发声，单有人的手指，也不能发声，只有把琴和人的手指两者巧妙地结合起来，才能弹出优美动听的音乐。教学也一样，光有教师一方的活动，没有学生的合作，是谈不上真正完成教学任务的。陶先生按住公鸡的头，强迫它吃米，掰开公鸡的嘴，把米硬往鸡的嘴里灌，可是公鸡不配合，陶先生松开手，把米往桌子上一撒，自己向后退几步，创造了一个较为宽松和自由的氛围，公鸡自己就吃起来了。陶先生的演示告诉我们，教学是一种双边活动，需要学生配合，教师绝不可"一厢情愿"。教师更多时候是环境的创设者、兴趣的激发者、热情的鼓舞者。由此，我得到启发，我们在教学中，为何不松开手，撒一把"米"，设计一些问题，制造一些悬念去引导学生自主学习呢？

记得20世纪90年代初，我又拿《祝福》上了一节公开课。这回我打破了传统教授小说的路子，不再专门分析环境、人物性格、梳理情节以及揭示小说主题，而是先让学生在课堂上阅读、思考，然后我向学生撒下了第一把"米"：小说中的祥林嫂在祝福之夜，死在了漫天的风雪中，是自然死亡，还是意外死亡？是自杀，还是他杀？我采用问题诱导法设置课堂悬念，问题一提出，课堂气氛顿时活跃起来，学生纷纷发言，展开了一场热烈的讨论。有的说是自然死亡，因为她身上没有伤痕；有的说是饿死的，因为她死前变成了一个乞丐；有的说是冻死的，因为倒在雪地里。这时，有一个学生站起来说，以上这些说法都只是看到了表面现象，其实祥林嫂是被人谋杀的，属于他杀。问题一提出，这一生成性悬念一产生，教室里显得出奇的静。

看着学生对课文有了进一步的理解，我给学生撒下第二把"米"：既然有同学说是他杀，那么，害死祥林嫂的元凶是谁？如果你是公安，你会把谁捉拿归案？学生跃跃欲试。有人提出，祥林嫂是被地主鲁四老爷害死的，因为他剥削了祥林嫂，要把鲁四老爷抓起来。这时有人马上提出反对，他们认为，一个地主家里，顾来一个仆人，给她吃，给她工资，而且小说中明明白白地写道，祥林嫂来到鲁四老爷家后，心情很愉快而且白胖了，当祥林嫂第二个丈夫死去，大伯来收屋，祥林嫂走投无路，第二次来到鲁镇时，鲁四老爷又收留了她，不说鲁四老爷对祥林嫂有恩，但至少不能说他是害死祥林嫂的元凶。又有人说，祥林嫂是被她的婆婆害死的，因为她拐卖了祥林嫂，强迫祥林嫂改嫁，改变了她的命运，要把她婆婆缉拿归案。这种说法又遭到了另外一些人的反驳，他们认为，祥林嫂的婆婆虽然卖掉了她，但并没有导致她生活不好，第二个丈夫贺老六很能吃苦，年轻有力，他们还生了一个小孩，导致她的悲剧的是她的命不好，这么好的丈夫，却得了伤寒，又吃了一碗冷饭死去了，小孩在门槛上剥豆子，也被狼叼走，祥林嫂命苦。还有人说，祥林嫂是被柳妈害死的，因为她的阴司故事让祥林嫂害怕，加重了她的精神负担，要把柳妈押送法庭；但接着有人反驳说，柳妈不是凶手，因为她自己也和祥林嫂一样，是鲁四老爷家的帮工，阶级出身决定她的阶级意识，她不会残害祥林嫂，讲故事是因为她自己也相信，出主意则完全出于善意。甚至有人认为，是小说中的"我"害死了祥林嫂，因为"我"没有回答祥林嫂灵魂有无的问题，要把"我"绳之以法，这种看法更是遭到了质疑。大家唇枪舌剑，谁也说服不了谁。这时，有一个学生站起来说，祥林嫂之死我们很难找到一个具体的凶手，是封建礼教杀害了祥林嫂。这时，我趁机问了个为什么，学生纷纷响应。有的说，正因为受了封建礼教的影响，鲁四老爷才会那么自私伪善、冷酷无情地逼迫祥林嫂；有的说，正因为受了封建礼教的毒害，柳妈才会在不知不觉中用迷信思想把祥林嫂往悬崖边推一把；有的说，正因为受了封建礼教的残害，祥林嫂才会一直挣脱不了命运的绞索。最后，只见那个首先提出"他杀"问题的学生站起来说，祥林嫂处在封建礼教这个天罗地网之中，她非死不可，而且祥林嫂的死主要不是因为肉体上的迫害，而是灵魂的灭亡。这个学生一说完，赢得了听课师生热烈的掌声，我自己也没有料到，学生对小说理解得这么深刻。

整个这堂课，我紧紧抓住学生好奇的心理特点，给他们撒出一把接一把的"米"，制造一个又一个悬念，学生纷纷响应我的"召唤"，积极"参与"，课堂教学呈现出一种人与人相遇、灵魂与灵魂相撞、输出信息与反馈信息相融的美妙境界，呈现出一种"百花齐放，百家争鸣"的精彩生态。整个这堂课，我没有费神讲解，只是巧妙地撒出一把又一把的"米"，抛出一个又一个悬念，就把作品的主题思想、人物性格特征牵出来了。

"年年岁岁花相似"，但"岁岁年年人不同"，我们面对的学生一届不同于一届，每一个学生的生理和心理都不一样，接受能力也不完全相同。我们面对的社会环境也是日新月异，在新形势下，我们的教育教学不能以不变应万变，要继续探索新的教法，我也在不断地践行着。

（三）21世纪初，拥有了一定教学智慧的我，教《祝福》主要是采用"寻米"式

21世纪伊始，教育部印发了《基础教育课程改革纲要（试行）》（以下简称《纲要》），《纲要》中提出了课程改革的具体目标，这个具体目标就是六个改变，其中有两个改变是这样提的：改变课程过于注重知识传授的倾向，强调形成积极主动的学习态度，使获得基础知识与基本技能的过程同时成为学会学习和形成正确价值观的过程。改变课程实施过于强调接受学习、死记硬背、机械训练的现状，倡导学生主动参与、乐于探究、勤于动手，培养学生收集和整理信息的能力、获取新知识的能力、分析和解决问题的能力以及交流与合作的能力。《纲要》在教学过程部分提到，教师在教学过程中应注重培养学生的独立性和自主性，引导学生质疑、调查、探究，在实践中学习，促进学生在教师指导下主动地富有个性地学习。新课程理念告诉我们，在新形势下，我们只会给鸡"喂米""撒米"还不够，我们还要学会让鸡去"寻米"。在这种理念的指导下，我再次执教《祝福》时，主要是采用"寻米"式教学法，使课堂产生了许多生成性悬念。

记得2003年，我应邀到一所省示范性高中上观摩课，我上的又是鲁迅先生的《祝福》。我首先让学生预习，初读《祝福》，学生感到很不好懂。上课了，我没有忙着讲解文本，也没有立即提供相关的背景资料，而是让学生分成学习小组，引导每个小组反复阅读课文，提出疑难问题，并共同探讨寻求答案。我先鼓励学生："爱因斯坦说过，提出一个问题往往比解决一个问题更重要。我们分成四个学习小组阅读探究《祝福》这篇课文，开展比赛，看哪个学习小组提出的问题多。"学生兴致勃勃，钻研得很投入，每个小组都提出了不少问题：有涉及主人公祥林嫂的，有涉及鲁四老爷、卫老婆子、祥林嫂的婆婆的，还有涉及柳妈、短工、专爱听讲故事的鲁镇上的男人们、女人们的，也有关于线索人物"我"的，总计起来学生提出了50多个问题，如祥林嫂第一次到鲁镇时，尚能被鲁四老爷接纳，而第二次到鲁镇时，为什么不能被鲁四老爷接纳呢？柳妈本是受压迫的同胞姐妹，为什么要说地狱之类的话恐吓祥林嫂？祥林嫂这样一个受尽亡夫丧子等痛苦打击的人，别人嘲笑她，她怎么竟然还笑呢？鲁镇上的老女人为什么对祥林嫂的不幸遭遇这样冷漠？"我"为什么特别害怕听到祥林嫂的死亡？"我"为什么就不帮帮祥林嫂呢？"我"是不是就是作者鲁迅先生？祥林嫂是怎么死的？小说写祥林嫂讲阿毛的故事为什么重复，几乎是一字不差？这里是不是显得啰唆？有许多问题，是我过去根本没有想到的，如祖宗为什么不吃祥林嫂沾手的饭菜？小说中写祥林嫂"手脚都壮大"，以前的人不是裹脚吗？如果阿毛不死，娶了媳妇，祥林嫂将怎样对待阿毛的媳妇？祥林嫂姓什么，她怎么没有名字？祥林嫂来到鲁镇，为什么总是戴着白头绳？祥林嫂嫁给了卫家山的卫祥林，所以大家都叫她祥林嫂，可后来祥林嫂嫁给了贺家墺的贺老六，就应该叫"老六嫂"了，为什么人们还称她"祥林嫂"？祥林嫂好像是一个没有春天的女人？等等。对上述所提问题，我引导学生合作研讨，大部分被圆满解决。对一些关键问题，我重点引导学生加以分析，最后达成共识。例如，关于"祥林嫂是一个没有春天的女人"的问题，我要求学生反复研究文本，在课文中寻找证据，看哪个学习小组找到的证据多，并且有说服力。学生争先恐后，人人争当"火车头"，气势十足，而且观点多样化。

（1）第一学习小组有个学生首先发言：祥林嫂之所以是一个没有春天的女人，是因为她在春天被逼改嫁，在春天死了丈夫，在春天失去了儿子。

（2）第二组的学生补充说：我们认为祥林嫂是一个没有春天的女人，是因为祥林嫂是在迎春之日死去的，她在鲁镇家家户户一片祥和的祝福声中，冒着漫天风雪，带着对魂灵有无的恐惧悲惨地离开人世。

（3）第四学习小组进一步挖掘说：春天本是万物复苏的季节，本是充满希望和活力的季节，但祥林嫂的悲剧总发生在春天，而且最终在春天，在人们的一片欢乐的祝福声中死去。朱门酒肉臭，路有冻死骨，这是一种以乐景衬哀情的写法，以乐景衬悲情，更显其悲，是震撼人心的悲剧。

（4）最后，第三组的一个学生对祥林嫂的悲惨一生进行了简洁的概括：祥林嫂，一个没有春天的女人——开春丈夫病故；孟春被逼改嫁；暮春失去儿子；迎春命丧黄泉。

整节课，由我讲的时间不到10分钟，我主要是引导学生"寻米"，千方百计让学生在课堂上阅读、讨论、质疑、答疑。悬念，尤其是生成性悬念的不断产生，使课堂教学取得了很好的效果。苏霍姆林斯基说过一句这样的话："请你毫不犹豫地在每一节课上尽量留出时间让学生掌握新教材吧！这些时间会得到百倍的补偿。"魏书生老师也说过："学校是学习的场所，教室是学习的房间，教材是学习的材料，课堂45分钟便应以学为主，课堂也可称学堂。我觉得，我的作用便是指导各类学生充分利用好45分钟。45分钟内要积极、主动、高效地学起来。衡量课上得成功与否的标准，不在于我讲了多少，而在于学生学到了多少；不在于我讲得生动、形象、风趣幽默与否，而在于学生学得积极主动、快乐、高效与否。"应该说，我这次上《祝福》采用"寻米"式，主要是受了新课程理念和这些大师们的教导的影响。

记得电视剧《渴望》有一首著名的插曲："茫茫人海终生寻找，一息尚存就别说找不到；希望还在明天会好，历尽悲欢也别说经过了。每一个发现都出乎意料，每一个足迹都令人骄傲；每一次微笑都是新感觉，每一次流泪也都是头一遭。"这首插曲仿佛道出了我教《祝福》的经历，每读一次《祝福》，总有新感觉；每教一回《祝福》，好像是头一遭。读不尽的鲁迅《祝福》，教不完的鲁迅《祝福》。

（该文发表于全国首批中文核心期刊《语文月刊》2011年第1期）

四、出好自己手中的牌

——《守财奴》悬念教学反思

美国第34任总统艾森豪威尔年轻时经常和家人一起玩纸牌游戏。有一次，他的运气特别不好，每局抓到的都是很差的牌。开始时他只是有些抱怨，后来，他实在是忍无可忍，便发起了少爷脾气。一旁的母亲正色道："既然要打牌，你就必须用手中的牌打下去，不管牌是好是坏。好运气是不可能都让你碰上的！"艾森豪威尔听不进去，依然愤愤不平。母亲于是又说："人生就和这打牌一样，发牌的是上帝。不管你名下的牌是好是坏，你都必须拿着，你都必须面对。你能做的，就是让浮躁的心情平静下来，然后认真对待，把自己的牌打好，力争达到最好的效果。"

打牌如此，课堂教学又何尝不是如此呢？尤其是悬念教学是一个开放的、变化的、动态的过程，其间必然会有很多意想不到的事情发生。这不是教师可以主观决定的，也不是教师都能预料的，哪怕你周密备课，多方预设，但在实施过程中，总是会存在众多意想不到的变数，面对这样的课堂意外，教师也要如艾森豪威尔的母亲所说的那样，要处变不惊，更要巧妙应对，抓住契机，促成"柳暗花明"，将"逆境牌"打成"顺风牌"。

我曾遭遇过不少课堂意外，实事求是地说，对这些课堂意外的处理，有过失败，也有过成功。下面是我遭遇的一次让我刻骨铭心的意外：

2009年10月16日，全市名优教师示范课活动在我校举行，活动规模空前，来自全市的600多名高中教师坐满了礼堂。在这次活动中，我也要上一节示范课，课题是讲授法国著名作家巴尔扎克的《守财奴》。因为是承办这次活动的东道主，校长反复叮嘱我要上好这节课，只许成功，不许失败。这是一篇传统的经典课文，要上出新意的确不容易。尽管这篇课文不知讲过多少次，但为了上好这节示范课，我丝毫不敢大意。我精心备课，写了10多页教案，运用接受美学中"召唤结构"的原理精心设计了颇具悬念的"猜读法"课堂教学模式。我既备教材，又备学生，在备课过程中，头脑里时时浮现学生的形象，站在学生角度去设想教学环节和步骤安排，不断地想象、估计、猜测学生在听课过程中会有什么样的情感、精神、表情反应，会产生什么样的生成性悬念，力求把课备到点子上，备到学生的心里。为了保证万无一失，我还在家里把妻子、儿子当学生，对这堂课进行了彩排。我自认为胸有成竹了，我准备在全市教师面前来一个精彩的表演，给学校争得荣誉。上课一开始，我一反给学生布置课前预习的习惯，用投影的方式向学生展示了《守财奴》一文前半部分的内容：

葛朗台，法国资产阶级暴发户，现年78岁。他有一个妻子，体弱多病，还有一个独生女儿，名叫欧也妮。他是一个大贪财鬼，对金钱具有强烈的占有欲，他的一生就是为钱而来的。为了占有金钱，他可以不要妻子，不要女儿，甚至不要自己的性命。

有一天，葛朗台的女儿欧也妮捧着一个金子做的梳妆匣，来到了母亲的房里。那金梳妆匣是欧也妮的堂弟兼情人查理送给她的，那上面有一尊查理母亲的肖像。正当欧也妮与她的母亲，捧着金梳妆匣在查理母亲的肖像上呃摸查理的面貌时，这时，葛朗台走进房里看见了金梳妆匣。

接下来，我设置了一个预设性悬念，我向学生抛出了一个问题：葛朗台见到这个金子做的梳妆匣以后会有什么样的表情，什么样的行动，什么样的语言呢？请同学们猜一猜。

　　问题一提出，学生积极响应我的"召唤"，课堂气氛顿时活跃起来，他们纷纷发言，展开合理的想象。有个学生说，葛朗台面对金梳妆匣，眼睛会瞪得大大的，像灯泡一样，同时会发出惊喜的声音，然后会走过去，抱住匣子。另一个学生却对此提出了修正。他说，葛朗台十分狡猾，见到金梳妆匣后尽管吃惊，但不会出声，如果出声，就会使欧也妮母女警觉，他就不可能顺利抢到金梳妆匣。另外，要把"走"字换成"跑"字，把"抱住"换成"夺走"，这样就更体现了葛朗台贪婪的性格。

　　学生你一言，我一语，见仁见智。学生讨论约6分钟后，我正式宣布：今天上《守财奴》一文，关于葛朗台面对金梳妆匣的表情、行动、语言，书上有精彩的描绘。于是，学生纷纷打开教材，带着好奇心贪婪地阅读课文。学生终于读到了如下原文：

　　老头儿身子一纵，扑上梳妆匣，好似一头老虎扑向一个睡着的婴儿。

　　"什么东西？"他拿着宝匣往窗前走去。"噢，是真金！金子！"他连声叫嚷，"这么多的金子！有两斤重。啊！啊！查理把这个跟你换了美丽的金洋，是不是？为什么不早告诉我？这交易划得来，小乖乖！你真是我的女儿，我明白了。"

　　接着，我再次抛出悬念，让学生议一议这段描写中哪些地方写得好。同学们说"纵"字、"扑"字用得好，"老虎""婴儿"的比喻也用得十分贴切，一连串的叹号、问号更是写出了葛朗台心理活动的变化，这些写法，无不突出了葛朗台贪婪的性格。应该说，此时，学生的回答在我的预设之中，我以为葛朗台抢夺梳妆匣这个片段很好地被解决了，于是便准备按我的预定计划进入下一个教学环节，"下面，我们一道来分析鉴赏'骗取继承权'这个情节"。我话音刚落，"老师！老师！"教室后排突然冒出了一个不同的声音："我认为'抢夺梳妆匣'这个情节作者写得十分假，细节一点也不真实。"坐在后排的一个名叫王辉的男生大声地说，清晰的声音传入了所有人的耳朵，这是我始料不及的。我心中暗暗佩服这位学生的胆量，现在的学生已不再唯唯诺诺、缩头缩尾了，他们能够不唯教材、不唯教师，突破常规、别出心裁。但此时此刻的我，心里更多的是恼怒。王辉啊王辉，你是来搅局的吧。你太不给老师面子啦！你太不配合老师啦！你要知道，这可是公开课啊，你打乱老师的教学步骤，你是想让老师完不成教学任务，你是想让我在大庭广众之下出洋相啊！面对这个意想不到的突如其来的生成性悬念，面对学生的"越位""出格"，我该怎么办？我该怎样出好自己手中的牌？我是不是应该不假思索地马上出示"红牌"，一阵乱棍将其打死？但面对这么多的听课教师，这样生硬地处理，不是给学校丢脸，给自己丢脸吗？我怎样向校长交代？还是假装没有听见，不理会他，继续往下讲呢？不行，他声音那么大，所有的人都听见了，能心安理得地装没听见吗？还是亮出"黄牌"吧，坦诚地跟他说，由于时间有限，这个问题课后再讨论？不行，这不是说明我随机应变的能力差吗？想到此，我当机立断地亮出"绿灯"，我应该接住学生抛过来的球，我应该勇敢地迎接学生的挑战。

我调整心态，面带微笑地说："王辉，你说说看，你为什么说作者写得假，细节一点也不真实？"王辉于是站起来说："第一，不合生理特点。葛朗台已将近八十岁了，八十岁的人能'纵'能'扑'吗？第二，对话不合逻辑。欧也妮母女拿的毕竟是梳妆匣，葛朗台抢到梳妆匣后，自言自语地问'什么东西？'按逻辑推理应该说'噢，是梳妆匣'。待仔细看后，才会说'是金子做的梳妆匣'。怎么会拿着梳妆匣就直接说是金子呢？第三，细节不合常理。葛朗台拿到匣子后，在这么短的时间内，他怎么就能马上断定'有两斤重'呢？应该说'大约有两斤重'。"说完，王辉大胆地走向讲台，把自己改写的"抢夺梳妆匣"这个片段大声地读给了在场的师生听：

老头儿轻手蹑脚地踱到欧也妮母女旁边，突然抱住梳妆匣，死活不肯松手。

"什么东西？"他拿着宝匣往窗前走去。"噢，是梳妆匣，金子做的！"他连声叫嚷，"这么多的金子！大约有两斤重。啊！啊！查理把这个跟你换了美丽的金洋，是不是？为什么不早告诉我？这交易划得来，小乖乖！你真是我的女儿，我明白了。"

声情并茂的朗读赢得了全场热烈的掌声，在场师生无不为这个学生的心细，这个学生的研究性阅读，这个学生的敢于质疑、敢于挑战权威的精神而震撼。我心里为之一动，表扬了这个学生爱动脑筋，同时马上意识到这个学生提出的细节描写问题是一个牵一发而动全身的问题，这个问题如果不解决，那么文章后面写葛朗台"看守密室"时"连狗在院子里打哈欠都听得见"等细节学生就更无法理解了。于是，我放下讲义，再也没有按预定程序讲下去了。我抓住学生提出的这个问题，鼓励学生紧扣课文展开争辩。我随机应变设置了一个生成性悬念。我说："同学们，刚才王辉同学表达了他不同的意见，他对原文进行了改写，认为王辉同学改得比原文好的同学请举手。"小手林立，居然大部分学生都把手举了起来。"那么，请举了手的同学派四个代表坐在讲台的左边，为反方；认为原文写得好的同学也派四个代表坐在讲台右边，为正方。我们来进行一个自由辩论。"学生的兴致极高，分两边坐定后，一番唇枪舌剑便开始了。

正方：我方认为，巴尔扎克对抢夺梳妆匣这个情节的描写十分真实，人物的性格不仅体现在他做什么上，更体现在他怎么做上。葛朗台抢夺梳妆匣的语言、动作、表情都十分个性化，十分符合葛朗台自私自利的守财奴的性格。

反方：我方认为，葛朗台固然是一个守财奴，但同时也是一个人。既然是人，他就不能违背生理规律，接近八十岁的人啦，身体各个器官都衰老了，不说他老态龙钟，但至少他不能像跳高运动员一样，一"纵"一"扑"。因此我方认为，作者写葛朗台身子一"纵"，"扑"向梳妆匣，好似一头老虎扑向一个睡着的婴儿，这样的写法，不符合人的生理规律。（学生报以掌声）

正方：人既是生物的人，同时也是社会的人，政治老师说过，人是一切社会关系的总和。葛朗台长期受资产阶级自私自利思想和金钱至上观念的影响，此时的他，见钱眼开，见到钱，就有一种强烈的占有欲，作者用"纵"用"扑"，正好体现了葛朗台贪婪的性格。这个人是一个异化了的人。为了钱，他可以不要自己的妻子女儿，甚至连自己的性命也不顾，这正是葛朗台要钱不要命的性格的体现。我方认为原文的描写表面看来违背了生理规律，但仔细一想，又在葛朗台性格的情理之中，这是一种合情合理的违背。

反方：我有一个老爷爷接近八十岁，现在拄着拐杖，连走路都气喘吁吁，更不用说去"纵"去"扑"了，你要他去"纵"去"扑"，他就会断送自己的性命啊！（学生大笑）

正方：可葛朗台正是要钱不要命啊！（师生报以热烈的掌声）

反方：就算葛朗台能"纵"能"扑"，那就说明他抢到梳妆匣速度极快，他在这么短的时间内，怎么就断定这金子就只是"两斤"呢？一两不多，一两不少吗？你有这个本事吗？

正方：我没有。

反方：既然没有，那就应该说"大约有两斤重"。

正方：我没有，但不一定代表葛朗台没有啊！

反方：葛朗台也没有，因为他没有用秤来称一称。（有的学生鼓掌）

正方：没有用秤来称，在极短的时间内凭直觉就断定是"两斤重"，这正说明葛朗台是一个长期与金钱打交道的老手。我们那儿有一个卖猪肉的，他从不带秤盘，由于长期卖肉，人家要多少斤肉，他一刀切下去，一两不多，一两不少，别人叫他"一刀切"。葛朗台不用过秤，在极短的时间内就能断定金子的多少，正说明他是金钱交易场上的老手。在这里，在"有两斤重"的前面不加"大约"，这种写法表面看来违背常理，但仔细一想，更符合葛朗台的性格，这是一种合情合理的违背。（全场报以热烈的掌声）

……

正方逐渐占据优势，学生通过自身的探究、争论和理性的思考终于明白了巴尔扎克写作的独具匠心之处。这是一场多么精彩的课堂辩论啊！

我庆幸自己面对课堂意外，面对不期而遇的"斜刺里杀出的一刀"，没有亮出"红牌"和"黄牌"，而是表现出宽容的态度，亮出了"绿灯"。启蒙思想家伏尔泰曾说过一句意味深长的话："我可以不同意你的观点，但我要捍卫你讲话的权利。"教师应改变那种"铁嘴钢牙，说啥是啥"的做法，要善于倾听学生的声音，给学生说"不"的权利，这样才能促进课堂生成，变意外事件为可贵的课堂资源，让课堂教学充满悬念。我想，如果王辉发出了不同的声音，我就大声吆喝斥责，剩下的就只能是学生的噤若寒蝉了，哪里会有课堂上的不怕错误、大胆展示、真情告白、张扬个性的精彩辩论。

我庆幸自己面对课堂意外，面对不期而遇的"斜刺里杀出的一刀"，没有手足无措、方寸大乱，而是冷静分析、从容面对、计上心头，找到了解决问题的最佳方法。我让学生辩论，我"坐山观虎斗"，让学生争得面红耳赤，斗智斗勇又斗嘴，争斗的结果是正方、反方都成了赢家。正方不用说赢得了这场辩论的胜利，反方也通过这场辩论深化了对文本的解读，正如引发这场辩论的反方代表王辉所说，通过这场辩论，更加深了对巴尔扎克作品的理解，更增强了对巴尔扎克作品的兴趣。不少学生表示今后要阅读完巴尔扎克的全部作品集《人间喜剧》。

我更庆幸自己面对稍纵即逝的课堂意外，能做出敏锐的判断、快速的反应。王辉同学对课文细节的真实性产生了怀疑，显然他没有真正深入文本，但我并没有展示自己教师的权威，一棍子将其打死；也没有充当白天的猫头鹰，视而不见；没有机械执行教案，"步步为营""环环相扣"，踏着精心计划的轨迹前进，而是敏锐地意识到这是一个牵一发而动全身的问题，于是我给学生创设了一个交流的平台，让课堂成为学生发挥聪明才智的阵地，让课堂成为学生放飞思维的"动感地带"，让课堂成为焕发师生生命活力的舞台。

古希腊哲学家说过，"一个人不能两次踏进同一条河流"。其实，一个教师也不能两次踏进同一个课堂。课堂教学是一个错综复杂、瞬息万变的过程，再好的预设也无法预见课堂中的全部细节，意外的事情随时可能出现，各种悬念随时可能产生。犹如牌手抓牌，抓到什么牌，并不能预见，也不能改变，但我们能决定如何出牌，教师应该利用自己的教学智慧出好自己手中的牌。面对课堂意外，教师需要宽容大度，需要冷静理智，同时需要迅速、灵活、准确地做出判断和处理：或立即改变教学计划、教案设计，或重新拟定教学的程序，以适应新的变化，从而使课堂上的一次次意外转变成教学中的一次次精彩。

（该文发表于全国首批中文核心期刊《语文月刊》2011年第5期）

五、欲得周郎顾，时时误拂弦

——故错教学法在《念奴娇·赤壁怀古》悬念教学中的妙用

唐朝李端有一首《鸣筝》诗："鸣筝金粟柱，素手玉房前。欲得周郎顾，时时误拂弦。"其中"欲得周郎顾，时时误拂弦"一句用了一个典故。周瑜24岁为将，时称"周郎"。《三国志·吴志·周瑜传》载："瑜少精意于音乐，虽三爵之后，其有阙误，瑜必知之，知之必顾。故时人谣曰：曲有误，周郎顾。"就是说，周瑜虽然酒过三巡，但只要你曲子弹错了，他必定知道，知道了必定过来帮你纠正。周瑜不仅是位军事家，而且精通音乐。弹筝的女艺人为了博得他的青睐，故意把筝弹错，以逗引周瑜注意。对《鸣筝》这首诗，清朝人徐增分析说："妇人卖弄身份，巧于撩拨，往往以有心为无心。手在弦上，意属听者。在赏音人之前，不欲见长，偏欲见短。见长则人审其音，见短则人见其意。"（《而庵说唐诗》）的确，弹筝的艺人这种反常悖理、"偏欲见短"、故意错误以引人注意的妙法，用心良苦，高人一筹。弹筝要引人注意，于是故意弹错，在教学上要造成悬念引起学生注意，可不可以采用这种故错法呢？2009年，我上了一节全市特级教师示范课，课题是苏轼的《念奴娇·赤壁怀古》，我在教授这首词时采用的就是这种反常悖理的故错教学法，使课堂教学悬念迭生，学生积极主动参与课堂教学，取得了很好的教学效果，赢得了听课师生的一致好评。

上课伊始，我就把这首词朗读了一遍。学生静静地听着："大江东流，浪淘尽，千古风流人物。故垒西边，人道是，三国周瑜赤壁。乱石穿空，惊涛拍岸，卷起千堆雪。江山如画，一时多少豪杰。遥想公瑾当年，小乔初嫁了，雄姿英发。羽扇纶巾，谈笑间，樯橹灰飞烟灭。故国神游，多情应笑我，早生华发。人生如梦，一樽还酹江月。"我读得抑扬顿挫、声情并茂，赢得了满堂喝彩。读完以后，我问学生："老师读得好不好？"学生回答："好！""老师读得妙不妙？"正当学生回答"妙"时，有一个学生高声说："谬误！"听课师生都吃了一惊。我镇静地问这个学生为什么说"谬误"，学生说："老师读得妙是妙，但有些地方读错了！""是的，老师有些地方读错了！"这个学生一说，其他学生纷纷附和，我的朗读"错误"制造了课堂悬念，引来了学生的围攻。请看下面三个镜头。

镜头（一）

师：我很自信地说，我没有读错的。

生1：有，"大江东去"一句，老师把它读成了"大江东流"。

师：哦！"去"与"流"都是动词，都写出了水的流动，在这里换一下没有关系。

生1：怎么没关系呢？"去"显得有力度，写出了长江水汹涌奔腾、一去不复返的气势，显出一种壮美；用"流"字就没有这种气势了，给人一种"小桥流水人家"的感觉。老师，"大江东去"的"去"字，在这里绝对不能换成"流"字，就好像李煜的"问君能有几多愁？恰似一江春水向东流"中的"流"字绝对不能换成"去"字一样。

生2："为人性僻耽佳句，语不惊人死不休。"古人写诗是很讲究炼字的。王安石的"春风又绿江南岸，明月何时照我还？"诗中的"绿"字用得巧妙，自古以来广为称道。但王安石最初用的不是"绿"字，王安石先后用了"到""过""入""满"等十多个字，最后才选定这个"绿"字的。一个"绿"字既有动态美，又有视觉美，把整个江南生机勃勃、春意盎然的动人景象立体地呈现在了读者的面前。老师，我也觉得"去"字不能换成"流"字，这是由诗歌的感情基调与意境决定的。其实，苏轼的这首词在选词炼字方面是很讲究的。如"乱石穿空"的"穿"字，"惊涛拍岸"的"拍"字，"卷起千堆雪"的"卷"字，都写出了江山的险峻与壮美。

师（招架不住）：哦，有道理，老师认错了。

（教师板书：鉴赏诗歌要从炼字入手）

镜头（二）

师：我读的第一句诗就有错误，刚才同学们都更正了，我想后面应该没读错吧？

生3：有！"故垒西边，人道是，三国周郎赤壁"一句，您把"周郎"读成了"周瑜"？

师（笑）：这算什么错误，"周郎"不就是"周瑜"，"周瑜"不就是"周公瑾"吗？

生3：那可不一样，"人道是，三国周郎赤壁"（学生带有感情地摇头晃脑地读着这句），在这里用"周郎"比"周瑜"显得更有情调。

师：为什么更有情调？

生3：我们称呼刚刚结婚的男子为"新郎"，这个"郎"字让我想到周瑜是那样年轻、英俊、潇洒、风流倜傥、一表人才。作者在这里不用"周瑜"而用"周郎"，更好地给我们展现了一位"千古风流人物""雄姿英发，羽扇纶巾"的风度翩翩的儒将形象。

师：感觉很到位。那么"遥想公瑾当年"一句又为什么不用"遥想周郎当年"呢？

（学生凝神思考，不一会儿，有学生作答）

生4：我想这里不用"周郎"而用"公瑾"，一是避免重复，当然更重要的是因为这里的情感又有了微妙的变化。

师：何以见得？

生4："公瑾"是周瑜的字，古人称呼别人的字，是表示尊敬。作者在这里想到周瑜年纪轻轻就建立了这样的功业，而自己年过半百却一事无成，自然对周瑜产生了一种仰慕之情，"公瑾"二字就流露出了作者对周瑜的这种仰慕之情。

师（忍不住夸奖学生）：真了不得！能够从作者感情的细微变化处来鉴赏诗歌。

（教师板书：鉴赏诗歌要从把握作者的感情基调入手）

镜头（三）

师：我真佩服同学们，你们能够发现老师那么多错处，并且能够说出老师为什么错了，苏轼为什么是对的。但是，这首词中苏轼犯了一个错误却是铁证如山的，不知你们发现没有？

（教师采用问题诱导法设置课堂悬念，学生十分惊讶，停了一会儿，老师接着说）

师：我查了一下史料，赤壁之战中周瑜34岁；而他与小乔结婚时年仅24岁。照此算来，赤壁之战发生时，周瑜与小乔已经结婚十年了。为什么作者还说是"小乔初嫁"呢？我认为苏轼在这里犯了一个明显的错误。我觉得要把"小乔初嫁了"改成"小乔出嫁了"（教师一边说，一边在黑板上板书"初嫁"与"出嫁"），这样才符合情理。

（学生沉思，不一会儿，有学生举手）

生5：老师，这样改固然符合史实，但却失去了文学的韵味。在文学作品中有时有一种文学的模糊语言，不必过于拘泥于事实，苏轼在这里不是写历史，他是文学创作，他在这里是为了表现人物。苏轼不管是知道不知道周郎结婚的时间，"初嫁"，即刚刚出嫁，他这么说主要是为了用刚刚出嫁的年轻貌美的小乔来衬托周瑜的丰姿潇洒、韶华似锦、年轻有为。在这里，作者用的是衬托手法，如果有错，也是苏轼犯的一个美丽的错误，其实，整个《念奴娇·赤壁怀古》就是苏轼犯的一个美丽的错误，因为他被贬的黄州所在的地方是赤鼻矶，苏东坡是四川人，想必他初来乍到，竟将湖北口音"赤鼻"错听为

"赤壁"。落难中的苏东坡"孤舟出没烟波里",游饮江上,身临赤壁,伤感而怀古,触景而生情。面对万古东流、惊涛拍岸的浩浩长江,他心中也被满腔的不白、不公、不平,掀起阵阵巨大的感情波澜。他遥想当年赤壁之战时,时势何等风起云涌,一时多少豪杰,"而今安在哉"?于是,"苏子愀然",扣舷而歌,"大江东去,浪淘尽,千古风流人物"。情起波涛中,句出骇浪间,一吟成杰作,一叹成绝唱,我们应该要感谢苏轼所犯的这个美丽的错误。

(学生慷慨激昂的陈词赢得了师生雷鸣般的掌声)

师:不得了,你比老师懂得还多,你简直成了一个小小评论家了。

(教师边说边板书:鉴赏诗歌要从诗歌的写作手法入手)

生5:因为我对苏轼很崇拜,很仰慕,我看了林语堂的《苏东坡传》,还看了余秋雨的《苏东坡突围》。

……

整堂课,我就是在这样的"错误"中进行的。这堂课,由我讲的话语不多,与我过去讲这首词时采用串讲法炫耀自身才艺不同,这堂课,我的心思主要是花在学生身上。我在采用"故错法"设计这堂课的时候,还受了一个故事的启发:

有两位修行者在河边相遇。其中衣着光鲜的修行者为了炫耀自己的修行,就把蒲团放到河中,端坐其上,得意扬扬地说:"如果不介意的话,让我们一起在水面上诵经吧!"

衣着朴素的修行者叹了口气,把手里的蒲团向空中抛去,随即纵身一跃,浮坐在半空:"那么,就让我们在空中诵经吧,好让更多人看到。"

对方顿时泄气地说:"我做不到,你的修行比我高。"

"不,你错了。"衣着朴素的人收起蒲团回到地面,"如果你我的修行只是为了炫耀,那么任何一只鸭子都比你的修行高,任何一只苍蝇都比我的修行高。真正的参悟取决于我们心在何处。"

这则故事使我想到,参悟修行如此,教书育人何尝不是如此呢?在教育教学活动中,我们的心应在何处?毫无疑问,教育应该以学生为本,教师的心思必须多花在学生身上。《念奴娇·赤壁怀古》这节公开课,我的心思就主要花在学生身上,学起于思,思源于疑,疑根于错。我只是紧紧抓住学生好奇的心理特点,给学生抛出一个接一个的"错误",制造了一个接一个的悬念,引导学生"纠错""思考",千方百计地让学生在课堂上阅读、讨论、质疑、答疑。"欲得周郎顾,时时误拂弦",一连串美丽的错误,制造了一个个悬念,使课堂真正动起来了,活起来了,甚至"乱"起来了,学生敢于和老师"抬杠",学生成了课堂真正的主人。

(该文发表于全国首批中文核心期刊《语文月刊》2012年第1期)

六、留只眼睛看自己

——《孔雀东南飞》《雨巷》课堂教学反思

宫本和柳生是日本近代的知名剑客，宫本是柳生的师父。柳生在拜师学艺时，曾经急切地问宫本："师父，你看凭我的条件，需要练多久才能成为一流的剑客？"宫本答道："至少要10年吧！"柳生一听这话更着急了，又问："10年的时间太久了，如果我能加倍苦练，那么需要多久可以成为一流的剑客？"宫本回答说："那就得20年了！"听了师父的话，柳生一脸狐疑，又接着问："假如我晚上不睡觉，夜以继日地苦练，那么多久可以成为一流的剑客呢？"宫本答道："那你只会劳累而亡，根本不可能成为一流的剑客。"柳生觉得师父的说法太矛盾了，就问宫本："师父，为什么我越是努力练剑，成为一流剑客的时间反而越长呢？"宫本的答案是："要当一流剑客的先决条件，就是必须永远保留一只眼睛注视自己，不断地反省。如果你的两只眼睛都紧紧盯着那一流剑客的招牌，哪里还有眼睛注视自己呢？"听了师父的话，原本聪慧的柳生忽然开窍，此后，他谨记宫本的教诲，边练剑，边反思，终成一代名剑客。

教学之道亦如练剑之道，当我们忙于备课、上课、批改作业但却疏于反思时，只能永远是一个教书匠。一个教师要想在专业上有所发展，成为名教师，也要"留只眼睛看自己"，要做到"边教边反思"，只有经过教学反思，使原来的教学经验不断地处于被审视、被修正、被强化、被否定的思维加工过程中，去粗存精，去伪存真，才能完善和提升自己的教学经验。故叶澜教授指出："一个教师写一辈子教案不可能成为名师，但一个教师写三年教学反思就有可能成为名师。"

近年来，我在教学反思上做了大量的工作，其中一个重要的反思工作就是坚持听自己上课。我们学校每年会举办一次骨干教师上示范课的活动，而且每次上示范课，教务处都会安排电教中心的老师将课录制下来存档。2008年和2009年，我上了两堂示范课，分别执教了古代诗歌《孔雀东南飞》和现代诗歌《雨巷》，这两节示范课受到好评。一天下午，我到电教中心将这两节"颇受好评"的录像课光盘借了出来，因为平时在录像上欣赏了众多名家大师的风采，在课堂上领略了许多一线教师的非凡教学智慧，可是却从来没有以旁观者的身份"欣赏"过自己上课的"风采"。

在沾沾自喜中，我在电脑上欣赏了这两节"颇受好评"的录像课。看着看着，慢慢地我觉得背上汗汗涔涔的，一些自己从来没有注意过的课堂细节和缺憾——跳入我的眼帘。坐在电脑前，我对自己的课堂教学进行了深深的反思。

【镜头一】"老师，我——，老师，我——"

师：刘兰芝既然是在各方面都无可挑剔的好媳妇，那焦仲卿的母亲为什么还要赶她走呢？

生1：是因为刘兰芝没生孩子，古代讲不孝有三，无后为大。

生2：是因为焦母看上了比刘兰芝更好的东家之女，她喜新厌旧。

生3：是因为刘兰芝太能干，显得婆婆太无能了，面子上过不去。

生4：是因为焦母与刘兰芝志趣不和，脾气不相投。

生5：是因为焦母与儿子多年相依为命，不愿让兰芝夺走儿子对自己的感情。

生6：是因为焦母心理变态，见他们俩感情那么好就生气。

生7：是因为焦母见儿子太恋家室，怕影响了儿子的前途。

……

台上教师谈吐自如，台下学生对答如流，灵活自如地引导、点题、穿插，再加上一些现代化教学手段的运用，使整个课堂教学过程进行得严谨而又浑然一体。正当教师要分析总结学生的回答时，教室后排却传来了一个声音：

"老师，我——，老师，我——"

录像中的我寻声望去，原来是一个名叫张诚的学生，我叫他站起来回答问题，然而他却脸涨得通红，一言不发。我知道他是一个成绩较差的学生，而且有些口吃，正当他要张口说话时，我却有些不耐烦地要他坐下了，接下来，我按原计划做了我的总结陈词。录像中坐下来的张诚，发出了一声无奈的叹息。

反思：

三年过去了，但这个细节我记忆犹新，确切地说，在课堂上的那一刻，当我看到张诚张开的嘴巴和涨得通红的脸时，我心动过，犹豫过，要是放在平时，我可能会让张诚把话说完，可这是一节中青年教师示范课，我怕耽误下一个教学环节，更怕出现课堂意外，出现一些生成性悬念而把课上砸，于是，为了我的"教学预设"，为了展示"完美"的教学流程，我没有等张诚把话说出来就武断地让他坐下了。现在看来，这种草率，这种不等待，是一个不可原谅的错误。我们面对的是一个个活生生的人，教书不是唯一的目标，育人才是更高的追求。一个教师所做的每一件事，都要真正有利于学生的成长，呵护学生的心灵，这是每个教师应牢记的原则。

我记得2010年5月听了深圳市语文教研员、"语文味"创始人程少堂老师的一节课，在那节课中，也出现过我这节公开课中类似的一幕。程老师讲的是孔子的《论语》，课堂中有一个环节就是教师随意提问，被点到的学生一个个灵透、聪明，老师稍一点拨，理想的答案便顺口而出。当程老师又点到一个学生的名字的时候，一个胖胖的学生站了起来，脸红红的，却不说话，当时屋子里静极了，分明都能听到每个人的呼吸声。一分钟过去了，两分钟又过去了，但这个学生依旧没有开口。当时我想，一个全国有名的专家教师，怎么这么没有教学机智呢？可以叫学生坐下想好再说，尴尬场面不就过去了吗？就在我为程老师惋惜时，那个学生开口了。原来，他是一个结巴。程老师的等待终于使学生开口，又是程老师的等待终于使学生把问题说完。接下来，教室里响起了热烈的掌声。

程老师的等待，使一个生命成长起来；程老师的等待，是对生命尊严最真挚的仰望，也是对怯弱心灵最细心的呵护。然而，我在上这节公开课时生怕产生一些生成性悬念，为了不打乱自己的"教学预设"，为了展示"完美"的教学流程，却忽视了一个生命的成长。今后在教学中，应该学会等待，因为我们所教的学生，每个都是百花园中一朵美丽的鲜花，只是花开的时间不同而已；都是生长在肥沃大地上的禾苗，只是收获的季节不同而已。

新加坡教育部在颁给校长的委任状上写着这样一段话，也许对我们有所启发："在你手中的是许许多多正在成长的生命，每一个都如此不同，每一个都如此重要，全都对未来抱着憧憬和梦想。他们都依赖你的指引、塑造和培养，才能成为更好的人和有用的公民。让我们真诚关爱每一个学生，精心呵护每一颗心灵。"

【镜头二】"你真聪明""没想到连他都回答得这么好"

师：我们初步分析把握了刘兰芝的形象，下面请同学们提问，看自己还有哪方面的问题没弄懂。

（一会儿，有学生站起来提问）

生1：刘兰芝临死是"举身赴清池"，是那样果决，为何焦仲卿临死前却是"徘徊庭树下"？他愁什么？为何徘徊？

师：这个问题提得好，有哪位同学能回答这个问题？

学生王英：说明焦仲卿性格懦弱，说明焦仲卿对爱情不够忠贞。

这时，一个叫赵明的学生站起来回答：我不这样认为，封建社会，是一个典型的男权社会，女性在政治、经济地位上远远不如男性。刘兰芝出嫁后，属于"嫁出去的女儿，泼出去的水"，即使被夫家所休，回到娘家，但她上有哥哥，可以不需承担赡养母亲的责任。所以对她而言，一旦忠贞的爱情不能保有，选择死就不会是一个太过痛苦的过程。焦仲卿则不同，作为一个大家庭中唯一的男性，他上有母亲，下有妹妹，面临着要照顾母亲终身和安排妹妹婚事这两大责任。除此之外，他还要光宗耀祖，还要建功立业，因为这是一个男权社会对男性所提出来的要求。由此可见，殉情对焦仲卿而言，实在是一件很为难的事。然而，也正是在这样的艰难抉择中，他仍然选择了坚守盟誓，最终"自挂东南枝"，这才更难能可贵！所以，文章中的这一处描写不仅刻画出了人性的真实，更反映出了他对爱情的坚贞，可以说，焦仲卿对爱情的坚贞比刘兰芝来得更执着，更深刻，更催人泪下。

师：你真聪明，十分爱动脑筋，回答得非常好，非常深刻！

师：还有什么问题吗？

生3：兰芝为何16岁才读书？

师：有哪位同学能解答这个问题？

学生李宏：我认为，诗歌开头几句"十三能织素，十四学裁衣。十五弹箜篌，十六诵诗书"是一种互文的写法，不能机械地理解为是"十六岁"才读书。这种写法就像我们初中学过的《木兰辞》中的"东市买骏马，西市买鞍鞯，南市买辔头，北市买长鞭"的写法一样，不能机械地理解木兰一定是分别到东市、西市、南市、北市才买好这些东西，可能是在一个地方就买好了。

师：李宏说得有道理，这个问题没想到连他都能回答得这么好，我就不多说了。

反思：

"你真聪明""没想到连他都能回答得这么好"上课的时候我没感觉到我说这话有什么不妥，但从录像中发现，当我说完这些话后，我观察到录像中的提问的学生显得非常得意，而学生王英、李宏同学的脸色立马"由晴转阴"，脑袋也低了下去。也许王英会认为自己在老师心目中是"不聪明"的，是思想浅薄的；也许李宏会这样认为，"我是老师心目当中的差生，这次问题回答得好，只是运气碰巧而已，无论自己怎么努力，也改变不了在老师心目中的形象"。在这节课剩下的时间里，我发现镜头几次扫到王英、李宏，他们似乎有点走神，举手的积极性降低了许多。可见，教师在课堂上的每一句话看似轻微，却意义重大，背后都包含教育玄机，不但可能影响课堂本身的优劣，还有可能对学生产生难以想象的影响。

教育是人与人心灵上最微妙的相互接触。美国心理学博士吉诺特说："在学校当了若干年教师后，我得出了一个令人惶恐的结论：教育的成功与失败，'我'是决定性的因素。'我'个人采用的方式和每天的情绪是造成学习气氛和情境的主因。身为教师，我具有极大的力量，能够让孩子们活得愉快或悲惨，我可以是创造痛苦的工具，也可能是启发灵感的媒介；我能使学生丢脸，也能使他们开心；能伤人，也能救人。"吉诺特的话告诉我们，一个教师在教育过程中有太多的禁忌，要如履薄冰，我们的每一句话、每一个行为都要考虑学生内心的感受，否则，不夸张地说，我们不经意间就可能成为学生成长的罪人！

【镜头三 】"同学们要注意，同学们要注意。"

师：下面请同学们齐读《雨巷》。请同学们把自己当成诗人，以饱满的感情来吟诵这首诗，体会诗人内心的情思。

学生认真而深情地朗读着。

突然，一个声嘶力竭的声音传来。

"同学们要注意，'悠长、悠长又寂寥的雨巷'，'悠长'要拉长，要读得低沉而舒缓。请同学们接着读。"

学生刚读几句，又传来一个尖厉的声音："停，请同学们注意，'彳亍'这两个字要读什么音？要读'chì chù'。"

学生继续读，不到半分钟。

"停。"一个高亢的声音传来，"请同学们注意，'我身旁飘过这个女郎；她静默地远了，远了，到了颓圮的篱墙，走尽这雨巷。'这里的感情基调应该是淡淡的忧伤。"

学生读这首《雨巷》时，被这种声音打断七八次。

反思：

说实在话，我对戴望舒的这首诗十分喜欢，在备课时进行了较深入的研究，对文本的内涵也有独到的见解，对诗人写作这首诗歌时的背景和作者的处境等相关的知识储备也很充分，课堂上我自己实现了淋漓尽致的发挥。但是，这节公开课，我完全陶醉于自我表演中，忘记了学生的存在，学生没有完整的朗读的时间，没有品味诗歌语言的时间，没有静静思考诗歌内涵的时间。整节课始终充斥着我滔滔不绝的声音。其实，从教案上看，我不是没有预留属于学生的时间，也不是没有设计学生活动的环节，只是在落实教学时，这些环节总是有我喋喋不休的话语。在学生静静地阅读文本时，我在学生中间走来走去，指点着："同学们要注意，要动笔啊，拿起你的笔，画出关键语句，抓住关键意象。"在学生专注地做批注时，我忍不住夸奖一位学生："嗯，这位同学做得很好，同学们要注意向她学习。"在学生分组讨论这首诗歌的意蕴时，我忍不住在旁边指手画脚："同学们要注意，看看旁边那一组讨论得多热烈呀……"就这样，所有的学生随时被我的话语干扰着，他们的思维不时被我这种好为人师的行为和语言打断，学生始终不能静下心来深入文本。不识庐山真面目，只缘身在此山中。自己当时上课的时候不觉得，但看自己的这节录像课，我忍不住对自己说：该死的，你当时不能少说点话吗？悬念教学法可是要预留时间，让学生充分地阅读、思考、质疑啊！

诚然，课堂教学离不开教师的指导和点拨，但是，有些指导，可以提前做；有些纠正，可以在学生读完以后做；有些评价，也可以延后去做；有些喋喋不休的废话完全可以不说。课堂上要给学生一段相对完整的时间，让他们静静地去阅读，去思考，去讨论。教育心理学认为，课堂上如果教师表演过多，讲得过多，那实际上是取代了学生探索的过程，而取代了学生探索的过程，就无异于取消了学生学习能力的获得。有一则故事叫《"渔王"的儿子》，其中"渔王"的儿子捕鱼能力不强，原因大概就在"渔王"自己太强，而忽视了让儿子自己去摸索的过程。《三国演义》中的刘阿斗"扶不起"，难道与尽职尽力的诸葛亮包办过多没有关系吗？曾经听过这样一种有意思的比喻，新型的师生关系就应该像是演戏，倡导教师当好"导演"，学生当好"演员"，而不是像传统教学所做的那样，教师既"导"且"演"，结果是"导"不明，"演"不精，事倍功半。

所以，今后走进课堂，不要忽视学生的存在，不要只顾自我表演、自我陶醉，悬念教学法应该以学生为本，最应该关注的是学生的自主发展。毕竟教师个人的水平不等于他的教学水平，更不等于他的教学效果。从这两节录像课我意识到，要真正判断一节课的好坏，不应该只看教师是怎么讲的，而应该看学生在课堂上是怎么学的，学的效果如何。从这意义上来说，我们的课堂必须让学生成为主角，教师要学会礼让，去成就学生的精彩。

【镜头四】"大家同意不同意？"

丁零零，丁零零，下课铃声响了，但教师听而不闻。

师：同学们，通过前面的分析我们发现，《雨巷》这首诗重象征，重暗示，虽朦胧但不神秘，作者抒写的是一种孤寂的心境，呈现的是一种愁怨之美，小巷、细雨、油纸伞、丁香、孤独的诗人以及他的彷徨的步态，展示了一个风雨中独立销魂的形象。诗歌在格式上具有一种现代而又古典的韵律之美。这样美的文字，我想同学们一定愿意再读一遍，大家同意不同意？

生（齐）：同意。（少部分学生发出稀稀拉拉的声音）

师（提高了嗓门）：大家同意不同意呀？

生（齐）：同意！（学生的回答声高了一点，但还不够响亮）

师（扫视全场，似乎将每个学生看了一遍，然后进一步提高嗓门）：大家同意不同意？

"同意！"全体学生响亮地回答。

下课拖延了2分钟，有不少学生东张西望。

反思：

下课时间到了，别班的学生已高高兴兴地走出教室，或上卫生间，或到操场上玩了，而我却要学生留下来再读一遍，想用声情并茂的朗读来结束这节课。坐在窗口的学生探头探脑地朝外望了好几次，镜头中还有一些学生打哈欠，可见，谁都盼望按时下课，谁都不愿意再读一遍。可是，我还要大家再读，因为教案上就是这么写的，于是一而再，再而三地问"大家同意不同意"，用貌似询问学生意见的、由学生选择的假民主方式，胁迫学生就范，使教学按照我的预设"涛声依旧"，这实际上依然是一种传统的教学，这种教学十分不利于培养学生独立的思想、自由的意志，不利于培养现代公民，这种教学是一种十分不尊重学生的表现。爱默生曾说："教育成功的秘密在于尊重学生。"尊重学生又源于对学生真正民主平等的态度。今后在悬念教学中，我应该实行真正的教学民主，师生双方应各自向对方敞开心灵，彼此接纳，师生之间，你不限制我，我不控制你，你尊重我，我信任你。师生之间不应是命令与服从的关系，而是平等友善的"你—我"关系，师生双方都可以有自己的意见，也可以接受或反对别人的意见。

　　总之，教学是一门遗憾的艺术，教师职业的特点决定了他在教育教学过程中要经常反思，不断成长、成熟。最近我读了这样一个故事：孙悟空在保护唐僧西天取经前是一个石猴，在一个"磨坊"工作，在这儿他还有一个好朋友——一头毛驴。孙悟空从西天回来已经成佛了，他给毛驴讲述丰富的见闻，毛驴十分羡慕，感叹自己见识浅薄。孙悟空对它说："其实你走的路并不比我少，只是你一直没有走出这个屋子，没能离开这个石磨。"

　　孙悟空和那头毛驴走过的路程看似有相同的长度，但是他们分别达成的却是不一样的厚度，成就的是截然不同的人生。虽然都有着量的积累，但只有孙悟空实现了质的飞跃，彰显了自身更高的价值。而那头毛驴，却在日复一日简单地重复，所以永远成不了佛。同样，一个教师，如果没有反思，即使工作30年，也是一年经验的30次重复，要想成为一位名师很难。故美国学者波斯纳认为，没有反思的经验是狭隘的经验，至多只能形成肤浅的知识，只有经过反思，使自己的经验方能上升到一定的高度，并对后继行为产生影响，由此，他提出了教师成长的公式：教师成长=经验+反思。

　　我觉得，听自己上课，是一种有效的反思。吾日三省吾身，听自己上课，为自己的课堂把脉，可以促使自己不断成长。

　　请留只眼睛看自己。

（该文发表于全国首批中文核心期刊《语文月刊》2013年第3期）

参 考 文 献

［1］乔治·贝克.戏剧技巧［M］.余上沅，译.北京：中国戏剧出版社，2004.

［2］范培松.悬念的技巧［M］.广州：花城出版社，1988.

［3］（联邦德国）姚斯美·霍拉勃.接受美学与接受理论［M］.周宁，金元浦，译.沈阳：辽宁人民出版社，1987.

［4］亚伯拉罕·马斯洛.动机与人格［M］.马良诚，译.西安：陕西师范大学出版社，2010.

［5］高文，徐斌艳，吴刚.建构主义教育研究［M］.北京：教育科学出版社，2008.

［6］库尔特·考夫卡.格式塔心理学原理［M］.李维，译.北京：北京大学出版社，2010.

［7］袁月华.初中语文读、写教学中悬念艺术运用研究［D］.苏州：苏州大学，2014.

［8］悉德·菲尔德.电影剧本写作基础［M］.钟大丰，鲍玉珩，译.北京：世界图书出版公司，2012.

［9］彼得·沃德.电影电视画面［M］.范钟离，译.北京：华夏出版社，2004.

［10］马立，宋乃庆，严永金.名师最激发潜能的课堂提问艺术［M］.重庆：西南师范大学出版社，2008.

［11］马立，宋乃庆，马友文.名师最吸引学生的课堂切入点［M］.重庆：西南师范大学出版社，2008.

［12］何泗忠.赢在师生关系［M］.北京：新华出版社，2012.

［13］雷玲.名师教学机智例谈语文卷［M］.上海：华东师范大学出版社，2007.

［14］钱梦龙.钱梦龙与导读艺术［M］.北京：北京师范大学出版社，2012.

［15］钱梦龙.教师的价值［M］.上海：华东师范大学出版社，2015.

［16］程少堂.程少堂教育理论与实践探索［M］.深圳：海天出版社，2006.

［17］程少堂.程少堂讲语文［M］.北京：语文出版社，2008.

［18］普拉图诺夫.趣味心理学［M］.赵璧如，郭奇格，王燕春，译.北京：科学普及出版社，1984.

［19］韦志成.语文教学情境论［M］.南宁：广西教育出版社，1996.

［20］韦志成.语文教学艺术论［M］.南宁：广西教育出版社，1996.

［21］张晓辉.教学空白艺术［M］.长沙：湖南人民出版社，2015.